あなたのガイドに願いましょう

～聖なるサポートシステムにつながる方法～

ソニア・ショケット
奥野節子 訳

Ask Your Guides

by

Sonia Choquette

Originally published in 2006 by Hay House Inc. USA
Japanese translation rights arranged with Hay House UK Ltd.
through The English Agency (Japan) Ltd.

はじめに★いつもの一日

先週、ひどい風邪をひいて五日間もベッドに縛られていたせいで、今日という今日はもうじっとしていられない気分になっていました。とはいえ、体力がまだ十分回復しておらず、娘が個人教授を受けている先生の家へ約束の時間に迎えに行くのがせいぜいでした。

家を出てから数ブロックも車を走らせると、灰色の空が突然暗くなり、雲が裂けて、冬には珍しい激しい雷雨になりました。すると何の前触れもなしに、激しい往来のど真ん中で、ブルブルと音を立てて車が振動し、エンジンが止まってしまったのです。私は呆然としながらも、なんとか惰力で道路の端まで車を動かし、エンジンを何度もかけ直してみました。しかし、まったく動き出す気配がありません。

「なんてことなの！」

自分の苦境にいらだって、叫びました。まだ少し熱もあり、いつも以上に体力を消耗して、いっそう気が滅入りました。娘は、次の個人教授に間に合うように私が迎えに行くのを待っているのです。

私は携帯電話で、夫のパトリックに助けを求めました。しかし、彼も町の反対側で交通渋滞につかまっており、少なくとも一時間はかかると言いました。雨の中で待つ娘を心配しつつも身動きできず、とても惨めな気持ちになって、スピリット・ヘルパーやガイドの中に、車の機械について知っているものはいないか尋ねてみました。もしいるなら、すぐに修理してほしいと頼んだのです。いらだちをおさえながら、恐れを捨て、心を開き、とても静かな気持ちで、

「あなたが助けてくれるとわかっています。そうしてくださるならとても感謝します。何をすべきか教えてください」

と、声に出して祈りました。

するとと突然、私は両手を熱くなるまでこすり合わせ、ダッシュボードに置くという衝動に駆られたのです。『車にあなたのエネルギーを与えなさい』という声が、テレパシーのように聞こえたのです。『体調が悪いのは心配しなくていい。両手をダッシュボードに置いて、あなたの心でエンジンを生き返らせなさい』

私は心の底からその指示を信頼して、疑いもなくその通りにしました。自分の体を通して、心から車へとエネルギーが流れるのを思い描きました。

『完了した』

そう聞こえ、そして感じました。私は片方の手をハンドルに乗せ、一度深呼吸をしてから、もう一方の手でエンジンをかけてみました。すると、ブルブルという音をたてたのです！　車は生き返り、再び動き出しました。

「あなたたちは最高よ！」

私は歓喜の声で叫び、ガイドたちに深く感謝しました。

「助けてくれると思っていたわ」

何分間かエンジンの音を聞き、本当に走れるか確かめてから、再び出発しました。

五分後、雨はやみ、私は個人教授の家の前で車を止めました。すると、娘のサブリナがドアから飛び出てきて、車に飛び乗りました。

「遅れてごめんなさい！」彼女は息を切らしながら言いました。「いつもより少し長かったの」

「大丈夫よ」私は微笑んで言いました。「今着いたところだから」

いつも助けてくれるスピリットにまたもや助けられたのです。

これが、第六感型の私の一日です。向こう側の世界にはガイドや天使、ヘルパーたちがいっぱいいて、人生がもっと楽になるようにいつも助けてくれているのです。

序にかえて　私たちが期待できること

　私はあらゆる種類のスピリット・ガイドがいっぱいの家庭で育ちました。幼いころ、母がはじめて私のガイドを紹介してくれて以来、しだいに、自分のスピリットとの交わりを意識するようになりました。母は、私のガイドと同様に自分のガイドとも話をしていました。そして、私が世界でたった一人ぼっちではなく、生涯にわたって、見守り、助け、保護してくれるガイドがいると教えてくれたのです。

　母は、自分のガイドと定期的に相談していました。我が家で決断を下すのは、多くの場合、母ではなく彼らでした。母は彼らのことを「私のスピリット」と言っていました。というのも、肉体をもたないスピリチュアルな存在だからです。

　母は、車を止める場所から、友達をもてなす夕食に何を作るかということまで、ありとあらゆることについてスピリットにアドバイスを求めていました。母には、いろいろな仕事をしてくれるそれ専門のスピリットがいました。買い物のスピリットは、母がバーゲン品を見つけるのを助けてくれました。洋服店の店員だった父の安月給で七人の子どもを育てるのに、それは必要なことでした。また、裁縫のスピリットは、母が布を見つけて型紙を作れるように助けてくれ、ヒーリングのスピリットは、おたふく風邪になった子どもたちを助けてくれました。日曜日に出かければ、山の中に絶好の場所を見つけてくれるピクニックのスピリットもいました。父のビジネスを助けてくれるセールスのスピリット、母が大好きだった趣味の油絵を描くときに呼び出すスピリットもいました。そして、亡くなったルーマニア人やフランス人の親戚のスピリットもいました。

　私たちのスピリットにはテーブルに専用席があり、いつでも我が家の会話に参加していました。そして、大小さまざまなあらゆる事柄について相談に乗ってくれました。私たちが迷っていると、たいていは最終的に彼らが決断してくれたものです。そんなたくさんのスピリットがいたので、我が家はとても混雑し、活気や意見やアイディアで満ちあふれていました。そして何よりも、私たちは決して一人ぼっちではないという愛と確かな安心感で満たされていたのです。

　私のガイドは、子ども時代に起きる病気や家族との喧嘩、学校での問題をも助けてくれました。彼らはいつも私と一緒にいて、想像もできないような驚くべき奇跡に次ぐ奇跡で毎日をすばらしいものにしてくれました。私は子どものころを思いおこすと、ガイドたちから愛にあふれた助けを受けたことがわかっています。いつも見守られ、現実的な解決法によって助けられ、彼らの気前のいい贈り物に驚かされていました。

　スピリットの世界についての話は、私が通っていたデンバーのカトリックの学校でもありました。そこでは、一日に一人ずつ、天使や聖人たちと私たちのような名前をもった個人的な聖人についてて習いました。さらに、聖母マリア、イエス・キリスト、もっとも偉大なスピリットである聖霊について学びました。

子どものころ、私たちは毎朝ミサに行き、スピリット・ガイドの注意をひくためにろうそくを灯《とも》し、あらゆる事柄についての助けを心から願いました。テストやランチでの席取り、バレーボールやバスケットボールの試合で勝つことなどでした。

私に限れば、スピリット・ガイドは頼みは何でも聞いてくれました。テストでよい点をとり、ランチの席取りでは珍しいくらい運がよく、バレーボールの試合では驚くほどたくさん勝ちました。それでどうして祈らないでいられるでしょうか？

私はスピリット・ヘルパーやガイドに助けを求めて祈っただけでなく、彼らが応えてくれると無条件に信じ、その存在と助けを感じていました。私は、誰もがみんなそうだと思っていました。でも、それは三年生のときまででした。親友のスージーが、ママがだめだと言うので、我が家に泊まれないとブツブツ言ったときのことです。

「ママの気持ちを変えるように、ガイドに頼んでみたら？」

そう私が提案すると、彼女は何のことだかわからないと言いました。なので説明すると、今度は気味が悪いと言いだしたのです。

私はむきになって、もし自分を助けてくれるスピリットがいないと思うなら、どうして毎朝ミサで祈るのかと尋ねました。すると、修道女が行かせるからで、スピリットがいるからじゃないと答えたのです。

私はいらいらしながら、スピリットは存在すると彼女に断言しました。心を落ち着けて、目を半分閉じていれば、見ることだってできると言いました。

「必ずしも人間のようには見えないのよ」と私は言いました。「ときどき、空中で踊る火花のように見えたりするの。白光がほとばしるようだったり、カメラのフラッシュのように見えることもあるわ。ときには、まったく見えないで、感じるだけのこともあるの。まるで、ある場所だけ空気が少し重かったり、涼しいそよ風が吹いているように感じたり、心で感じるだけのときもあるけれど、彼らはそこにいるのよ」

スージーは目を白黒させ、ヒューと口笛を吹き、私に「変なやつ」と言いました。

そんなわけで、押入れの上に住んでいる私のお気に入りのガイドで、聖女テレジアのように見えるローズのことや、学校まで私の後ろからついてくるエッセネ派（ユダヤ教の一派）のジョセフのことは話しませんでした。また、彼女がうちに泊まったときに、寝室の角にガイドが立っているのが見えましたが、何も言いませんでした。そのガイドは、日に焼けていて、ネイティブ・アメリカンの老婆のように見え、ざらざらした赤と白の毛布をまとっており、ベッドの中の私たちに微笑んでいました。ガイドのことをちょっと話しただけで変だと思うのですから、これ以上言えば何を言われるかわからなかったでしょう。私は、すでに微妙になっていた学校での評判をさらに悪くしないために、彼女の言うことを笑ってごまかし、うちではなく彼女の家でお泊まりしようと提案したのです。

そのときから、自分にとっては安心できる豊かなスピリットの世界は、ほとんどの人にはまったくなじみがないと理解したのです。私がガイドと楽しんでいる双方向のコミュニケーションは、ほとんどの人にとっては一方通行であるのを悲しく思いました。他の人たちが、どのようにスピリットの世界との接続を断ってしまうのかはっきりとはわかりませんでしたが、それがあればもっと幸せになれるのに、と思ったものです。

大人になった私は、スピリットの世界との断絶が欧米社会におけるたましいの病だと信じるようになりました。工業化と知識偏重主義のせいで、スピリットとコミュニケーションする場である心は、私たちの意識の中心ではなくなり、「頭」が意識の中心になったのです。頭は、孤立と絶滅の恐怖感で私たちを支配しているエゴが存在する場所です。

しかし、あきらめることはありません。断絶の理由が何であれ、私たちは自分の中にある意識を心につなぎ直すことができるのです。そうすることを望み、頭の人質にとらわれないようにすれば、ほんのちょっとの努力と協力で、スピリット・ガイドはその方法を喜んで示してくれるでしょう。

何を期待していますか？

はじめに、スピリット・ガイドにつながったとき、何を期待するのかはっきりと理解していることが大切です。スピリットの世界には、さまざまなレベルのガイドや非物質的な存在、そしてエネルギーがあり、それぞれ固有な振動数で振動しています。それは、複数のラジオ局が同時にまったく異なった信号を出しているのと同じようなものです。一つ一つのガイドが固有な振動数をもっているだけでなく、この地球の人間一人ひとりも、それぞれに固有の波動をもっているのです。

心で生きている人たちの波動は高く、それは非物質的な次元にいるものたちのスピリチュアルな振動数とそれほどかけ離れてはいません。これによって、スピリット・ガイドとのつながりが容易になります。一方、自分たちがスピリチュアルな存在であることを忘れ、頭と体だけの存在だと思っている人たちの波動は低く、それはスピリット・ガイドの振動数とははるかに遠いものです。それゆえ、ガイドとつながるのがずっと難しくなります。これが、ガイドに気づきやすい人たちが存在する理由です。

ちょっと考えれば、宇宙のあらゆるものが、違う周波数で振動しているスピリットだということがわかるでしょう。たとえば、原子の粒子は、光の波とちょうど同じような固有の振動数で振動しています。海の波にも振動数があります。私たちの心臓の鼓動のリズムにも、振動数がありますｓ。すべては振動の海のようなものなので、スピリチュアルな存在である私たちが、他のスピリットの振動とつながることができるのは自然なのです。自分自身をスピリットとして認めるなら、非物質的な世界の住民をもっと容易に受け入れることができるでしょう。

スピリットの世界の人口密度は、私たちの世界と同じぐらいです。無数の異なるガイドが、いつもさまざまな振動数で活動しています。その結果、私たちがつながることのできるたくさんの種類の導きがあるのです。たとえば、かつて物質世界に生きていたガイド、向こうの世界にわたった家族、過去生をともにしたガイド、あなたの人生を監督しているスピリチュアル・ティーチャー、身体的、感情的なケアをしてくれるヒーラー、日々の生活を容易にしてくれるヘルパー、あなたを大地と結びつけてくれる自然のスピリットと四大元素（地、水、火、風）の霊、あなたの人生の方向を導くアニマル・スピリット、人生が辛くなったときに気持ちを高めてくれるジョイ・ガイドなどがいます。そして、天使、聖人、精霊、マスター、神がいます。さらに、高度なレベルではないガイド、すなわちガイドになりたがっている存在もいますが、彼らは問題を起こす厄介者にすぎないので、気をつけなければなりません（彼らについてはあとで説明します）。

ガイドを意識して共同作業することは、私にとって第二の天性になっていますが、悲しいことに、他の多くの人にとってはなじみのないことだとわかるようになりました。他の人たちがスピリットの世界に気づかず、自分のガイドと断絶して、恐れと絶望感で苦しみ、孤独を感じ、見捨てられた気持ちでいるのを目のあたりにするのはとても辛いことです。彼らは、いつでも自分にさしのべられる愛に満ちたスピリチュアルな助けに気づかずに、一生闘って生きているのです。

私はガイドから恵みを受けており、子どものころからそれを実感しているので、他の人たちもガイドに気づくように助けることを自分の人生の使命と決めました。私がガイドに助けてもらったように、誰もに、自分が助けてもらえることを知ってほしいのです。

私は、導きを受ける特別な人間ではありません。私たちみんなが導きを受けることができます。私たちはみんな、宇宙の神の子どもなのです。生まれた瞬間から肉体を離れたたましいに戻る瞬間まで、一人ひとりが、自分の人生という旅を容易にし、成功させるためのスピリチュアルなサポートシステムをもっています。この事実に気づかないでいるのは、私たちにとってとても大きなハンディになるでしょう。

宇宙はあらゆる生物を世話し、導くことを目的にしています。鳥はレーダーをもち、こうもりはソナーをもち、私たちにはガイドがいます。第六感に目覚め、天使につながる方法を学べば、私たちの生活は簡単にすすむようになります。その中で、私たちはたましいを成長させ、人生の目的を達成し、地球での時間を限りなく楽しいものにすることができるのです。

この本は、あなたが自分のスピリット・ガイドとつながることができるように、わかりやすい指針を提供します。そうすれば、すべての豊かさと助けと喜びを楽しむことができるでしょう。

私たちはみな、慈悲深い母と父なる神の「豊かな家庭に生まれた子ども」です。喜びにあふれ、恵まれた人生を過ごせると期待してかまいません。それは私たちの生まれながらの権利なのです。

しかし、そんな贈り物を受け取る秘訣は、自分一人では成功しないということを受けいれることです。私たちは、自分の心と思考を、愛にあふれた助けに対して開かなければなりません。この旅路に乗りだすことで、想像できないほどの助けと成功、そして恵みをすぐに経験することでしょう。では、出発しましょう！

この本の使い方

この本の意図は、あなたがたましいの旅の助けとなるたくさんの天のヘルパーたちとつながり、スピリチュアルなサポートシステムと対話する方法を教えることです。私は、彼らが誰であり、どこから来て、どのようにあなたを助けるのか、彼らと簡単に対話する方法、そして彼らがあなたに話しかけてくる方法をもっとよく理解するにはどうすればよいかをお教えします。

スピリットの世界がわかるにつれて、気楽に自然な気持ちで、スピリットの世界への感受性を高められるでしょう。章ごとに、ガイドの説明とその違いについて解説していきます。そして、各タイプのガイドがどのように私たちを助けるかを紹介し、最後に、毎日の練習課題があります。それは根拠のある実用的なやり方で、自分のガイドとのつながりを強めてくれるはずです。

この本では、順に一つずつガイドを紹介していきます。それにより、彼らのエネルギーとその影響をどう経験すればよいかという感覚がつかめるでしょう。それから、各タイプのガイドにつながるための、いろいろな直感の練習をしてみます。このやり方は、第六感をもち、スピリットに気づいている人と同じように考える訓練です。そうすれば、スピリット・ガイドがストレスや恐れのない人生を創造する手助けをしてくれるでしょう。

この本の構成

この本は六つのテーマに分かれており、まずは、スピリットの世界に敏感になるための基本的道具からはじまります。それを学んでから、繊細なエネルギーにダイヤルを合わせられるように体を整えます。そして、しだいに高次で繊細なスピリットの領域を学んでいきます。その後、どのように自分のガイドとつながり、一緒に働くことができるのかを紹介し、最後に、スピリットに導かれた人生を生きる方法についてお教えします。

これは音楽鑑賞の授業のようなものだと考えてください。はじめに、スピリットの世界の音符を学びます。次に、スピリットの導きのメロディーを学び、最後に、第六感の作曲とオーケストラについて学びます。それは、神によって導かれた創造的な暮らしになるでしょう。神の導きに身をまかせることによって、あなたは人生の流れにのり、この美しい宇宙の魔法を経験しはじめるのです。

自分のペースでこの本を読んでください。そして少しずつガイドと共同作業をしましょう。各項を何回か読んでから、数日間各項の終わりにある練習をやってみてください。それぞれの項は前の項に基づいており、スピリットの導きを理解し、何に直面しても自分のガイドを楽々と容易に信頼できるような、しっかりした基盤をあなたに提供するでしょう。

一人で本を読んでいるとは思わず、経験豊富なツアーガイドの私と一緒にスピリットの世界を旅していると考えてください。私は、これまでの人生をずっとガイドと一緒に生きてきました（同時に三十年以上、ガイドにつながる方法を人に教えてきました）。ですから、スピリットの世界になじみがあり、とても心地よく感じています。今度は、私が知っていることをあなたが学ぶ番なのです。

スピリット・ガイドと一緒に生きようと決めたなら、今まで自分の人生を支配してきた法則を変えることになるので、人生はずっと楽になります。ここにある練習をすることで、宇宙があなたのために用意していたサポートを感じはじめるでしょう。私たちは誰もが導かれる可能性をもっていますが、それを望むだけでは十分ではありません。エクササイズのビデオを見ているだけでは鋼鉄の腹筋を手に入れられないように、ガイドについて知り、導かれることをばく然と望むだけでは、十分にドアを開けられはしません。毎日、あなたを助けてくれるように自分からすすんでガイドにお願いしなければ、彼らが与えてくれる強力な導きを妨げることになるでしょう。

最初は、向こうの世界に集中すると変な感じがするかもしれません。でも、続けるうちに、その過程を楽しめるようになります。ガイドたちは面白く、ユーモアのセンスもあるのです。自分にとって必要なあらゆる援助を、ためらわずにお願いしてください。彼らはあなたを助けるために、そこにいるのですから。

あなたの意識の中に入ってくる、どんな些細な手がかりにも注意していてください。他のものをすべて無視して、エルビス・プレスリーのようなスピリットがあらわれるのを待っていてはいけません。スピリットの導きは微妙なので、それを見きわめて受け入れられるように十分意識を高めておけるかどうかは、あなたしだいです。定期的にいろいろなガイドとつながる練習をしていれば、自分の人生が魔法のような性質を帯びてきたのがわかり、彼らの働きが証明されるでしょう。

助けを受け入れるように学ぶことは、いちばん難しい部分です。なぜなら私たちは、苦労することは当たり前だと思いこんでいるからです。それを理想化さえしているのです。しかし、スピリットに導かれた人生は苦労をとり除いてくれます。はじめる前に、自分に尋ねてみましょう。

「私はどのくらいよい人生を受け入れられるだろうか？」

スピリットに導かれ、人生を愛している第六感型の人間としては、答えは「これ以上ないくらい」でしょう。あなたが受け取る権利のある恵みと助けを楽しむまでに、時間はかからないはずです。もし開かれた誠実な心で、自分のガイドたちとつながろうとするなら、彼らは応えてくれます。実際、すぐに周りの人たちが、すばらしい生活の秘密をあなたに尋ねてくるに違いありません！

スピリチュアルな存在として、私たちは、創造主に心の底から愛され、支えられています。私たちは決して一人ではなく、成功するために必要なものを与えられなかったり、解決できないような問題に直面することは決してありません。私たちはこの世の苦労を克服し、神の恵みにあふれた人生を生きることを望んでいます。なぜなら、直感的に細胞レベルで、自分たちができると知っているからです。その方法は簡単です。抵抗をやめて、自分のガイドとスピリットが与えてくれる愛に満ちたサポートに耳を傾けるのです。彼らは喜んで手をさしのべ、助けてくれるでしょう。彼らにそうさせてください。

第1章 スピリットの世界にようこそ

第2章 天使たちに出会いましょう

第3章 スピリット・ガイドに出会う準備をしましょう

あなたのガイドに願いましょう

第1章　スピリットの世界にようこそ

自分のスピリットを表現しましょう

スピリット・ガイドの存在がわかるようになる前に、まず自分自身のすばらしいスピリットに注目しなければなりません。そんなふうに自分自身を見るなんて、これまでになかった発想かもしれませんが、それはあなたがどんな人であるのか、私たちみんながどんな人間であるのかという真実の姿を教えてくれます。

子どものころ、母はよく私たちのことを「スピリット」と呼んでいました。私たちも同じく、母をスピリットと呼んでいました。母は気軽によくこう尋ねました。

「スピリットさんは何がほしいの?」

「あなたの中にいるスピリットはなんて言っているの?」

自分もスピリットの一人だと知ることが、この世界と向こう側の世界の両方にいて、私を助けてくれるスピリットとの結びつきをずっと簡単にしてくれました。こんなふうにして自分自身や他の人たちを見ながら成長した私は、気軽にその原則を受け入れていました。しかし、その真のパワーは、私に長女ソフィアが生まれるまで明らかになることはありませんでした。

ソフィアがこの世に生まれてきたとき、仏のように静かで穏やかであったことを私は今でもおぼえています。最初、彼女は動かず、わずかに青ざめていましたが、やがて力強く、最初の息をしました。そして突如、驚くほどの力で動きだしました。明るいピンク色になった彼女は泣き叫んで、この世に自分が到着したことを知らせたのです。たましいが肉体へと入りこみ、最初の一息で彼女に命を吹きこんだのを私は目撃していました。それ以来、自分を含めた誰もが似たような瞬間をもっていたのだと考えずにはいられません。自分に命を与えたのが自分自身のスピリットだと知ることで、あなたという存在のもつ、ものすごい力に感謝する助けとなるでしょう。

私たちは誰もが同じ、永遠の命のような大事なものを共通してもっていますが、一人ひとり、そのあらわれ方は違います。スピリットはそれ自身の存在感をもっています。つまり、あなたの個性（大部分はスピリットの周りの防御物として形成されています）とは、はっきり異なる独特な波動なのです。自分自身のスピリットとつながる最善の方法は、自分をいきいきとさせるものを理解することです。

まず、あなたというユニークなスピリットが、いったいどんなものかを探ることからはじめましょう。

あなたと呼ばれる、永遠で、燃え立つような生命力をどのように表現しますか？

それは、穏やかですか？　それとも情熱的、支配的、ためらいがち、創造的、恥ずかしがりや、陽気な感じでしょうか？

自分がいちばん有能であると感じるのは人生のどの部分ですか？

どんなことをしているとき、熱中して我を忘れてしまいますか？

自分のたましいをわくわくさせ、感動させるものは何でしょうか？

次に、あなたのたましいをはぐくんでくれるものに気づきましょう。

あなたに力を与え、芯から活力を与え、人生に満足感を与えて、ありのままで心地よくなれるような経験や活動は何でしょうか？

何があなたを喜ばせ、驚きを与えますか？

あなたを人生にひきつけ、人生と正面からとり組むことを助け、自分の中に平和をもたらしてくれるものは何でしょうか？

私の場合は、クラシック音楽、美しい織物、異国の香りがする香水などが楽しい気分にしてくれます。私のスピリットは自然が好きで、特に山や松の木の香りが大好きです。他には、異国情緒のあるところへ旅すること、フランス語を話すこと、エジプトの民芸品店、ニューデリーの人力車などがあります。また、他の人たちにスピリットについて話をしたり教えることを生きがいにしています。そして、とりわけダンスが好きです。これらのどれ一つをとっても、自分という感覚を大きくし、私を満足させ、達成感を与え、地に足をつけさせてくれるのです。

一方、夫のスピリットは私のものとはかなり違い、動き回り、絶えず活動するのが大好きです。それは、自転車で遠乗りしているときや、夏に自然の中でハイキングしているとき、また全速力で雪山をスキーで滑り降りているときにいきいきしています。快楽的なものを好みますが、私よりもずっと自然志向です。ですから、農家が出している道路沿いの露店や、シカゴの今住んでいる町のインド人街にあるスパイス市場、あるいは魚市場のバケツに入った新鮮な魚の風景や香りに歓声をあげるのです。

あなたにとって唯一無二のスピリットに、何が力を与え、はぐくんでくれるのかに気づき、自分がそれに対してどれくらい感受性があり、気づいているかに注意してみてください。スピリットの成長に必要な経験を与えて、それをはぐくんでいますか?

かつてこんな女性のリーディングをおこなったことがあります。彼女はヴァレリーといって、ひどくふさぎこみ、憂鬱《ゆううつ》と疲労感に苦しんでいました。彼女は極度の疲労で倒れる日がよくありました。そのようなパワー喪失がどんな不思議な病気のせいで起こっているのかまったくわからず、彼女はあらゆる医者やヒーラー、そして霊能力者のもとへ答えを求めて奔走しました。そして、甲状腺機能不全、ライム病、かびや金属の中毒からエプスタイン・バー・ウィルス(ヘルペス・ウィルスの一種)まで、あらゆることを調べましたが、はっきりした答えは得られなかったのです。

彼女は絶望して私に電話をくれました。すぐに私は彼女の問題を突き止めました。つまり彼女は、私が「スピリチュアル拒食症」と呼ぶスピリットの飢餓状態のひどいケースだったのです。彼女のガイドは私に、彼女は心の奥底では芸術家で音楽家であり、美しい音楽を作り、すてきな庭を造ることが大好きなのだと教えてくれました。彼女は瞑想的な人で、そのたましいは静かな瞑想と祈りの時間で成長していたのです。彼女のスピリットは穏やかな性質で、動物と一緒にいることや、美しい花に囲まれて、ゆったりした自然になじんで暮らすことを必要としていました。

ヴァレリーは何年も前には、ウィスコンシン州の小さな町でそうした生活をしており、健康で幸せでした。しかし、それは高校時代の恋人と結婚するまでだったのです。彼は航空会社の整備士として働いており、野心家で定期的に転職活動をしていました。彼と結婚してからというもの、彼女は五年で六度もの引っ越しをしました。ほとんどが大都市で、自分たちだけではアパートを借りるゆとりもなく、他人と小さなアパートを共有していました。彼のスピリットは冒険と興奮を愛していましたが、彼女のスピリットは精神的に疲れ果て、死にかけていたのです。

夫への忠誠心から、彼女は自分自身とのつながりを断ち、エネルギーを完全になくしていました。彼女のガイドは、静かな自然に囲まれた生活に戻る必要があり、急に変化するような生活をやめることが必要だと訴えていました。彼女のスピリットを生き返らせ、体を治すためには、まさにこのことが必要だったのです。

「離婚すべきだと言うんですか?」

彼女はそう尋ねました。そんな決断はしたくなかったので、私はこう答えました。

「私が言っているのは、あなたが自分のたましいをはぐくむものにもっと意識を向けて、よくなるために必要なら何でもするべきだということです」

スピリットで面白いのは、あなたがそれに敏感になり、注意するようになると、自分の中のすべてが穏やかになり、はっきりしてくることです。私の話を聞いたヴァレリーは、それに同意し、何年かぶりで自分のスピリットに耳を傾けました。

彼女は夫のところから離れ、静かな、自然に囲まれた環境へと戻ったのです。動物を飼い、自然の中を歩き、一人でリラックスして、ピアノの練習をしました。離婚はしませんでした。そのかわりに、彼はニューヨークで十日間働くと、四、五日をウィスコンシン州ですごします。彼女は一人でいることが好きで、彼は冒険が好きだったので、この方法はとてもうまくいきました。

スピリットが回復していくにつれ、だんだん彼女の体力も回復してきました。ガイドの指示の正しさが証明されたのです。

私が尋ねると、クライアントの多くは、自分のスピリットに栄養を与えたり、はぐくむことはほとんどしておらず、義務と責任感でやみくもに生きているだけだと認めます。彼らは、人生を生きるよりもむしろ我慢していると感じていて、楽しむことを忘れているのです。

もし、あなたにもこんな感覚があると気がついたら、自分のスピリットに冷たく、鈍感になっており、その結果として、スピリットの世界とそのすべての贈り物から切り離されているのだということを忘れないでいてください。

私たちの非常に厳格な文化では、人々は子どものころから、他人のことをまず先に考え、自分の興味やケアは「自分本位」と見なすように教えられています。ならば、こういったやる気をそぐような事態が起こることも簡単に理解できるはずです。この考え方をやめるまで、あなたのスピリットは苦しみ、スピリットの世界からの導きを締め出してしまうことになるでしょう。

スピリットのはぐくみ方

- 気分を盛りあげる音楽を聴きましょう
- 歌ってみましょう
- 香りのよいバスソルト（エプソム塩）を入れた贅沢なお風呂にゆっくりつかりましょう

- 瞑想をしてみましょう
- 新鮮な生花や鉢植え植物を家に飾りましょう
- 何もしないでいましょう
- 散歩を楽しみましょう
- 寝室にたくさんのろうそくや心地よい枕を置きましょう
- 海外旅行の雑誌を見てみましょう
- 運動を楽しみましょう
- 祈りましょう
- 何でもゆっくりおこないましょう
- 笑いましょう

最初の課題は、自分のスピリットをはぐくむことです。もし自分のスピリットから切り離されていたり、鈍感になっているなら、自分のガイドからの情報も届いていない可能性がとても高いのです。

日々の生活にもっと細心の注意をはらうことからはじめましょう。心から没頭し、平和な気持ちになっているのはいつですか？　それは何をしているときでしょうか？

心の安らぎや満足感を得られる活動に集中してください。もっといいのは、自分が笑い、体が浮きあがるほどうきうきしているときに気づくことです。これが、あなたのスピリットがインスピレーションを感じた瞬間であり、スピリット・ガイドのより大きな世界に心を開いたときに得られる経験なのです。

自分のスピリットを意識した瞬間、どのように感じているのかに気づき、正直になってくださ い。なぜなら、それに反応し、必要なものを与えることが、あなたを満足させ、平和な気持ちにさせてくれるのです。

自分のスピリットにとって必要なものがはっきりわかったなら、とにかくそれをやってみてください。もし自然が大好きなら、一週間に一度、うしろめたさを感じることなく、公園の中を散歩したり走ったり庭で何時間かすごすことが、あなたのスピリットをはぐくみ、回復させるのに必要なことでしょう。ここで鍵になる言葉は、うしろめたさを感じないということです。ショッピングや異国情緒のある場所を探索するのが好きなら、新しい地区でなじみのないお店をぶらぶら見ながら数時間すごすことが一つのコツです。何も買う必要はありません。ただ自分のために時間をとることに対して言い訳やわびる気持ちをもたずに、冒険を楽しむのです。スピリットをはぐくむことが人生を台無しにするかもしれないと心配しないでください。自分のスピリットに敏感になることは、たとえ少しずつでも大いに効果があるのです。

スピリットに応答する瞬間、はじめて自分のすばらしいガイドや仲間に出会うでしょう。私の母は裁縫が大好きで、裁縫部屋で静かに物思いにふけっていることがありました。そこで母はよく、自分のガイドとつながり、長いテレパシーでの会話をしていたのです。実際、母が自分のスピリットをはぐくむほど、より平和な感じがし、ガイドの繊細なエネルギーと容易につながっていました。

もし、あなたが自分のスピリットとずっと切り離されていて、どこからはじめたらいいかわからなくても、心配ありません。再びつながるはずと心から思っていれば、必要なのは先に述べたようなことと少し調べてみることだけです。たましいをはぐくむ効果のあるこのレッスンを習得する秘訣は、スピリットにつながるための方法は一つではないと理解することです。ただ、自分を心の奥底からはぐくんでくれるものに興味をもち、敏感になり、何よりも反応することが必要なのです。自分のスピリットに定期的に栄養を与えていれば、あらゆるもののスピリットにもっと気づけるようになります。それがスピリット・ガイドにつながり、サポートしてもらう入り口を開いてくれるでしょう。

練習

毎週十五分から二十分くらい時間をとり、自分以外の誰にも返事をしないようにしてください。この間、ピアノを弾いたり、庭で時間をすごしたり、単にお茶を飲みながら空想にふけるなど、好きなことをしてみましょう。ただし、うしろめたさを感じずにすることが大切です。そして一週間に一度から二度、三度と、徐々にその回数を増やしていきましょう。これは貴重な時間だと考えるのを忘れないでください。自分のために何かをしたり、自分のスピリットに敏感にする時間をとることに慣れていないなら、なおさらそうです。

また、家族や、特にあなたが相手をしてくれないことに慣れていない小さな子どもたちに対して、この時間について伝えなければならないかもしれません。これは尊重してもらうべき重要な時間なのです。難しい注文であることはわかっていますが、もし十五分おきに短く間隔をおいておこなうなら、あなた自身はもちろん、周りの人もすぐに慣れるでしょう。

また、シャワーを浴びたり一日の準備をしているときなどに、毎朝、数分間取ってやってみるのもよいでしょう。

では、次の文章を完成させてください。

「私は物怖《ものお》じせずに○○○します」

たとえば、

「私は物怖じせずに、日曜日に休みをとって、リラックスします」

「私は物怖じせずに、もっといい靴を履きます」

「私は物怖じせずに、母に電話して、愛しているともっと頻繁に伝えます」

これを大きい声で言ってください。自分で検閲をしないで、あなたのスピリットの居場所である心が自由に話すことを許してください。何回かおこなえば、あなたを本当にはぐくみ成長させてくれるものへと導いてくれるでしょう。

周りの世界のスピリットに気づきましょう

自分のスピリットを意識するようになったら、次の段階は、周りにいる人々や生き物のスピリチュアルなエネルギーを意識し、それに対して敏感になることです。量子物理学は、外見にかかわらず、宇宙のあらゆるものがさまざまな振動数で振動している純粋な意識からできていると教えています。物質は固体のように見えるだけで、実は、高速に動いているエネルギーにすぎません。固体のように見えるのは錯覚なのです。

何年も前に、私がスピリチュアルと癒しの技法の勉強をしていたとき、先生でありメンターでもあったトレントン・タリー博士は、「物質的性質は最も不正確な情報源なので、結論や決断の際には、決してそれだけに頼るべきでない」と教えてくれました。この助言は私にとって、何が本物で真実なのかを見分ける目を開かせる助けとなりました。そして、物質的な世界と非物質的な世界の間にあるベールをとり去る手助けをしてくれたのです。

スピリットの世界は、物質的な世界とまったく異なったレベルで振動しています。それは目では理解できません。むしろ、気づく練習をして、注意を払ったときに、心で感じ、経験するものなのです。これらの波動に同調するためには、自分をとり囲む固有なエネルギーに気づくことが必要です。最初は奇妙な感じがするかもしれませんが、ほんのちょっとの想像力と集中力で、驚くほど簡単になるでしょう。一緒に住んでいる人とか、毎日一緒に働いている人のように、いちばん身近な人からはじめてください。彼らのスピリットを感じて、表現し、一人ひとりの違いに注目しましょう。

周りの人のエネルギーにつながるために、ただ目を閉じて、思考から心へ注意を移してみましょう（自然に共感できる人は、私が何のことを言っているかすぐにわかるはずです。なぜなら、自然に周りの人の波動に合わせていることがあるからです。しかし、まだそれがスピリットだとはわかっていないでしょう）。次に、ある人に集中し、その固有な波動（スピリット・ガイドの波動も含んで）を感じてみましょう。あなたが感じたことを表現してください。大きな声で言ってみる方がよいでしょう。というのも、声を出せば出すほど、あなたの気づきが拡大するからです。

たとえば、娘ソフィアのスピリットの特徴は穏やかで、感受性が鋭いと私は思っています。彼女は変化に対して抵抗しますが、その結果、安定し、自然と地に足がついており、分別がありま す。彼女のたましいは、いつもは力強く、意志が強く、穏やかですが、必要があれば、すごい剣幕で怒りだすこともあります。私は、娘のスピリットをとてもよくわかっているので、どこへ行っても、彼女の独特な波動を見分けることができます。

一度、デパートをぶらぶらしているとき、娘が近くにいると強く感じたことがあります。しかしそのとき、娘は友達の家に泊まりに行っており、ショッピングセンターに来る予定などないことがわかっていたのに感じたのです。私は自分の後ろにいるのではないかと振り返りましたが、そこに彼女はおらず、私は買い物を続けました。ところが五分後、彼女の声を聞いたのです。振り返ると、娘がいました。友達の母親が二人に映画を見せようとショッピングセンターに連れてきていて、映画がはじまるまで時間つぶしにお店をぶらぶらしていたのでした。私が娘の存在を感じたのと同じように、私のスピリットをよく知っている娘も、私がそばにいるという感じがしたそうです。

自分の周りにいる他の人たちやより大きな世界のスピリットを感じるなら、私たちは新しいレベルのポジティブな経験を求めることができます。クライアントのハリエットは、スピリットのことなど考えたこともありませんでしたが、自分のわびしい状態に彩りや興奮をもたらしてくれるかもしれないと思い、その考えに興味をそそられました。はじめはためらっていましたが、私のアドバイスを受け入れ、これまで見慣れた以上のものを見る努力をしはじめたのです。

ハリエットは六十七歳で、三十年以上も独身でした（不幸な結婚のせいで）。そして、保険代理人の秘書としてパートで働いていました。彼女は人生に限界を感じ、まるで人生から切り離されたような気持ちに陥り、もっと興奮と満足感が得られるような変化を望んでいました。彼女ははじめ、自分の上司のスピリットが退屈で、元気がなく、その落ちこんだエネルギーが自分に影響を及ぼしていることに気づきました。反対に、同じ建物に住んでいる隣人のスピリットは、あけっぴろげで、陽気であり、とても明るいものに感じました。三年前から彼を知っていましたが、これまで気づかなかったことでした。

ハリエットは隣人のポジティブなエネルギーに魅力を感じ、話をしたいと思うようになり、それに彼はすぐに応えてくれました。何回かの楽しい会話のあと（うち一回で、彼はとても魅力的なスピリットの持ち主とわかりました）、隣人は月に二度、彼の部屋でやっているブリッジ（トランプのゲーム）に招待してくれました。そこで、彼女は一人の歯科医と出会いました。彼はちょうど、ダウンタウンの大きなオフィスで新しい受付の人を探しており、なんとハリエットを採用したのです。どうして彼女を採用しようと思ったのか尋ねると、彼は、彼女のスピリットが好きだったからと告白したのでした。

他の人の本当のエネルギーをただ感じようとしただけで、ハリエットは二ヶ月のうちに、新しい友人と新しい仕事を手に入れました。最初は自分自身のスピリット、次に他の人のスピリットへの気づきを高めることによって、彼女はしだいに、探し求めていたポジティブな変化をもたらす状況へとひきつけられたのです。

私の教えるクラスでは、生徒に他の人のスピリットを表現してもらっています。最初は、みんなコチコチにあがってしまいます。「スピリットの広い世界」があなたにとってはじめてのものなら、それも当然でしょう。ですから、リラックスして、難解なテストでなく、わくわくする冒険と考えてもらうようにしています。面白いことに、たとえ頭では失敗しても、ほんのちょっとの刺激で、心（あなたはそれが、スピリットのある場所だと思い出すでしょう）は、あなたがたいてい無視しているエネルギーと波動について大きな声で話しだすでしょう。

　この練習をしていた生徒のクレアは、「とても保守的な」職場の先輩のスピリットを、意外にもセクシーな女性と表現しました。ぴしっとボタンをとめたスーツの下に、何年にもわたり週末にフラメンコを踊る女性が隠れていたのを発見したのです。

「人は見かけによらないものね」クレアは笑いました。「彼女の外見からは、想像もできなかったわ！」

　控えめで静かな先輩のスピリットとつながることで、クレアはスピリットの世界の恵みを楽しむことができたのです。彼女は自分のスピリットに、人生を豊かにしてくれる他の同質のスピリットたちと一緒になるのを許しました。そして、ときどきフラメンコに行きさえしはじめたのです。

すべてのものに存在するスピリットを見るという学習のいちばんよい点は、それによってあなたの世界がいきいきとし、あなたの心と想像力がつねに創造性へと動きだすことです。スピリットの目を通して世界を見れば、目の前にある隠されたつながりやチャンスやサポートが見えはじめるでしょう。それを受けいれさえすれば、あとは非物質的存在や自分のスピリット・ガイドたちとつながるために、小さな一歩が必要なだけです！

知覚力を広げるもう一つの方法は、ペット独特のエネルギーを見分けることです。犬や猫、魚などのスピリットを感じたり、識別できますか？　私の愛犬のプードル、ミスTのスピリットは、とても感受性が強く、ひょうきんで、プライドが高いとわかっています。彼女は、毛が伸びてもじゃもじゃになると、とても落ちこみます。そして、美容室でシャンプーとカットをしてさっぱりすると、帰るときには喜んでいます。反対に、隣家の犬のエミリーのスピリットは、ミスTほど几帳面ではありません。毛の手入れをあまり気にせず、かなりの冒険好きで、いつも走ったり遊んだりしています。彼女のスピリットは、無邪気で好奇心が強く、ミスTよりもはるかに自信にあふれています。

二十年間、私は、いろいろな人にペットのスピリットについて尋ねてきました。そして、正確にあらわすことができなかった人は誰一人としていません。実際、周りの人間のスピリット以上に正確に表現していました。おそらくペットは、とても愛情深く、私たちのたましいを快く受けいれているので、同じように私たちも彼らのたましいに気がつき、敏感になるのでしょう。

では、あなたの気づきをもっと広げて、家にある鉢植え植物や庭の植物のスピリットを感じてみましょう。

健康な植物と死にかけている植物のスピリットの違いがわかりますか？

ランとユリの違い、鉢植えの植物と土に植えられた植物の違いを感じることができますか？

頭で考えると、そんなのばかげていると思うかもしれませんが、いろいろなもののスピリットに注意を払うときに、話をでっちあげているわけではないので安心してください。

ほんのちょっとの注意と練習で、あなたの感覚は、スピリットの世界の繊細なエネルギーを知覚できるようになり、新しい方法で、人生のあらゆる面を楽しめることでしょう。私は、大学で音楽鑑賞のコースをとったとき、たった数週間という短期間で、驚くような進歩が自分の意識にあったことをおぼえています。音楽を聴くのは前から好きでしたが、一つ一つの楽器は、音やリズムの一つの塊の中に埋もれていました。しかし、このコースをとってから演奏の微妙な違いに注意を向けられるようになり、それぞれの楽器とリズムを理解しはじめました。その結果、作品鑑賞が無限に深くなり、さらなる満足感を得られるようになったのです。

同じようなことはフランス料理のクラスをとったときにも起こりました。私はフランス料理が大好きで、特に美味しいソースが気にいっていました。このクラスを受ける前は、信じられないほど美味しくなるスパイスや香りのよい材料を区別できませんでした。しかし、突然、料理の味についてまったく新たなレベルで気がつき、正しく理解できたのです。それは、フランス料理の楽しみを、もっと微妙な違いがわかり、満足できるように変えてくれました。新たな気づきを得てからは、料理のエネルギーや波動におかまいなく、ただがつがつ食べられなくなりました。

周りのあらゆるエネルギーを認識するように訓練し、心で波動を感じることによって、同じような結果を得ることができます。努力と注意力で、次のようなことを感じはじめるでしょう……赤ん坊の、汚れた顔ではなくそのか弱い愛らしさ、幼いジャーマンシェパードの、吠え声ではなく、元気一杯の姿、不気味にのしかかるような樫《カシ》の木ではなく、そのしっかりした平然さなど。

最初は、はじめて訪れた水辺で魚釣りをしているように感じるかもしれませんが、最終的には、自分の周りの世界のスピリットに波長を合わせることが第二の天性のようになるでしょう。料理や音楽鑑賞のクラスのように、自分の周囲とうまく同調していると感じるはずです。

練習

周りの人や物のスピリットに気づいてみましょう。そして、そのスピリットのエネルギーはどんな感じがするか大声で表現してみましょう。

もし、頭にとらわれて、自分の感情から切り離されているようだと、最初は少しやりにくい気がするかもしれません。その場合には、「軽い」「重い」「速い」「安定した」「明るい」「鈍い」のような簡単な言葉で、他の人たちのスピリットを表現することからはじめましょう。想像力に導いてもらいながら、心に表現させてください。

自分の得た印象を検閲しないでください。大脳を回避して、心から口へと直接流してみるといいでしょう。すると、自分で意識的に理解していない言葉を話すことがあるかもしれません。

スピリットの世界について学んだので、次は、最も基本的なスピリット・ガイドである天使たちに会いに行きましょう。

第2章　天使たちに出会いましょう

守護天使

あらゆるものの中にスピリットがあるのに気づいたら、あなたは宇宙を、美しく、人々をはぐくむポジティブな場所として見はじめることでしょう。そこは、あなたを含むすべての人やものが気にかけられ、愛されている場所です。あらゆる存在が自分を守るスピリットをもっているように、あなたも自分自身のサポートシステムをもっています。それは、たくさんの異なるレベルの存在とスピリチュアルなエネルギーからできています。最初にあなたを助けようとやって来るグループは天使です。特に、あなたの守護天使（ガーディアン・エンジェル）です。

守護天使は、人間にとってとても重要です。なぜなら、彼らは、私たちがこの世に生を受けた瞬間から最後に息をひきとるまで、深くかかわる唯一のスピリットだからです。彼らは私たちを見守り、導き、そしてはぐくみを与えてくれます。心や体やたましいがスピリットの世界に戻る準備ができるまで、私たちの安全を守り、最後には天国へと連れ帰ってくれるのです。

守護天使と私たちとの最初の接触はいつかということには、さまざまな説があります。受胎のときだと言う人もいれば、誕生のときだと言う人もいます。私たちが最初に笑ったときだと考える人もいます。すべての守護天使がそうだとは言えませんが、私の経験では、いつも妊娠を告げるためにあらわれています。ですから私は、受胎のときにはじめて守護天使に接触するのだと感じています（たいていは九ヶ月後にもう一度あらわれます）。

私は、長女が生まれたときのことをはっきりとおぼえています。私は彼女を見るだけで感無量になり、最初の三分間は男の子か女の子かさえわかりませんでした。それから、突然、聞きおぼえのない声を聞いたのです。

『それで、どっちなの？』

見上げると、夫のパトリックのすぐ後ろに、とても明るく光り輝いている美しい顔が見えました。その顔は、たとえようもない暖かさと歓びで微笑んでおり、私の気持ちを落ち着かせてくれました。

答えを見つけようとして赤ん坊を見つめ、私は叫びました。

「女の子だわ！」

もう一度見上げると、その光は消えていました。その美しい人が看護師の一人だと信じて、彼女を見つけようと部屋中を見回しました。その瞬間、娘が産声をあげたのです。私ははじめての赤ん坊への思いでうきうきし、すぐにぐったりと疲れきってしまいました。そして看護師のことはすっかり忘れてしまいました。

その日遅く、少し落ち着きを取り戻してから、私は医者にその話をし、看護師のことを尋ねました。

「ああ、そうそう、私も好感をもったわ。でも、見たことがないから、新人でしょう」と彼女は答えました。

次の日、私が退院するちょっと前に、医者がやって来て、言いました。

「聞いてみたんだけれど、誰もあの看護師について知らなかったんです。彼女が出産に立ち会ったという記録さえ見つけられませんでした」

それを聞いて、ぞくぞくしたものが、頭のてっぺんから背骨までさっと走りました。そのとき、生まれたばかりの娘が笑ったのです。その瞬間、娘の守護天使が私たちと一緒にいたとわかりました。あふれ出る自信とともに、私は、母親という新しい冒険に出発する準備ができました。そして、パトリックの方を振り向いて言いました。

「さあ、帰りましょう」

●天使は、あらゆる信仰における主要な力で、おそらく世界中の宗教が否定しない数少ないものの一つです。
●キリスト教には主要な大天使が七人、イスラム教には四人いるとされています。
●ユダヤ教では、メタトロンが最も偉大な天使です。
●聖書では、天使について三百回言及しています。

天使と接触するには、知性の抵抗をやめて、彼らの存在を受けいれ、天使と連絡をとっているということを自分以外の誰も信じなくてもいいと理解する必要があります。でも、天使はスピリット・ガイドの中で最も普遍的に受けいれられているので、この話題はほぼ誰にでも話せ、受けいれられると自信をもっていいでしょう。実際、会話に加わる人が増えるほど、そのうちの何人かは自分の天使がいると認める可能性が大きいのです（どうかしているとはねつけられる危険があったとしても）。

天使を目撃したという報告は数えきれないほどあり、たとえあなたが天使を呼ぶのに慎重であったとしても、天使と出会っている可能性は非常に高いのです。もう少しで事故という経験をしたことがないか、不思議な直感のおかげで何の怪我もなくすんだことがないか、自問してみてください。そして、それがどのように起きたのか、そのときどう感じたか思い出してみましょう。それがどんなに些細な経験でも、天使があなたを助けようとしていたのだと確信できるはずです。

九・一一のテロからまもなく、私はワシントンＤＣで女性弁護士グループへの講演を頼まれました。彼女たちのほとんどはペンタゴン（アメリカの国防総省）で働いており、私が霊能力者だという事実が、すでに彼女たちに違和感を抱かせていました。誰一人、人前で第六感の経験を認めようとはしませんでした。参加者の多くは、明らかにこのテーマに魅力を感じていましたが、目に見えない世界（スピリチュアルな世界は言うまでもなく）を認めることは、職業上の立場を脅かすものだったのです。しかし、私が天使のことを話しはじめると、雰囲気は一変しました。天使に会ったことのある人はいないか尋ねると、部屋の方々からものすごい勢いで手があがりました。自分は守護天使のおかげでテロリストの攻撃から救われたという話が、次から次へと語られたのです。

グローリアは、テロリストの飛行機が衝突したちょうどその場所で働いていました。彼女はその朝、車のガソリンを入れに行き、従業員が人なつこくておしゃべりだったため、二十分もしゃべってしまいました。それで仕事に遅れてしまったのですが、それが彼女の命を救ったのです。翌日、お礼を言おうとガソリンスタンドへ行くと、彼はいませんでした。そして、他の従業員は誰一人彼女が話をした人物を知りませんでした。

ケイトも行きつけのカフェで似たような経験をしました。遅れそうになりながら、いつものように毎朝欠かせないコーヒーを買おうと店に飛びこむと、前から歩いてきたとても素敵な若者と正面衝突してしまい、彼の全身にコーヒーをかけてしまったのです。ケイトはショックで、あやまりながら一生懸命拭こうとしました。ところが、その男性は信じられないほどいい人で、三度もこう言いました。

「心配いりません。あなたがもっとのんびり人生を楽しめるように、ぼくがわざとしたんです」

この不運な事故で、彼女は仕事に遅れてしまいました。その結果、その間に起きた災難から救われたのです。

ケイトは、翌日また同じカフェにたち寄り、昨日片付けるのを手伝ってくれた従業員に、自分がぶつかった若者はよく来る客かどうか尋ねました。彼は、そんな男性は見たことがないと言いました。でも、あの状況で信じられないほど感じのいい人だったと付け加えました。そのときすぐに、彼は天使だったと彼女は確信したのです。

おそらく、これらの女性たちが、天使との体験を赤裸々に語ろうとしたのは、九・一一のテロがまだ記憶に新しく、いつもの心理的抵抗がなくなっていたためでしょう。たとえそうだったとしても、天使について尋ねてあがったたくさんの手は、人々が思う以上に天使との接触がかなり一般的なことを明らかにしました。私はそれにまったく驚きませんでした。天使の主たる仕事の一つが、目的を達成するまで、私たちの安全を守ることだからです。彼女たちの守護天使は、文字通り命を守ってくれたのです。

さらに、守護天使はスピリットやハイヤーセルフとともに、私たちがすすむべき道を前進し続けられるように生涯働いています。特に私たちが自己を喪失しているときに働いてくれます。

クライアントのリサは、三年間付き合っていたボーイフレンドを親友に奪われ、人生で最も惨めな思いをしていました。ある日、仕事に行く前に郵便局で順番待ちをしていると、感じのいい老人が話しかけてきました。

「あなたはとても美しい人だ。きっと、いつか素敵なパートナーに出会うでしょう」

そう老人はリサに言ってくれました。希望を与えられたリサは、外に出たとき、お礼を言おうと探しました。しかし、彼はどこにも見当たりません。自分の車へと歩きながら、彼は自分のために列に並んでいた天使だったのかもしれないと思いつきました。

もし、頭の中で堂々めぐりをし、自分のスピリットと連絡を断たれているように感じているなら、毎日、自分に与えられた恵みを数えてください。そのほとんどは、あなたの天使によって周到に準備されているのです。

毎日、自分に起こる幸運に気づくように思考を訓練し、ガイドに助けられていることに感謝しましょう。驚くかもしれませんが、天使は繊細で、感情があります。あなたが無視しても傷つきはしませんが、失望はします。宇宙のあらゆる存在のように、彼らは前向きなコミュニケーションとアファメーションに応答します。ですから、あなたがその存在を受け入れ、感謝すればするほど、天使からさらにたくさんの驚きと贈り物を受け取れるでしょう。

恵みのリストを作りましょう

- 朝寝坊できることに感謝します。
- Eメールが動かなくなったあと、コンピュータが自然に直ったことに感謝します。
- 両親が健在なのに感謝します。
- 友達のための募金を助けてくれた、すばらしいクライアントと愛する人たちに感謝します。
- 保障期間中に、自動車が修理できたことに感謝します。
- ペットのミスTが、犬の美容室から逃げたあと、帰り道を自分で見つけられたことに感謝します。
- 我が家の芝生に水をやってくれる隣人に感謝します。

自分への天の恵みを数えはじめて最初に気づくのは、天使はスピリチュアルな世界の警察だということです。つまり、天使は、あらゆる種類の危害からあなたを守り、保護してくれているのです。

デビーというクライアントは、三ヶ月になる娘のヴィクトリアにまつわる天使の話をしてくれました。夫とロサンゼルスを訪ねていたとき、デビーはホテルでベビーベッドを借り、二部屋あるスイートルームの手前の部屋に置きました。その夜、大地震がロスを襲い、部屋中の何もかもが落下してしまいました。壁の漆喰《しっくい》も、頭上の照明器具も、窓もです。パニック状態になり、彼らはベッドから這いだして、ベビーベッドの方へ走りました。天井の大きな塊が散乱し、ベビーベッドの真上にあったシャンデリアは床に落ちてこなごなになっていました。しかし、ベビーベッドはまったく無傷でした。赤ん坊は混乱のなかでもすやすや眠っていたのです。ヴィクトリアの近くには、小さな白い羽根だけがありました。デビーと夫は娘を抱きしめ、天使が守ってくれたことに感謝しながらむせび泣きました。

もう一つ、天使は、目に見える姿であらわれる力をもつ唯一のスピリット・ヘルパーだということです。天使がよくあらわれるのは、あなたの成長をうながしたり守ってくれているときです。しばしば、あなたの命を守ったり、悲嘆や絶望から救ったり、人生の難関を容易にするようあらわれます。あなたの守護天使は一人しかいませんが、服装や年恰好もさまざまであらわれ、姿や肌の色も自在に変えられます。一般に考えられているような、銀色の衣をなびかせ、亜麻色の髪であらわれるとは限りません。ときには、ホームレスやロックスターのように見えることもあります。

ところで、子どもたちは意識的に天使とつながることができ、交流する機会が大人たちよりずっと多いのです。なぜなら、子どもの心はとても開かれており、スピリットが強力だからです。子どもは、天使を呼び寄せる祈りを知っていますが、大人は、天使と仲よくなるには教養がありすぎると信じているのです。

私の娘は二人とも、小さいころに何度も天使と出会っています。サブリナは三歳のころ、重い病気にかかりましたが、守護天使がたくさんの赤ちゃん天使を連れてきて、彼女を元気づけるために行進してくれたと言っていました。天使たちが踊っていたとき、私は娘と一緒にベッドに座って、彼女のうれしそうな声を聞いていました。娘は私の腕をつかんで言いました。

「ママ、赤ちゃん天使が見える？　ねえ、ママにも見えるでしょう？」

そのときは娘を心配するあまり、残念ながら見えませんでした。しかし、彼女の喜ぶ様子を見ているうちに、光の波が私の目の前をさっとよぎりました。実際に天使を見たわけではありませんでしたが、たしかに彼らを感じたのです。その経験が私を落ち着かせ、サブリナは夜にはよくなると確信させてくれました。そして、実際、彼女は回復したのです。

サブリナが十一歳のときにも天使はやってきて、やるせない状況に喜びの光をもたらしてくれました。クリスマス休暇のとき、夫と私は、保護者なしの友達同士で夕食と映画にいく許可を、娘に与えました。大人になったような気分で、新たな自由にわくわくしながら、彼女はクリスマス用のバッグに、プレゼントにもらった商品券と私たちがあげた二十ドルを入れて出かけていきました。バッグに十分注意をし、目を離さないようにと私に注意されていたのに、映画に夢中になった彼女は、バッグを椅子の上に忘れてしまったのです。ロビーに出てから思い出し、すぐに戻りましたが、バッグはもうありませんでした。さらに悪いことに、友達は同情するどころか、娘を笑ったのです。

サブリナが電話してきてから数分で、夫と私は駆けつけました。娘は、自分のあやまちへの恥ずかしさと、クリスマスでもらったものをみんななくしてしまった悲しみで、とりつく島もないほど落ちこんでいました。彼女の苦況に同情する気持ちと不注意へのいらだちの間で揺れながら、私たちは、泣きじゃくる娘と一緒に車の方へと歩きはじめました。

するると、突然、サブリナにそっくりな少女が子どもたちのグループから飛び出してきて、こちらへと走ってくると、私たちの方をまっすぐに見て言いました。

「ちょっといい？」

そしてサブリナを引き寄せて言ったのです。

「大丈夫？　映画館でお財布をなくして落ちこんでいることは知っているわ。でも心配しないで。大丈夫だって思おうとすれば、元気になるのよ。あなたはおばかさんじゃない。あれは単なる貴重な経験だったのよ」

少女は娘を抱きしめると、友達のところへ走って戻っていきました。

驚くべき出来事でした。少女の優しさのおかげで、サブリナはすぐに気を取り直したのです。娘はその新しい友達にお礼が言いたかったのですが、少女は消えてしまいました。サブリナはしばしあたりを探し回ると、肩をすくめながら戻ってきました。

「きっと天使だったんだわ」娘はこともなげに言いました。「私は乗り越えられるって言ってくれた。だから大丈夫だって思うことにする」

その瞬間から、この日の失敗をサブリナが口にすることはありませんでした。あの少女は天使だったのでしょうか？　普通の子どもたちの振る舞いを考えれば、答えは間違いなくイエスでしょう。

天使たちはたいてい、いちばん必要なときにあらわれます。でも、あなたは、あとにならないとそれが誰だったかわからないでしょう。あなたを励ますようなエネルギーが残されていって、どうしてわからなかったのだろうと思うはずです。

クライアントのグレースは、母親をガンで亡くし、夫と離婚したばかりでした。そんなとき、いちばんの親友が、尋常ではない事故で亡くなったという知らせを受け取りました。悲しみで押しつぶされそうになりながら、彼女は葬儀に参列するために飛行機の座席に着きました。ようやく落ち着いてきたとき、飛行機用の車椅子に乗ったひどく高齢の、弱々しく、優しそうな老婦人が通路を運ばれてきて、彼女の隣の席に座りました。二人はおしゃべりをし、グレースはこの見知らぬ老婦人に心の内にあるものをすべて話しました。老婦人は静かに聞いてくれ、グレースを笑わせ、人生の最良の部分はこれからやって来ると安心させてくれました。

その間ずっと、老婦人は、その手にとても小さな祈禱書を握りしめていました。そしてグレースに、必要なのは神に助けを求めることだけだと言いました。二時間のフライトを終えるころ、グレースの気分はかなりよくなっていました。老婦人に名前を尋ねると、「ドロレス・グッド（Dolores Good）よ」と答えました。

ドロレスが車椅子で付き添われて、飛行機を降りたとき、グレースは祈祷書が忘れられているのに気づきました。それを渡そうと、彼女は飛行機の前の方へと走りました。ドロレスがどこに行ったのか客室乗務員に尋ねましたが、わかりませんでした。そこで、彼女をつかまえようと必死でターミナルへと走りました。でも、だめでした。まるでドロレスはどこかに消えてしまったようでした。航空会社の受付カウンターに戻り、ドロレス・グッドについての情報がないか尋ねました。受付の人は、取り出した乗客名簿を見ていましたが、かなり困惑していました。そして、名簿にそのような名前はありません、と言うのです。事実、彼女の席の隣17Dに誰も座っていないはずでした。グレースが、ドロレスは車椅子で飛行機を降りた乗客だと言うと、その指示は別のターミナルによるものなので、自分にはわからないと言われました。

　いらいらしながらグレースは、ふと祈禱書に目をやりました。そこには「主は善である（The Lord is Good）」と書いてありました。その瞬間、彼女は大笑いしてしまいました。ドロレス・グッド（Dolores Good）と「主は善である（The Lord is Good）」をつなげて考えたら、ドロレスが天使だったとわかったからです。

- 守護天使は人間だったことがありません。
- 守護天使は受胎の瞬間にあらわれ、生涯ずっとあなたと一緒にいてくれます。
- 守護天使は、あなたの体と心とスピリットを導き、保護し、はぐくんでくれます。
- 守護天使は、あなたの死の瞬間に一緒にいてくれます。
- 天使は人間の形であらわれることができるたった一つのスピリットです。

私は何年も前に、自分の守護天使と会ったことがあります。続けて授かった二人の赤ん坊、終わりのない家の修繕作業、圧倒されるほどの仕事の予定などで疲れ果ててしまい、長らく睡眠不足に悩まされていました。そして、栄気を養おうと真冬のハワイにひきこもることにしたのです(これは第一作目である『魂に覚醒める旅』にも書きましたが、もう一度お話しましょう)。

オアフ島に着いて最初の数日間は寝てばかりでしたが、三日目になると、私は元気を振りしぼって海岸へ出かけました。浜辺で静かに座り、人生について考えていました。二人の美しい娘とすばらしい夫がいるのに、幸せではなかったのです。お金に困り、借金で首は回らず、私は夫と喧嘩ばかりしていました。当時は周りからの助けもほとんどなく、私も夫も自分の勤めを果たすだけで参っていました。辛いことですが、すべての歓びは生活から流れ出てしまい、ただ一日一日生きながらえていたというのが実情です。

世間のわずらわしさから逃れて、浜辺に座りながら、私は人生を軌道修正してくれる何かを、そんな変化を求めて祈りました。

次の日、私は一時間くらい浜辺をぶらぶらしていましたが、それから自然に向きを変えて、街の方へと散策に出かけました。そして導かれたような感じで、精神世界専門の書店に入ったのです。店ではカウンターの後ろで女性が一人働いていましたが、何かに夢中になっているようで、邪魔されずに本を見てまわることができました。数分後、とてもすてきなアフリカ系アメリカ人の男性が奥の部屋からこちらへ歩いてきました。一九〇センチ近くあり、真っ白な服で、すてきな笑顔と、きらめくような笑い声でした。彼は私を見て言いました。

「やあ、あなたを待っていたんですよ」

「私を？」私は驚いて尋ねました。

「ええ」彼はスピリチュアルなポスターが入っている箱を指差しました。「これを見てください」

彼は、女性の天使が浜辺で倒れているポスターを取り出して言いました。「これはあなたです」

「よくわかっているのね。今まさにそんな感じなんです」私は笑いました。

「それじゃあ、こっちを見てください」彼は続けました。「これは、あなたがしなければならないことです」彼はもう一枚のポスターを抜き取りました。それは男性の天使が女性の天使を抱きしめ、二人で天国の方へ飛んでいくポスターでした。

私は突然、痛切な心の痛みをおぼえ、自分と夫がいつのまにかどんなに離れてしまったのかを理解しました。二人とも忙しく働き、会うことも少なくなっていました。そして、顔を合わせても、お互いの話を聞いたり、一緒にすごすような雰囲気ではなくなっていたのです。さらに、娘たちと楽しむ機会がないのは言うまでもなく、自分の時間もないくらいでした。

「あなたのパートナーと気持ちが通じるようになって、一緒にダンスすることを思い出してください」彼は微笑みながらそう言うと、奥の部屋へと歩いていきました。彼はカーテンの後ろに消える前に振り返って言いました。「すぐに戻ります」

私は二枚のポスターをもったまま、彼がたった今言ったことについて考えながら立ちつくしていました。そのときカウンターの後ろにいた女性が、何かお探しですかと尋ねました。

「いいえ、結構です。奥の部屋にいる男性が手伝ってくれましたから」

彼女は顔をしかめました。「男性？　どの男性ですか？」

「たった今、奥の部屋へ歩いていった男性です」

彼女はまるで私が正気じゃないといわんばかりに、頭を横に振りながら言いました。

「ここには私以外、誰も働いていません」

そして、奥の部屋を調べに行って戻ってから、(また頭を振りながら)再び確認するように言いました。「誰もいませんよ」

私は困惑して、天使のポスターをじっと見ました。そして、思い出したのです。その男性がかすかに光を放った真っ白な服を着ていたことを。その瞬間、彼が天使なのだと……私の守護天使だったのだとわかりました。彼は、私がリラックスして生活を簡素化し、パトリックや娘たちとの時間を楽しめば、すべてがうまくいく、というメッセージを伝えるために突然どこからともなくあらわれたのです。それこそ、そのときの私がぜひとも必要としていたメッセージでした。彼が「戻ってくる」と言ったので、私と家族はこれからも助けられるのだとわかりました。私はやっと笑顔になり、それから大笑いし、すばらしい安らぎに満たされたのです。

「気にしないでください」

私は店員にそう言うと、ゆっくりと外に出ました。たった今起きたことにショックを受けていましたが、安堵した気持ちで有頂天にさえなっていました。憂鬱な人生を明るくしようと天使があらわれてくれたことにとても感謝していました。このときから、私は自分の天使を、「ブライト(明るさ)」と呼んでいます。

守護天使と話す方法

次のような、簡単な子どものための祈りを、毎晩寝る前に繰り返し言ってみましょう。すぐに守護天使があなたのそばに存在していると感じることができるでしょう。

親愛なる守護天使様
あなたは神の愛によって私のもとへ遣《つか》わされました。
いつも私のそばにいて、光を照らし、守り、導いてください。

ここまで、守護天使は何ができるかをお話したので、どうしたらできるだけ早く自分の守護天使とつながることができるのかに話を戻しましょう。天使の存在を思い切って受け入れたり、喜び、感謝しながら助けを求めることに加えて、彼らとコミュニケーションする方法は他にもたくさんあります。たとえば、天使は音楽が好きなので、家や車の中、オフィスでも、彼らが楽しめるように、気分を高める美しい音楽を演奏したり、歌ったりすることで守護天使を呼び出すことができるでしょう。

不滅のボディガードとして、また誠実な仲間のように、天使たちは耳を傾け、行動を起こすためにそこにいるのです。ですから、必要ならいつでも彼らに話しかけてください。特に、大きな声で話しかけてください。

たとえば、目覚めたとき、寝ている最中に見守っていてくれたことに感謝しましょう。あるいは、朝食の準備をしているとき、その日におこなうあらゆる事柄について、スムーズに進行し、実りあるコミュニケーションができるようにお願いしてください。一日中、オフィスのドアのところに立ち、不愉快なものはすべてブロックしてほしいと頼むこともできます。また、電話の選別や、飛行機や列車、車の隣の席に座っていてとお願いすることもできます。もし難しい面会の約束があるなら、前もって障害を取り除くために、相手方のスピリットに会って交渉してくれるよう頼んでもいいでしょう。天使たちにどんどん任務を与えてください。でも、その日の終わりには、彼らがしてくれたことに感謝するのも忘れないでください。

私の場合、天使とコミュニケーションするお気に入りの手段は、手紙を書くことです。これは、自分のガイドとつながるためのいちばん有力な手段の一つです。なぜなら、手は心とつながっており、心はスピリットとつながっているので、あなたのスピリットを他の人のスピリットの領域へとつなげてくれるのです。天使たちに、恐れや心配事や決心など、あなたを不幸にしていることを何でも話してください。そして、これが重要なのですが、天使に助けと導きをお願いするのです。彼らが、あなたの体や心や思考を改善する方向へと動かしてくれるように頼みましょう。そして、もし間違った方向へとさまよっているなら、それを正してくれるように頼んでください。

手紙を書き終えたら、それを燃やして、あなたのメッセージをスピリットに変えましょう。そうすることが、天使たちが頼みごとを受け取る一つの作法となり、そのサポートに身をゆだねることになるのです。身をゆだねるという概念が重要です。助けを頼むけれど、問題のコントロール権は譲りわたさないというような主導権争いはしないでください。

天使という言葉の意味は、「メッセンジャー」です。この天国に住む存在は、あなたがスピリットの世界とコミュニケーションできるようにサポートし、助けることを自分の使命と考えています。あなたの祈りを、聖なる母と父、そして聖霊へ届けられる依頼文だとみなしましょう。そして天使たちが、それが行くべき場所へともっていってくれるように祈り、彼らを信頼してください。彼らは自分たちがやるべきことを知っているのです。

最後に、天使たちと成功を分かち合うことを忘れないでください。彼らはいちばん身近な擁護者で、あなたの成功を喜んでくれます。そして、これからの計画と試みにおいてずっとあなたを助けてくれるでしょう。

私たちは自分自身のことをよく感じることに慣れていません。なぜなら、それは自分本位な考え方だと思われるからです。しかしそうではありません。スピリチュアルな存在として、自分の成功と成果を喜ぶのはとても健康的で重要なことなのです。自分の天使たちを除いて、私たちを熱烈に応援してくれる人は他にいないのですから、自分が得た黄金は必ず分かち合いましょう！

練習

夜眠る前に、静かに呼吸し、部屋の中の波動に注意をはらいましょう。守護天使は、強いけれど繊細で、パワフルだけれども軽やかなエネルギーをもっており、よい仲間といるような感じを与えてくれます。その気づきを信頼してください。とはいえ、あなたが、ベッドの足元で超人ハルク（マンガの主人公で怪力の巨人）のようなエネルギーを感じることはないと言っておきましょう。なぜなら天使たちのもたらす感覚は、軽さ、暖かさ、静けさだからです。

あなたが接触できたと感じたら、「こんにちは」と言って、天使に名前を尋ねてください。自分が感じたものを信頼しましょう。もし、ドゥブリアルとか オローフルというような天使らしい名前を期待していたのに、受け取ったのがブルースという名前だとしても驚かないでください。ガイドたちはとても実用的なのです。今日何も反応がなかったら、もう一度明日やってみてください。私は、十日以上失敗した人を知りません。

つながりがもてたら、ずっと愛に満ちた関係でいたいと伝えてください。そして、天使からの助けに心を開いており、その存在に感謝していると言いましょう。どこに行っても、その波動を探すようにしてください。独特な歌や香水のように、努力しなくてもすぐに見分けられるようにしましょう。それができるようになると、あなたは決して一人だと感じることがなくなります。

最後に、守護天使の存在を認識する合図を作ってください。私の合図は、ウインクと笑顔です。それは、「あなたがここにいてくれてうれしいわ」と言う私の方法です。守護天使が働いていて、この目まぐるしく変化する世の中で、あなたのために厄介な問題を前もって処理してくれていることを忘れないでください。そして、あなた自身のスピリットを休ませてあげましょう。

大天使

守護天使に加えて、大天使からも、途方もなく大きなエネルギー的サポートを受け取ることができます。彼らは天上界の序列では、神の最も重要なメッセンジャーです。あなたはいつでも、彼らにさらなる助けを頼むことができます。大天使の力はとても強力なので、彼らを呼び出すことは、宇宙で最強のフットボール選手に参加してもらい、あなたが人生の試合に勝てるように助けてもらうようなものなのです。

私はカトリック教会で、ミカエル、ガブリエル、ラファエル、ウリエル、ラギュエル、サリエル、レミエルという七人の大天使がいると学びました（彼らの名前がすべて「エル」で終わるのはおかしいと思うかもしれませんが、それは偶然ではありません。なぜなら、エルはヘブライ語で「輝いている存在」の意味なのです）。それぞれの大天使には、得意分野があります。ですから、とりかかりたい仕事によって、彼らのうちの一人から特定の強力なエネルギーをひきつけることができます。では、大天使一人ひとりについて簡単に説明していきましょう。

大天使ミカエル

一番目の大天使で、激しく、情熱的で、保護と愛の支援者です。人生に活気や興奮、そして愛が欠けているときに彼を呼び出すと、あなたをその行動にかりたててくれるでしょう。もし自分が、恐れに直面し、何か新しくて、怖気《おじけ》づくようなことに挑戦しようとしているなら（キャリアを変えるとか、はじめて一人旅するとか）、あなたを守り、ガイドしてくれるようにミカエルを呼びだすことができるでしょう。

大天使ガブリエル

ガブリエルは二番目の大天使で、感情を支配します。彼は水と関係し、あなたの疑いを鎮め、自信を高めてくれます。特に不安な気持ちと闘っている人たちにとって助けとなるでしょう。

大天使ラファエル

次にくるのはラファエルです。癒しをつかさどり、肉体、心、スピリットなどのあらゆるレベルにおけるエネルギーを見張っています。彼の本質は空気で、肉体的なレベルで元気づけてくれるだけでなく、創造性を高める源でもあります。私は執筆をはじめる前に、ラファエルを呼び出し、自分が新鮮な気分で、かつ集中し続けることができ、読者全員にインスピレーションと癒しの効果を与えるものが書けるようにお願いしています。

大天使ウリエル

ウリエルは、地に足がついた波動をもっており、その本質は土です。彼は複数の仕事を請け負っています。彼は天国の門で人々に挨拶をし、警告をもたらすメッセンジャーで、音楽の支援者でもあります。

大天使ラギュエル

五番目にくるのはラギュエルで、他の人たちの行動を監視する警察官です。私は娘たちが幼かったころ、飛行機で長距離旅行をしなければならないとき、行儀よくしていてくれるように、ラギュエルにお願いしました。それは効果があったに違いありません。何度も飛行機で大陸横断したり、ヨーロッパへ行きましたが、娘たちは行儀よくしていなければならないと、私が脅かさなくても、なぜか直感的に知っていました。私たちは、繰り返し立ち止まっては、娘たちの模範的な行動をほめたものです。娘たちもそれを聞くのが大好きでした。

大天使サリエル

サリエルは、物事を秩序正しく整理することが仕事です。ですから、娘たちがとても小さかったころ、友達が遊びにくるたびに彼を呼んでいました。言うまでもなく、子どもはとても騒々しく乱暴で、ひどく散らかします。私は、彼らの楽しみを台無しにしたくはなかったので（でもあと片付けもしたくありませんでした）、サリエルに仕事をしてもらいました。彼は、確かに感銘をおぼえる仕事をしてくれました。なぜなら、午後のあるとき、子どもたちの一人が「家政婦ごっこ」をしようと言い出したのです。そして、私が気づく前に全員が、自分たちの散らかしたものはもちろん、それ以上の片づけを一生懸命してくれました。私は、その日天使が働いているとわかっていました。子どもたちは掃除機までかけてくれると言い張ったのですから！

大天使レミエル

最後は希望の大天使レミエルです。直感のガイドとして、私がホスピスで一緒によく働いているとても強力な存在です。彼の仕事は、死の扉のところで挨拶し、天国へと付き添っていくことです。私はレミエルの存在を感じるまで、死にゆく人の手を握っていることが何度もありました。

彼があらわれると、死に直面した恐れやストレス、緊張した状況の波動が、平和と静けさに変わります。これは、守護天使が、死にゆく人々をレミエルの愛に満ちた抱擁に導いてくれた瞬間です。そのとき誰もが、たましいは無事であるということを知り、そう感じるのです。

守護天使に加えて、大天使は、芸術的才能を発展させ、創造性をより高度な表現へと活性化する力をもっています。それが音楽であっても、絵でもダンスでも、演技や料理や園芸でも、彼らは危険を冒してでも、私たちが自分の才能のエネルギーを分かち合えるようにしてくれます。アートは、あなたのたましいの表現なのです。なぜなら、それはたましいに声を与えるからです。つまり、芸術的な衝動の抑圧はスピリットの深い傷となり、それを癒すにはかなり強力な力が必要です。

私は長い間、音楽を避けていました。それは、三年生のときの音楽の先生が、私には音感がないと言って、クリスマスの聖歌隊からはずしたからです。表面上では笑い飛ばしていましたが、内面では信じられないほど傷ついていました。そして、このひどい経験以後、誰も私の歌声を聞くことはなかったのです。私はダンスが得意で、音楽も大好きだったので、まるで辛いスピリチュアル的な断絶を経験しているように感じていました。

ある日、ウリエルの絵がついたカードを手渡されました。そこには彼は音楽の大天使であると書かれていました。音楽の分野で創造的スピリットを回復するためには、スピリチュアルな「魔法」が必要だとわかり、ウリエルに私を癒し、歌う心を再び活動させてくれるようにとお願いしました。そして、私は口を開けて（もちろん一人で）、歌いはじめたのです。

大物を呼び出すと、結果も大きくなります。ウリエルを呼んですぐに、マークというミュージシャンに出会い、彼が少額で一緒に旅行し、仕事をしてくれると申し出てくれたときも驚きませんでした。ウリエルがマークを送ってくれたと私にはわかっていたからです。彼は自分の音楽に自信をもち、しっかりと根を下ろしており、彼のおかげで私はまた歌いたいと感じるようになりました。そして自分でそう気づく前に、世界中でおこなっているワーク・ショップや本のサイン会で、歌いはじめていたのです。音程がはずれていなかったかですって？　最初ははずれていましたが、ウリエルの助けで（それとマークの助けもです）、どんどん上達し、歌うのがますます楽しくなりました。

私の母は第二次世界大戦中に受けた怪我で、九十五パーセントの聴力を失いました。彼女は、音楽を聴いて楽しめたらどんなにいいかとよく嘆いていました。ある日、大天使に祈ると言いだし、そうしてからまもなく、信じられないような癒しの体験をしたのです。なんと、夜の間中ずっと、夢の中で、これまで聴いたことがないような美しい天上の音楽を演奏してもらったと言いました。どんなにすばらしい音楽だったかはっきり言葉にはできませんでしたが、母の顔に浮かんだ輝きから、とても深く感動しているのは明らかでした。

もっと心踊るのは、それが決してやむことなく、母は同じような天上の音楽を何度も聴いて踊っていたということです。私たちは、コンサートを逃さないように急いで寝た方がいいと冗談を言ったくらいです。

「夢を見ているんじゃないわ」と、母は笑って答えていました。

どのアートにひきつけられたとしても、あなたのスピリットを神のエネルギーで満たし、それを十分に、そして自由にあらわすことができるよう大天使にお願いしましょう。そして、準備してください。大きなことが起こりはじめるのですから。

大天使

- 神のいちばん重要なメッセンジャーです。
- あなたのスピリチュアルなサポート・チームのエネルギー増幅器です。
- あなたの芸術的な才能が上達するように見守っています。
- 強く、親しみやすく、親切で、人間のようなエゴはもっていません。
- あなたに仕えることは神に仕えることなので、呼び出されるのが大好きです。
- 呼吸の間にゆっくり名前を繰り返すことで呼び出すことができます。

私はよく、大天使を呼び出すための情報をクライアントと分かち合っています。彼らの多くが、その結果は想像をはるかに超えていたと言っています。

アンは、公立高校で情緒障害のある生徒たちを教えていました。彼女は自分の使命を遂行しようと固く決心していましたが、自らの限界を超えていることにストレスを感じていました。私はラギュエルに、彼女の生徒たち（と彼女自身）が規律を保てるようにお願いするよう提案しました。

「一体、どうやってそんなことができるんですか？」彼女はそう尋ねました。

「助けてくれるものは、この地上には何もないわ。でも、ラギュエルはここではなく、天にいて、強力なエネルギーをもっているから、試してみて」

アンは週末中ずっとラギュエルを呼び、自分のフラストレーションを吐き出しました。そしてただ、授業ができるよう静かにさせてくださいと頼みました。

次の月曜日、彼女が校長に会ったとき、彼は、候補だった学校がだめになって、うちの学校が新しいクラス計画の試験校になったと告げました。最初の改革で決められたのは、二十九人のアンのクラスを三つの小グループに分けることでした。五分後、クラスで揉めごとを起こしがちな生徒の二十人が教室から連れ出されたのです。なんと、彼女は、ずっと扱いやすい残り九人の生徒たちだけを教えることになりました。

「ラギュエルのおかげですか？」彼女は私に尋ねました。

「アン、私たちは、シカゴの公立高校のシステムについて話しているのよ」私は、彼女に念を押し、二人とも笑い出しました。「今回起きたことは、人間離れした影響力をもつ人によるとしか考えられないでしょう？」

大天使を呼び出す方法

大天使を呼び出すには、ある独特な方法がいちばん効果的だと習いました。

（呼吸する）「ミカエール！」（呼吸して休む）

(呼吸する)「ガァーブリエール！」(呼吸して休む)
(呼吸する)「ラァーファエール！」(呼吸して休む)
(呼吸する)「ウーリエール！」(呼吸して休む)
(呼吸する)「ラァーギュエール！」(呼吸して休む)
(呼吸する)「サァーリエール！」(呼吸して休む)
(呼吸する)「レェーミィエール！」(呼吸して休む)

右のように、それぞれの大天使の名前を歌うように繰り返し唱えてください。急ぐことはありません。がまん強く唱え続ければ、やがて彼らはやってきます。あなたも、彼らの存在を感じはじめるでしょう。彼らの波動は尊敬を集め、強力に感じますが、恐ろしいものではありません。あなたは彼らの波動を感じるだけでなく、その成果も見ることでしょう。

もし特定の大天使に特別なお願いがあるなら、その名前を繰り返し唱えることもできます。

特定の大天使を呼び出すか、すべての大天使を呼び出すかにかかわらず、必ず本気でおこないましょう。神様は自ら助ける人を助けるのです。物事を起こすのに必要なステップを踏む用意が自分自身にできるまで、たとえ大天使でもあなたを助けることはできません。決断はあなたの手にあるのです。

大天使は、あなたのスピリチュアルなサポート・チームのエネルギー増幅器です。次のことをおぼえていてください。守護天使やスピリット・ガイドには、あなたに変化を起こすためのエネルギーを与える能力はありません。大天使だけがその能力をもっていて、勢いよく前進させることができますが、それもあなた自身でそうする用意ができているときだけなのです。

クライアントのヘザーは、執筆力を伸ばし、いつか本を書くのだ、とひっきりなしに話していました。彼女が百六十四回目にこれを話題にしたとき、どうして書きはじめないのか、いつ書きはじめるつもりなのかと私は尋ねました。彼女は、これは自分が心から望んでいることで、心の中では何度も本を書いているけれど、実際には、そのためのエネルギーはもちろんのこと、はじめるための時間もないと打ち明けてくれました。

私もかつてヘザーのように、執筆について「○○○しただろうに、○○○できただろうに、○○○すべきだったのに」という立場に何度も陥ったことがあったので、ラファエルを呼び出して執筆にかりたててもらったという秘密を教えてあげました。彼女は興味をそそられて、やり方を教えてほしいと頼んできました。私は、「彼の名前を歌うように唱える」ことを教え、あとで何が起きたか教えてほしいと言いました。

三ヶ月後、彼女にばったり会ったとき、私は何か進展があったかと尋ねました。ヘザーは驚いたように目を大きくして言いました。

「びっくりすることが起きたんです！　あなたのアドバイスでラファエルを呼び出してから、一日たりとも書かなかった日はありません。自分の中の偉大な何かが、私を毎日椅子に座らせて、少なくとも一時間書くまで、どこにも行かせてくれないんです。終わるまで他のことが何もできないんですよ。本当に本が書きあがりそうです」

「そう、それがラファエルなの」私は言いました。「頼みなさい。でも本気でやりたいことだけ頼むんですよ」

これが、大天使とつながる利点です。彼らはあなたを動かし、時間を無駄にさせません。あなたを守り、お膳立てしてくれる守護天使とは異なり、大天使は、スピリチュアルなガイダンス・チームのクォーターバック（攻撃手）で、一緒に行動するようにあなたを奮いたたせてくれるのです。

私の最初のスピリチュアルの先生で、たくさんの技法を紹介してくれたチャーリー・グッドマンは、家を出るときに大天使を呼び出すためのすばらしい方法を教えてくれました。

まず、守護天使ブライトが私の手を握っていてくれると想像します。そして、一度に一人ずつ、大天使の名前を唱えます。私はミカエルに、私の右側を歩いてくれるように頼み、ガブリエルに左側を歩いてくれるように頼んでいます。次にウリエルを呼び出し、前を歩いてくれるように、そして、ラファエルには、後ろから私の背中を見守り、やる気を起こさせてくれるように頼みます。最後に、私の頭上にラギュエルを置いて秩序を守ってもらい、サリエルを私の横に置きます。大天使たちが適所にいてくれるので、私は思い切って前にすすむことができるのです。

この儀式は、何事にも立ち向かう自信とエネルギーを私に与えてくれました。私は自分のフォルクス・ワーゲンのビートル車に「大天使自動車」と名づけたほどです。車のタイヤが、ミカエル、ガブリエル、ウリエル、ラファエルで、ラギュエルが天窓の上にいて、サリエルがブレーキに、守護天使ブライトが助手席にいると想像しています。このような仲間がいるので、私は、どんな道でも安全に走れると感じています。そして、これまで実際そうなっているのです。

大天使を呼び出すことは、あなたの波動を高め、オーラを広げてくれます。ですから、私は講演会では、自分にもっと強力な存在感を与えるために、大天使に壇上へ一緒に上がってもらいます。リーディングをするときにも、オフィスにいてくれるように頼んでいます。ひどく疲れるような仕事をしていても、彼らは私のエネルギーを保ち続けさせてくれるのです。また夜には、家族のスピリットを回復させるために、我が家の屋根の四つ角に彼らを置いています。そして旅行や、特に長期間にわたるワークショップのときには、彼らを一緒に連れていきます。事実、私は、自分の人生のすべての瞬間において私をとり囲んでいてくれるように大天使たちに頼んでいます。そして彼らはそうしてくれているのです。

練習

大天使を呼び出す練習をして、何が起こるか見てみましょう。その存在が穏やかで静かな守護天使と異なり、大天使のエネルギーは、あなたが行動を起こす準備をさせます。彼らは自信をとり戻す波動を与えてくれ、あなたの恐れや心配はすぐに明るい自信へと変わることでしょう。

大天使は強力ですが、優しく親切でもあります。彼らは地球に生きたことがある存在ではないので、私たちのようなエゴをもっていません。彼らは呼び出されることが大好きです。なぜなら、立派な理由のために私たちを助けることが彼らの望みであり、私たちのより大きな幸福のために仕えることは、神に仕えることと同様だからです。

大天使とつながるための面白い方法があります。それは、絵を描くことです。子どものころ、天使の絵を描いた経験のある人はとても多いはずです。私も子どものとき、天使がいちばんのお気に入りの題材でした。漫画でもいいですから、自分の創造性を駆使して、天使を表現してみてください。この練習は、私たちが天使と接触する助けをしてくれます。なぜなら、手は私たちをエゴから離し、心へとつなげてくれるものだからです。心は、私たちが天使の友達やヘルパーたちといちばん直接的に、親しい接触をもてる場所なのです。

サポートがいるときにはいつでも天使の絵を描いてください。彼らの助けがただちにあなたのところへやって来るでしょう。今すぐやってみて、あなたのエネルギーがどのように改善されるか見てください。

天使の奉仕団

あなたはかけがえのない、愛されている神の子であり、天使たちは、神の計画によってあなたのためにここにいるのだということをおぼえていてください。

あなたには平和で、豊かな守られた生活をするために必要なあらゆる資源が与えられています。その目的のために、守護天使や大天使だけでなく、人生のあらゆる分野で具体的な助けとサポートをしてくれる「天使の奉仕団」というものも利用できるのです。

奉仕団と働くのは本当に面白いことです。「美徳の配達人」として、彼らは贈り物を運び、驚きを伝え、私たちの感覚を楽しませ、私たちの道を容易にすることに大きな喜びを感じています。

天使の奉仕団には、駐車場、コンピュータ、ショッピング、裁縫、旅行、事務所、癒しなど、数えきれない部門があります。そこでは、必要に応じて助けてくれる天使たちがいつでも待機しています。奉仕団は三百六十五日二十四時間動いており、私たちが助けを呼べば、すぐに行動を起こしてくれます。ただ一つの条件は、私たちの要求が恵み深いものであり、他人の害にならないことです。あとは、天使が与えてくれる恵みを自由に楽しめばよいのです。

奉仕団は仕事中

私の母は幼いころから裁縫をはじめました。そして、創造的なことの中でいちばん裁縫が好きでした。その時間を「周りの世界からの雑音を断ちきって、神様とお話しする時間なの」と言っています。よって、彼女は裁縫の天使と特に親しい関係を保っています。

母は、美しい布を見つけたいときや型紙作りでゆきづまったとき、心に描いているように作るのが難しいときなど、天使を呼び出して助けてもらっています。二十五年前、私にウェディングドレスを作ってくれたとき、母は裁縫の天使に助けを頼みました。天使たちが母を、これまで一度も行ったことがない小さな生地屋の奥へ連れていくと、母は興奮して私を呼びました。ほったらかしにされたたくさんの残り物の布地の中に、イタリア製で手の凝《こ》んだ手縫いのビーズ刺繍がついた絹の布地を見つけたのです。私のドレスの身ごろにぴったりでした。おまけに、母は値札を見て驚きました。普通は一ヤード当たり二百ドルから五百ドルはする生地が、一ヤードたった二十五ドルだったのです！　自分の目が信じられずに、母は店主に尋ねました。

「すみませんが、この値段でいいんですか？」

「いや、じつはそうじゃないんです。まだ値下げできます。一ヤード十二ドル五十セントに下げるつもりでいたんですが、手が回らなくて。すばらしい布地なんですけれど、ずっと残っているので、売ってしまいたいんですよ。よろしければ、全部で百ドルでいいです」

母は、その二千ドル以上するはずの布をしっかりと抱いたまま五秒ほど固まったようになり、そして「いいわよ。私が買うわ！」と思わず口走ってしまったそうです。

この話に、私が大喜びしたのは言うまでもありません。そして、とてもエレガントなウェディングドレス（おそろいの手袋も！）を母がプレゼントしてくれたときには、自分でも想像しなかったくらいわくわくしました。きっと、再び母の天使たちがやってきて、彼女の創造性を発揮させ、いっそうの満足を与えてくれたのでしょう。

夫のパトリックは、奉仕団の別のグループと密な関係があります。それは特売の天使です。彼はこの関係を、まだ幼いころに作りあげました。大家族で貧しかったので、特売でしか物を買えなかったのです。理由は何であれ、彼のようにタイミングよくその場所に居合わせ、世紀の大セールにぶつかる幸運な人は他に見たことがありません。

彼の特売の天使は、長期にわたり定期的にすばらしい驚きで恵みを与えるのが大好きです。たとえば、彼らは夫がはじめて買った車へと導いてくれました。なんと、「オールズモービル・デルタ８」を、たった三百ドルで買えたのです。その後、かなり頻繁に車を使う仕事へと導いてくれ、一マイルにつき三十二セント稼ぐこととなりました。その車は快適に十三万マイル以上走りました。夫は元手を十分に回収し、さらにボーナスとして、子どものころからの夢だった世界一周の旅ができるほど稼げたのです。

またパトリックは、天使に商品見本セールへ連れていってもらい、千二百ドルはする銀食器のセットを、たった二十ドルで買ってきて私を驚かせたこともあります。さらに、七百ドルはするテーブルクロスやナプキン類も三十ドルで買ってきました。

また、彼はシカゴの卸売りセンターへ連れていってもらい、クリスマスの装飾品の特価品を手に入れたこともあります。もともと何百ドルもの値がついていたのですが、一つ一ドルで手に入れたのです。夫がたくさんの光り輝く宝物を見つけてくるので、毎年ホリデーシーズンになると、我が家は大人が童心に帰る遊び場か、おとぎの国へと変わってしまいます。特売の日、彼はサンタ帽をかぶり、掘り出し物の装飾品と人形の箱を抱えて喜びいっぱいに歌いながら帰ってきました。なんと、二百ドル以下ですべてを手に入れたのです。

特売の天使の勢いは、何年もの間、衰えたことはありません。つい最近も、彼があるクライアントに電話していると、天使は、クライアントのオフィスの近くにあるアウトレットモールに行くべきだと主張しました。彼がモールのずっと端にある有名デザイナーの店へ歩いていくと、信じられないことに、アルマーニのセーターやスーツ、シャツやズボンが九割引で売られていたのです。その上質さと安さに驚いて、店長に、よくあることかと尋ねると、店長は首を横に振りました。

「バイヤーが今期商品を多く見積もりすぎてしまったので、余分なものを早く売ってしまいたいからで、こんなことをするのは今回限りでしょう」

パトリックが天使たちに心から感謝したのは言うまでもありません。彼はこれまで夢でしか見ることのできなかったすばらしい洋服を買うことができたのです。

私にも助けにきてくれる天使が大勢いますが、その中でお気に入りの天使は、失業したときすぐに助けてくれました。そのとき、私が勤めていた航空会社が買収され、客室乗務員たちはストライキに入りました。私は旅の天使にお願いしました。そして三年後（二人目の娘が生まれた次の日)、ようやくストライキが終わりました。

呼び戻された最初の百人は、仕事に復帰するかわりに、生涯にわたり家族全員が無料で旅行できる特典を提供されたのですが……なんと私が百人目だったのです！　すでに直感の教師としての活動基盤を築いており、仕事に復帰するつもりがなかった私にとって、この提案は宝くじにあたったようなものでした。家族と一緒に家にいられ、自分の好きなことをして、世界中を旅できるのです。天使たちは信じられないほど気前がいいとは思いませんか？

あなたは、ただ彼らに奇跡を起こしてくれるようにお願いするだけでいいのです。

天使の奉仕団

- 天使の奉仕団は、あなたの歩兵的存在（重要な仕事はおこなうが権限はないもの）です。
- 美徳の配達人です。
- あなたのすべての欲求に注意して耳を傾けています。
- 創造主を喜ばせるためにあなたに仕えています。
- 明るく、レーザー光線のような、すばやい動きの波動をもっています。

母は私にこう言って、天使の奉仕団と働くことを教えてくれました。

「天使にお願いして、いいことが起こるのを期待しなさい」そして少し黙ってから言いました。「帰ってきたらどんないいことがあったか聞かせてね」

今日まで、自分のする仕事は何でも天使たちにお願いしています。それが習慣になっていて、彼らなしに何かをなしとげることなど夢にも考えられません。それは、ファーストクラスのチケットを提供してもらったあとで、エコノミークラスで旅行するようなものです。

天使たちに助けを頼むのは、慣れるまで少し時間がかかるかもしれませんが、練習すればだんだん簡単になるでしょう。天使たちがかかわると、あらゆる面でさらによくなり、より早く物事がすすんでいきます。そのようにすることに同意するだけで、魅力的な人生を送ることができるのだとおぼえていてください。そして、どれだけ魅力的な人生になるかは、天使の奉仕団にどれだけすすんで頼んでいるかによるのです。

練習

天使の奉仕団につながることは、守護天使とつながることと同じくらい簡単です。ただ信じて助けてくれるようにお願いしてください。うまくつながる最善の方法は、すべてのスピリットのサポーターたちと同じように、奉仕団との関係を築いていると認めることです。いつも一緒に働けば働くほど、絆《きずな》は強くなるでしょう。

奉仕団を呼び出す最善の方法は、すべての仕事を次のような短い祈りではじめることです。

「天使の奉仕団様、私のおこないを見ていてください。そしてたやすくし、魔法をかけられたように贈り物でいっぱいにしてください。ありがとうございます」

彼らがあなたを助けるために急降下してきたとき、その存在を感じてください。さらにいいのは、永久的な任務についてくれるように頼み、いつもあなたのかわりに働く自由を彼らに与えることです。

天使に守られた生活

天使とつながるのは、とても簡単です。ほんのちょっと努力すれば、彼らがいつもそばにいてくれるのに気づくようになるでしょう。

目を閉じてみてください。守護天使がそばに立っているのが感じられますか？　あなたの左側ですか？　それとも右側ですか？　部屋の向こう側ですか？　あなたの後ろですか？（私の場合はたいてい、守護天使ブライトは右側にいます。しかし、私がリーディングをしているときには、私とクライアントの間にいてくれます）。

次に、大天使を呼びましょう。彼らの波動がどれくらい違うかに注目してください。彼らの愛に満ちた、しかし、とても強力なエネルギーが感じられますか？　それはまるで、あなたがあえて彼らに挑戦などしないと知っているような感じがするはずです（さらに言えば、そんなことは誰もしないでしょう）。では、一人一人の大天使の微妙に異なる波動を感じてください。ミカエルは、きわめて激しい戦士のようなエネルギーをもっていますが、ガブリエルは深く穏やかなエネルギーです。

天使の波動を見きわめる別の方法に、同色の微妙なバリエーションとして考えることがあります。たとえば、大天使は藍色の強烈な光線で、守護天使は空色、そして奉仕団は淡青色というように。すべて独特な色ですが、共通点があるのです。

感じているものを信頼しましょう。「それは自分で作りあげたものだ」とささやいてくるような知性に邪魔されないでください。千里眼の世界を表現するのは楽なことではありません。自分がこれらの違いを勝手に想像しているだけだと、躊躇《ちゅうちょ》したり疑問に思ってしまうのも当然のことです。でも、意外でしょうが、あなたが考えている通りなのです。なぜならスピリットは、想像を通じてあなたとつながっているからです。でもやはり、それは本当に知覚しているのです。ただ、あなたが理解するように教えられてきた種類のものとは違うだけなのです。

天使の奉仕団のエネルギー的な周波数に波長を合わせるために、意識をさらに研《と》ぎ澄ませてください。もう一度、彼らの波動と守護天使、そして、大天使の波動の微妙な違いに気づいてください。気づきは、五感（嗅覚、視覚、味覚、聴覚、触覚）のような感覚です。それを鋭くするには練習が必要です。ですから、学習曲線のようなものがあると考えて、「正しく」おこなうことにはあまり固執せずにやってみましょう。一度コツがわかったら、違う織物や香水、オーケストラの楽器を見きわめるのと同じくらい簡単になります。大脳はとても精巧で、一度にとてもたくさんの情報をとり入れ、分類し、認識することが簡単にできるのだということを心にとめておいてください。

スピリチュアルな力が近くにやって来たとき、あらゆる天使の波動を見分けられるようになるいちばんいい方法は、彼らの存在を言葉に出して歓迎することです。
次のように言ってください。
「おはようございます、守護天使様」（休止）
「おはようございます、大天使様」（休止）
「おはようございます、天使の奉仕団様」（休止）
それぞれの天使の波動と意識的につながってみましょう。

クライアントのクリスティーンは、たくさんの身体的・情緒的障害で苦しんでおり、助けとサポートを早急に必要としていました。
若いころに、アルコール中毒と家庭内暴力の男性と結婚し、いつも恐怖感の中で生活していました。それは、子どものころ両親から受けたストレスと虐待によって、いっそう強いものとなっていました。彼女の両親もまた、夫と同じアルコール中毒で苦しんでいたのです。さらに追い討ちをかけるように、車の事故の後遺症で重症の腰痛と歩行困難となり、ほどなく、外傷性ストレス障害（ＰＴＳＤ）と診断されました。心身ともに疲れ果て、孤独にさいなまれたクリスティーンは、私のもとへやって来ました。しかし彼女は、私との約束にこっそりとやって来なければなりませんでした。というのも、彼女の夫に知られたら、また暴力を振るわれるのではないかと恐れていたからです。

私はクリスティーンに会ってすぐに、彼女が自尊心の低さに苦しんでいるとわかりました。自分を「傷物」だと思いこみ、自分には夫しかいないので、虐待に耐えるしかないと信じていました。

そこで私が最初にしたのは、彼女がもつ天使の力を教えることでした。そうすれば、彼女は自分が守られており、自由を感じることができるのです。それを聞くと、彼女は笑いだし、「天使を呼ぶなんて、本当に絶望的なのね」と言いました。私は、感情を交えずに同意しました。でも、もう絶望的になる必要はなく、ただ定期的に天使を呼び出す必要があるのだと付け加えました。

私は彼女に、目を閉じて、助けてもらえるように天使を呼び、その愛に満ちた強力な波動を感じるように言いました。そして、天使が来ていると感じたら教えてくれるよう頼みました。すると、天使が彼女のところに来たと教えてくれたので、どんなふうに感じるか正確に表現してほしいと言いました。

彼女は少し躊躇してから、暖かく抱かれているような感じがすると言いました。そして、まるで赤ちゃんの毛布にくるまれ、ゆりかごの中で揺れている感じがすると言いました。それは彼女の守護天使で、彼女を守ってくれ、安全だと教えてくれているのだと私は説明しました。

突然、クリスティーンは身を震わせ、悪寒が背筋を走った気がすると言いました。非常に大きな存在が、自分のすぐ前に立っていると感じていたのです。私は、それはミカエルで、愛と保護の大天使だと説明しました。彼女は目を閉じたまま微笑み、呼吸し続け、その波動に集中しました。彼女の額《ひたい》のしわはゆっくりとゆるんでいきました。そしてついに、「あなたが言うとおり、この力が私と一緒にいるなら、恐れるものなんか何もないわ」と言ったのです。

「そうよ、何もないのよ。天使たちが一緒にいるときにはね」と私は断言しました。

何回かセッションを続けるうち、クリスティーンは自分で天使たちとコミュニケーションすることに自信をつけていきました。彼女は恐れを感じることにうんざりして、守護天使（ミカエルとラギュエル、そして奉仕団も）を何週間にもわたり毎日呼び出しました。そして、そのたびに彼女は自分がだんだん強くなっていくよう感じていました。まるで、交響楽団がコンサートの前に音合わせをするように、クリスティーンは強力なサポートチームが自分の人生に訪れたのを実感していました。

ある夜のこと、酔っ払った夫がやって来て彼女を怒鳴りつけたとき、クリスティーンは自分の背中と脚にいつもの弱さのうずきを感じました。しかし、それは突然やみました。天使たちがそろってやって来たのです。その瞬間、夫や依存、障害などへの恐れはどこかへ行ってしまいました。彼女はすっと立ち上がり（何年かぶりに痛みなどまったく感じず）、とても強く感じながら、彼をまっすぐに見て言ったのです。

「もうあなたとも、このばかげた状況ともお別れだわ」

そして、静かに出ていきました。あとになって彼女は、まるで天がいっせいに歌いはじめたように感じた、と言っていました。

クリスティーンはこれまでの人生に別れを告げ、力を与えられ、新しい人生へと歩みはじめました。離婚した彼女はセラピーとアラノン（アルコール中毒者やその家族のための支援と相談のグループ）へ通うようになりました。そして、自分が好きだった園芸店に職を得て、優しく愛にあふれた男性と再婚し、元気な息子を産んだのです。彼女は言っています。

「もしも自分の天使たちとつながらず、彼らに自分を傷つけているものをとり除いてくれるように頼まなかったら、今ごろどうなっていたかわからないわ。彼らの助けが私の人生を救い、息子を授けてくれたんです。もちろん、二本の頑丈な脚を与えてくれたことは言うまでもありませんが」

練習

天使の存在への意識を鋭くすることは、彼らとより強いつながりを結ぶための最善の方法です。シャワーを浴びているときにも、お風呂に入っているときにも、さまざまな波動の中から一つだけ選び出す練習をしてください（これはピアノで音階を弾くようなものです）。

次の波動をゆっくりと呼んでみましょう。

- あなたのスピリット
- あなたが関係している人たちのスピリット
- あなたの守護天使
- 大天使たち
- 天使の奉仕団

波動を一つ呼び出したら、少し休んで、その波動が引き起こす微妙な変化を感じてください。

仕事のようにではなく、楽な気持ちで練習しましょう。批判的な知性ではなく、心と想像力を使ってください。もっと重要なのは、彼らの波動に同調したときに、自分に押し寄せる安らかさと穏やかさに気づくことです。そして、非物質的なレベルであなたをとり囲んでいる、複雑で美しいエネルギーの集まりを楽しむことです。

次の数日間、あるいは数週間、自分の天使の力を感じることに集中しましょう。そして、彼らの愛に満ち、協力的な波動に慣れてください。コツがわかったと感じるまで、毎日何回かこれらのエネルギーを見分ける練習をしてください。自分の天使たちとつながり、どのように彼らが助けてくれるのかがわかったら、次のレベルへとすすみましょう。つまり、スピリット・ガイドについてです。

第3章　スピリット・ガイドに出会う準備をしましょう

ガイドについてよくある質問

一生を通じてあなたを助けてくれるガイドとスピリチュアルな資源は無限です。天使たちに加えて、向こう側の世界には、「スピリット・ガイド」として知られる無数のヘルパーたちが存在します。彼らは、あなたが人生で出会うさまざまな人々のようにさまざまで、あらゆる種類の短期または長期の目的で仕えてくれます。もし天使たちがあなたのボディガードだとしたら、スピリット・ガイドはボランティア部隊です。あなたが呼び出せば、いつでも準備万端で、嬉々として仕えてくれるでしょう。

スピリット・ガイドについて話をすると、必ず出てくる質問がいくつかあります。それに対する答えは、ガイドによって異なります。この項は、スピリット・ガイドについての「速成コース」として、これらの質問に答えを提供しますので、次項でさまざまなタイプのスピリット・ガイドについて学ぶ際の基礎となるでしょう。

では、スピリット・ガイドについて、最もよく尋ねられる四つの質問を紹介しましょう。

Q1 天使とスピリット・ガイドの違いは何ですか？

天使とスピリット・ガイドにはいくつかの重要な違いがあります。それは人間としての経験の有無から、私たちの人生における彼らの目的、かかわるレベル、私たちとのコミュニケーションの方法まで、さまざまです。

たとえば、天使は地球で人間として生きた経験がありませんが、ほとんどのスピリット・ガイドには少なくとも一度は経験があり、私たちが人間として直面する苦境や挑戦について、自らの経験を通して理解しています。ですから、スピリット・ガイドは、私たちが励ましてほしかったり助けてほしいと思っているときに応じることができ、ときには人間の体を借りて、自分のたましいをどのように成長させ、創造性をきわめられるのかを教えてくれるのです。

ポイントとなるのは、私たちがスピリット・ガイドを必要としているときです。天使は、私たちが生まれてから死ぬまで終始私たちに仕え、毎日私たちに影響を及ぼすように、神からの聖なる任務を授かっています（私たちが気づいているいないにかかわらず）。それに対してスピリット・ガイドは、いつでも利用可能ですが、私たちの許可がなければ仕えることも導くこともできません。スピリット・ガイドは、私たちの注意をひきつけたり、助けを求めさせるのに成功することもありますが、つねに私たち自身の人生であることを尊重しなくてはならず、招かれなければ足を踏み入れることができません。

最後に、天使は神にとても近い存在なので、ガイドよりもずっと高い波動をもっています。そして彼らにつながるのはとても簡単です。天使は私たちを保護し、元気づけ、インスピレーションや力を与えてくれます。天使は私たちの良心を通じて影響を及ぼしますが、スピリット・ガイドがするように、直接的な忠告や指示は与えません。

Q2 スピリット・ガイドとは何者ですか？

ほとんどのスピリット・ガイドは、少なくともある程度地球上で生きたことがあるので、ここへ戻ってきて私たちのために仕えるのも驚くようなことではありません。事実、ガイドの中には、自分たちが生きていたときと似たような難局に私たちがぶつかっているので、少しでも容易にするために導きを与えたいとコンタクトをとってくるものもいるのです。また、自分の過去生において、今私たちが取り組んでいる分野に精通していたので、その仕事を助けようとあらわれてくるものもいます。

スピリット・ガイドは先祖の一人で、私たちに指示や助けを与えるために、スピリットの世界からつながることを選択した人たちかもしれません。同様に、過去生において、私たちと重要な関係かスピリチュアルな仕事をともにした存在で、私たちのたましいの経験を豊かにすることに役立とうと、今生でも一緒に仕事をし続けることを選択したのかもしれないのです。

重要なガイドの一人であるスピリチュアル・ティーチャーもいます。彼らは、私たちが自分の真のスピリチュアル的本質を学んだり、理解することを助けたいと願い、終始、私たちのたましいの成長を手伝っています。

そして、スカウトとランナーがいます。彼らは、ネイティブ・アメリカンのように、大地ととても密接な過去生を生きたガイドで、私たちが自然界ともっとつながりをもてるように助けてくれます。

これらのすばらしい存在に加えて、あなたを助けるためにやって来るガイドは、自分自身のハイヤーセルフかもしれないということをおぼえていてください。それは、あなたが出会う他のガイドと同様に、美しく、悟りを開いている存在です。

Q3 スピリット・ガイドはどこから来るのですか？

その答えは、少し複雑です。というのも、スピリット・ガイドはたくさんの異なる領域やエネルギー・フィールドからやって来るからです。さらに、太陽系や他の銀河系から地球にやって来るガイドもたくさんいます。その中には、肉体をもったことがないものもいます。彼らは、地球が調和と平和をとり戻すのを助けるために、私たちとつながっているのです。

Q4 私たちには何人のスピリット・ガイドがいるのですか？

私の先生であるチャーリー・グッドマンは、一般的に、人間は三十三人（天使を除いて）までのガイドとつながることができると教えてくれました。でも、自分の意識を拡大し、波動を高めることに成功すれば、自分の望む数まで増やすことができるのです。

私は幼いころに、二人のガイドとかかわりはじめました。その一人を私はドット（点）と呼んでいました。なぜなら、私の心の目には明るい青の点のように感じられたからです（私はそれが自分のハイヤーセルフだと信じています）。そして、もう一人の名前はローズです。彼女は聖女テレジア（フランスのカルメル会修道女）にとてもよく似ていて、過去生を一緒にすごしたことがあると感じています。

これら二人のガイド（私の人生を通して、ずっと近くで働き続けてくれています）に加えて、私は、ジョセフという名前のガイドともつながりました。彼とはエッセネ派の過去生を一緒に生きたことがありました。彼も私が子どものころから近くにいました。ふだんは行ったり来たりしていますが、私が健康面で彼を必要とするときには、いつでも助けにきてくれます。

大人になり、私のたましいが成長してくるにつれて、何人かのスピリチュアル・ティーチャーと出会いました。最初は中世のバラ十字会と関係ある三人のフランス人司教でした。彼らは、他の過去生でも私の先生だった人たちで、いつも私と一緒にいてくれます。さらに二人のティーチャーに出会いましたが、彼らは他の銀河系から来ていて、自分たちを「プレアデス星の姉妹」と呼んでいます。彼らとは過去生でのつながりはなく、単に、人々が人生の目的をもっと理解できるようにするという私の使命にひきつけられてきたのだと感じています。

最近では、私は自らを「第三の光の使者」と呼ぶ新しいガイド・グループとつながりをもちました。このガイドのチームは、個人と働くことに興味がありません。私を通して、大きなグループに話すためにあらわれたのです。

もうおわかりだと思いますが、人生においてガイドの数が変わるだけでなく、ガイド自身も、そのガイドがあなたのところにとどまる時間も、たましいが成長するにつれて変化します。長い年月にわたり、私にはたくさんのガイドがいました。主にヘルパーとヒーラーですが、彼らはあらわれ、そして、新しい存在と交代するために去っていきました。それはいつも起きていることです。まるで回転ドアのようなのです！

同じことが、夫のパトリックにも起きています。彼には、人生のさまざまな側面で助けてくれる誠実ですばらしいガイドが何人かいます。たとえばシェーマス王は、スピリット・ガイドの一人で、夫がリーダーシップをとれるように奮いたたせてくれます。ヘルパー・ガイドのジーン・クウィル（たくさんの過去生を共有しています）は、夫が冒険心や陽気さを忘れないように一生懸命働いています。そして、コンパニオン・ガイド（話し相手のガイド）のラリーは、夫がもっとよく話を聞き、上手にコミュニケーションがとれるように助けてくれます。

この三人に加えて、パトリックはビンセントという芸術家ともつながりをもっています。彼は数年前、夫が絵を描くのを助けるためにあらわれました。また、夫の心を柔軟にし、思考を開き、女性を理解するのを助けてくれるティーチャーのメアリーもいます。特に家族の中にいる女性について理解するのを助けているのです！

私の姉のクーキーは、かつての家族の一員で、デンバーの子ども時代にとても親しかったガイドたちとかかわっています。特に祖父母や大叔母のエマ・バーナードは、姉のスピリットの荷を軽くして、愛で満たし、笑いが絶えないようにしてくれます。

さらに姉は、ヒーラーとして、たくさんの美しい癒しのガイドをひきつけています。その中には、彼女と過去生をともに生きた古代ハワイ人やポリネシア人のヒーラーと戦士たちが数人含まれています。これらの存在は、彼女の「ヒーリングルーム」にあらわれます。姉は、クライアントのスピリチュアルのがらくたをとり除き、そのスピリットを自由にするワークをしているとき、自分の体を介して彼らと交信します。実際に、クーキーが私にワークしてくれたとき（彼女のガイドの助けで）、私のスピリットは体から抜け出し、よくはぐくまれ、清められて、エネルギー的なすべての障害物が肉体からとり除かれたようでした。

- ガイドはヘルパー、ヒーラー、ティーチャー、ランナー、過去生での知り合い、家族、他の銀河系から来た人間に似た存在、そして動物であるかもしれません。
- あなたには高度なガイドだけから助けてもらう権利があります。自分にとって正しいともよいとも感じられないような導きは、いかなるものも聞く義務はありません。
- あなたがガイドやその助けに心を開けば開くほど、人生はより崇高なものになるのです。
- ガイドの務めは、あなたに助けを提供することです。

スピリット・ガイドには程度の違いがあるので、できるだけ最高のものとかかわっていることを確かめるのが重要です。私たちはより高度な意識への旅の途上にいて、それゆえに、誰かが死んでスピリットとなり、ガイドとして仕えたいからといって、必ずしもその人がすぐに悟りを開いていると は限らないのです。

このことは、クライアントであるエイミーの母マリアの話を思い出させてくれます。マリアは死んでスピリットとなり、ガイドとして仕えていました。エイミーは自分の母と再びつながれるかと思うと、信じられないくらいわくわくしていました。彼女はまもなく、マリアがスピリットとしても、生前と同じように用心深く心配性であるのに気づきました。エイミーが旅行や、大胆で気ままなことをしたいと思うたびに、彼女は母に導いてくれるように願いました。するとすぐに、『やってみなさい。楽しんでね！』ではなく、『気をつけなさい』とか『まあ、なんて高い値段なの！』と母が応えるのを感じました。

「私はこれまでの人生ずっと、母の心配性と闘ってきたんです」エイミーはいらだちながら私に言いました。「今は、母がこれからもずっと私を悩ませるような気がしています」

私は笑っていましたが、同情しながら答えました。

「事柄によっては、お母さんに意見を聞くのをやめたらどうかしら？　人間でもスピリットでも、彼女は、まだあなたがよく知っていて愛している母親なのよ。もし彼女の意見を聞いて、その答えを得たからって驚かないで！」

エイミーには、自分が協力を望む分野でだけマリアに相談するのが良策でした。つまり、母の愛と存在で元気づけてもらえるようなことです。一方、冒険的なことや彼女の気まぐれを満たすようなものは、母の得意領域ではないので、決断に巻きこまないことに決めました。

ガイドとつながっているとき、自分の意思を意識することがとても大切です。人々がガイドとつながることやそれを感じるのが難しいと思う理由の一つは、人々が自分の人生をガイドに完全にゆだねてしまうからです。

高次のスピリチュアルなガイドはたましいのレベルが高く、あなたの成長を助けることに真の関心があります。彼らは提案するだけで、決してどうすべきかとは言いません。あなたがどうすべきか指示してもらいたがっていることを知っていて、それでも口出しを拒むかどうかで、そのガイドが高次の存在かどうか（そして耳を傾ける価値があるかどうか）わかるでしょう。高次のガイドは、あなたの人生を動かすために（まして、あなたを彼らの言いなりにさせるために）いるのではないことを理解しています。そして、あなたは、自分のもつ神の創造的パワーを生かすことを「スピリチュアルな学校」で学ぶために地球上にいるのだとガイドは理解しているのです。ガイドはチューターとしてのみ存在し、あなたの宿題を代わってやってはくれません。

練習

自分のガイドを知り、彼らと働く方法を学ぶのはわくわくすることです。それは、あなたの人生を魅惑的なものにして、ストレスをとり除いてくれます。彼らはいつでも助けたいと思っており、あなたが人生に招いてくれるのを待っているのです。

自分のスピリット・ガイドとつながるのにいちばんよい方法は、人生のどの分野で、彼らがいちばんよく仕えてくれるのか時間をかけて考えてみることです。自分の人生を洗いざらい調べてみて、うまくいっている分野と、そうではない分野を見つけ出しましょう。

うまくいっていない分野でやってみたいと思っていることをリストにしてください。どの分野で、スピリチュアルな導きを得ることにいちばん興味がありますか？　どんな仕事や学問で、いちばん助けがほしいですか？

どこでいちばんスピリチュアルなサポートをほしいか決めたなら、その目標の達成のため、ガイドにつながるのに必要なステップを話し合いましょう。

ガイドに出会う5つのステップ

あなたはすでに、自分のたましいを成長させ、日々の挑戦を助けてくれるすばらしいスピリットたちにつながることができるとわかったはずです。ここでは、いよいよ彼らとつながる準備をはじめます。さっそく、その方法について段階を追ってお教えしましょう。

ステップ①導きに対して自分がどれくらい心を開いているか自問してください

最初のステップは、あたりまえに思えるはずです。実際、私がこの質問をすると、ほとんどのクライアントや学生たちはこう言います。

「もちろん私は完全に心を開いています。そうでなければ、どうしてあなたと話していると思いますか？」

あなたも同じように感じているでしょうか？　私は直感の教師としての経験上、心を開くということはそんなに簡単ではないと学びました。

私はクライアントに、道を楽にするアドバイスをしていますが、たいていはそのアドバイスを無視したり拒絶したりします。たとえば、たくさんの人がリーディング中にかなりのメモをしますが、それを置き忘れても決して取りに戻ってこないのを見てきました。また、セッション中、私にアドバイスする時間を与えず、自分の話を聞かせようとずっと話しているクライアントさえいました。何も悪いことではありませんが、それは導きを求めることとはまったく異なるのです。

私でさえ、スピリチュアルな導きを無視してうしろめたく感じることがあります。それは、私のガイドに、才能にあふれる新たな友人について尋ねたときでした。その友人と一緒にいると楽しいので、私は一緒に仕事をしようと考えていました。しかし、ガイドたちは、彼女は私と信条を同じくする人ではなく、自分一人ですべてを独占したいと思う人間だと忠告したのです。私はそれに同意できなかったので、ガイドのアドバイスを無視しました。さらに、姉や夫、友達、娘たちの意見さえ、頑《かたく》なに聞こうとはしませんでした。彼らは口をそろえて、彼女と働けば問題が起こるだろうと言ったからです。そして、みんなの言ったとおりになったとき、本当に驚きました。私はこの女性が大好きだったので、やがて友情よりも優先してしまう彼女の野心が見えなかったのです。

つまり、一度あるやり方で物事をおこなおうと決心してしまうと、導きやサポートを受け入れるのは私でさえ非常に難しいことなのです。何年も前、母のところへ来ていたクライアントに、母はまず、「あなたは本当に導きがほしいの？　それとも自分の意見への同意がほしいだけ？」と尋ねてからリーディングをはじめていました。

自分のスピリット・ガイドとうまくつながりたいかどうか尋ねるのはとてもよい質問です。さらに、何の助けもサポートも受けずに人生を生きてもまったくかまわないのだと、自分におぼえさせるいい時期です。あなたのガイドは決して邪魔はしないでしょう。あなたが助けにどれくらい心を開き、受け入れたいと思っているか、自分に正直に、そして明確にしておいてください。そして、導きがほしいときが来たら、お願いすることができるでしょう。

母は私に、もう一つ大切なことを教えてくれました。それは、自分がすすんで答えを聞きたいと思っていないなら、ガイドに尋ねてはいけないということです。なぜなら、彼らの導きを何度も無視すると、ガイドは何も言わなくなってしまうからです。あなたはガイドへつながることができますし、彼らは助けてくれるでしょう。でもそれは、あなたがそれを必要とするときだけなのです！

ステップ②心を静かにして、内なる声を聞きましょう

スピリットの導きはとても繊細なので、思考が意味のないものとして捨ててしまうのは簡単なことです。さらに知性が、それを単なる想像の産物にすぎないと言うかもしれませんが、それでいいのです。すでにお話ししましたが、あらゆるスピリットの導きは、想像を通して、あなたのたましいと意識の中へやって来ます。ですから、このステップがきわめて重要なのです。

スピリットからの導きを受け取るための簡単なスキルがたくさんあります。たとえば、心から耳を傾けること、リラックスして呼吸することなどです。心から耳を傾ける練習をするには、ただ目を閉じて、クラシック音楽の静かな曲を一曲通して聴いてください。心に話しかけるようなものを選びましょう。聴きながら、どんな楽器が演奏されているか考えてみましょう。音楽に没

頭しているとき、かすかな導きと情報が思考に飛びこんできても驚かないでください。これが起きたら、スピリットの導きへのはじまりだと感謝してください。

リラックスした呼吸は、あなたをさらに深い意識の受容へと導いてくれます。そして、スピリットの世界と対話するのに適切なチャンネルを開いてくれるでしょう。人と話すときに、傾聴とリラックスした呼吸の二つの技術を組み合わせることができます。これは話している人と目を合わせ、彼らと呼吸を合わせること（彼らと同じように息を吸い、吐くということです）によって可能になります。相手の呼吸パターンに注目すれば簡単にできるでしょう。そうすると、共通の波動が作り出され、あなたの心と彼らの心が自動的に開かれるのです。これは二つのたましいを結びつけ、より深いつながりへと道を開くでしょう。

次に、他の人の話を聞いているとき、リラックスし、自分のペースで深く呼吸してください。あなたが反応する前に、必ず彼らに話し終えさせてください。リラックスした呼吸のあとで話をすると、自分の口から出てくる言葉に驚くかもしれません！

チャンネルの変え方

次のことを試してみましょう。

私のお気に入りの道具の一つは、「チャンネルを変えること」です。

それには、ただこう言えばいいのです。

「私の大脳は、その問題について○○○と言っています」
それから休止し、次にこう言います。
「私の心と内なるガイドは、その問題について○○○と言っています」
この練習は、あなたの意識のチャンネルを、思考のおしゃべりから、スピリットのより高い波動へと変える助けをしてくれます。

瞑想を学ぶことで、スピリットを喜んで迎えることもできます。こう言うと、いつもクラス中から不満の声が出てきます。しかし、自分の思考を静め、スピリットの微妙な波動に注意を向けるよう訓練することは、欠くことのできないステップなのです。

瞑想するのに、蓮華座（両足先を各反対側のひざにのせてするヨガの姿勢）になって身をよじり、何か唱える必要はありません。座る必要さえないのです。私はウォーキングをしたり、料理や掃除をしたり、庭いじりをしたり、洗濯物をたたみながら瞑想を楽しんでいます。成功の秘訣は、私の場合、過去や将来について考えるのをやめて、周りの世界を楽しみながら今の呼吸に集中することです。この瞬間にしていることに、百パーセントわき目もふらず集中するのです（著名な禅僧ティク・ナット・ハンは、これを「気づきの瞑想法」と呼んでいます）。この時間を、サポートと導きに心を開いている時間と考えてください。そして自分のガイドに対し、リラックスして耳を澄ましているので、あらわれる絶好のタイミングだと伝えましょう。

次の準備のステップは祈ることです。頻繁に、いつも祈るのです。祈りは、神や宇宙やあらゆるヘルパーたちとの会話なので、あなたの好きな方法で祈ってかまいません。祈れば祈るほど、あなたの波動は高くなり、ガイドとつながることが簡単になってきます。

祈っているとき、あなたの心とたましいを創造主にありのまま見せるだけでなく、人生におけるあらゆる天の恵みに感謝することも忘れないでください。感謝の祈りは、あなたの心を開き、人生にすでに存在する愛とサポートに意識を集中することによって、あなたの波動を上げてくれるでしょう。

現在与えられている恵みとサポートに感謝すればするほど、自分のガイドとつながるのが簡単になります。私のお気に入りの祈りは、次のようなものです。

「宇宙の創造主よ、そして人生の美点をサポートしているすべての形態と表現よ、あなたが今日私に与えてくれた○○○という恵みに感謝します」

スピリットの高い波動に心を開くためのいろいろな方法を練習したら、次のステップは、導いてもらいたい分野を検討し、それを認めて、その後そのことについては話すのをやめることです（これがとても重要です）。あなたの会話が楽しく、かつ前向きになるようにしてください。もし緊張や混乱から催眠をかけられたようになっているなら、ガイドにつながることは非常に難しくなります。

あなたにはすでに問題がわかっています。さあ、解決方法が聞こえるように、静寂を保つ練習をしましょう。

ステップ③運動しましょう！

意外かもしれませんが、体を動かすこともスピリチュアルな受容性を高める助けとなります。人間は動くように作られています。ですから、体を動かせば動かすほど、大地の自然のスピリットが、波動を高める助けをしてくれます。つまり、運動するほどたくさんの水を飲み、そして、水のスピリットは私たちの感情を洗い清めるチャンスが増えるのです。同時に、空気と火のスピリットは意識レベルを上げ、ガイドからのコミュニケーションを受け取るのに最適な状態を作りあげます。たくさんのクライアントが、運動の最中やあとで、宇宙との一体感を感じたり、はっきりした導きを得たと言っているのは、このような理由からなのです。

体を動かすのがとても役に立ち、スピリチュアルなつながりにとって必須である理由はもう一つあります。思考はじっと動かないことを好み、物事を締め出そうとしますが、スピリットは柔軟性に富み、物事が流れるのを望んでいます。体を動かすほど、スピリットとともに流れることができるのです。そして、流れにのるほど柔軟性に富み、もっと容易にガイドが道を示してくれるでしょう。

柔軟性は、変化するための重要な要因です。ですから、今までのやり方を喜んで捨てるつもりで、与えられた導きをすなおに聞かなくてはなりません。私のガイドがあれこれと私をつついたことは数限りなくあります。それが私の人生を変えるような行動を引き起こすきっかけになったのです。

　大学生のころ、私はフランスへの海外留学に応募しました。応募期限が過ぎてから申し込み用紙を提出したので、いったんは拒否され、デンバー大学の芝生の上に横たわって悲しんでいました。そのとき、私のガイドがつっいてきて、『大学の学生部長に会うべきだ』と大きな声で提案したのです。導きに柔軟に反応することに慣れていなかったら、私の思考はこの提案を締め出してしまったことでしょう。しかし、私は立ち上がり、学生部長のオフィスへ行ったのです。天は私に味方し、私は再度嘆願の機会を与えられました。その結果、受けいれられただけでなく、全額給付の奨学金を受けとることができたのです。もしもガイドに耳を傾け、すぐに動く選択をしていなかったなら、絶対行けはしなかったでしょう。

ステップ④被害者になるのはやめましょう

　ガイドとスピリットの両方に対して、ドアをピシャリと閉ざしてしまうのは、「選択肢が何もない」と言うことです。選択肢は、あなたの人生において、誰にもとり去れはしないものです。自分をどう見るかという選択肢は特にそうです。

　あなたは、自分が五感型の人間で、人生において何の力もない被害者だと言うこともできるでしょう。しかし、第六感のスピリットを人生に受けいれ、その導きで自分の状況に責任をもつこともできるのです。私があなたなら、もちろん後者を選びます。

　自分がスピリットであり、このすばらしい世界の一部であることを認め、それを受けいれてください。あなたは神の創造物であり、天使に保護され、大天使に見守られ、奉仕団に助けられ、ガイドたちから熱心なサポートを受けているのです。なぜなら、あなたは貴重で、気高く、威厳ある、愛された存在だからです。宇宙におけるあなたの立場を考えるなら、あなたが導かれるのも当然のことなのです。あなたと同じような価値があり、貴重な存在の人たちはみんな、成長するために必要なすべての資源を与えられるでしょう。

ステップ⑤人を裁くのはやめ、許しましょう

スピリットを受け入れるための最後の方法（そしてときにはいちばん重要な方法）は、自分や他の人を裁かず、許して、許して、とにかく許すことです。人を裁いたり、恨みをいだくことは、急速かつ徹底的に、スピリチュアルな道をめちゃめちゃにし、高い波動から切り離してしまうのです。このネガティブなエネルギーは、あなたを導きから切り離すだけでなく、自分自身や他の人のスピリット、そして自然界からも隔離してしまいます。

無理な注文とわかってはいますが、よく考えてみれば、人を許し、裁かないことが、人を責めることよりもずっと楽だとわかるはずです。私たち人間は、さまざまなレベルの意識や波動で振動している神のスピリットのあらわれです。体の細胞のように、私たちはみんなこの地球に一緒にいるのです。体の中のある細胞が他の細胞を攻撃すると、それはガンと呼ばれます。同じように、私たちが人を非難したり、裁いたりして、互いに（あるいは自分自身を）攻撃し合うなら、私たちの全存在、つまり体や思考やたましいにとって破壊的であり、有害であることは言うまでもありません。

人を裁かないことの利点は、そうすることでもっと重要なものが見えるチャンネルを開いてく

れることです。つまり、自分のスピリットや自然のスピリット、あなたの天使やガイドたちなどへのチャンネルです。自分自身を裁いたり、恨みを言う習慣から自由になるいちばん簡単な方法は、そうしたいという意図を毎日ただ口に出して言うことです。次のように言ってみましょう。

「私は人を裁き腹を立てている自分自身を許します。すべてのネガティブな認識と自分の判断や敵意から自分を自由にします。呼吸とともに、私は自分のスピリットをみんなと分かち合い、平和と調和に戻ります」

練習

チャーリー先生はかつてこう言いました。

「自分のガイドとつながる最善の方法は、あたりまえのものを鋭く見抜く感覚を磨くことだ」

毎日の生活でどこに導きがほしいのか気づくことからはじめてください。まず、一つ一つの仕事をはじめる前に、助けとサポートのための簡単なお祈りをする習慣をつけましょう。朝シャワーを浴びているときには一日の導きをお願いし、車で仕事へ行くときには、いちばんストレスの少ない道が見つけられるよう導きを求めてください。公共の交通手段を使っているなら、列車やバスでいちばんいい席に着き、隣に感じのよい人が座るように、そしてタイミングよく到着するように頼みましょう。

一日中、あなたのガイドに話しかけてください。あるプロジェクトに取り組んでいるなら、それが簡単に、早く、創造的になしとげられるように導きを頼みましょう。気難しい人やあなたを怖気づかせる人と話すときには、何を話すか（またどう話すか）について相談するのも役立つでしょう。また、ランチにどこへ行くか、何を注文するかにアドバイスを求めてみてもよいのです。

体を柔軟に保つために、ストレッチなどして動かすのがとても重要です。毎朝ベッドから出る前に、深呼吸して体を伸ばしましょう。そして、立ち上がり、空に届くように伸びをしてからゆっくりと曲げていき、足の指に触ってみてください（背中をねじらないように気をつけましょう）。歯を磨きながら、ゆっくり胴を左右にひねってください。そして、最後に腰を両側に二、三度回し、緩めて運動を終えます。これは、血液の循環をよくするだけでなく、あなたがもっと導きを得られるようにしてくれます。

車で通勤している人は職場から数ブロック離れたところに車を駐車し、歩きましょう。公共の交通手段を使っているなら、数ブロック前でバスや列車を降りて同じように歩き、周りの景色を楽しむ時間を十分にとってください。

日に一度は、心から耳を傾け、瞑想する時間をとることを忘れないでください。できるだけいつも、話している人に呼吸を合わせるようにしましょう。

最後に、寝る前に一日を振り返ってください。適当なときにはいつでも、許し、忘れ、手放し、高次の波動へと心を開きましょう。必要なら、その日のことで、まだ気になっている嫌な事柄を書き出し、眠っている間に、そのいらいらと邪魔なものを消し去ってくれるように頼んでください。その日一日を完全に手放し、安らかに眠るというはっきりした意図をもって眠りにつきましょう。すぐに天の恵みを楽しむことができるはずです。そしてまもなく、すべてのガイドとつながる開かれた道ができるでしょう。

ガイドのかすかな声を聞き分けましょう

自分の不安や問題、そして成功をガイドと分かち合うように心を開くなら、彼らはかすかですが、すぐにあなたにコンタクトしてきます。最初はとても静かに近づいてくるでしょう。事実、あなたが彼らの独特な波動になじむまで、自分で勝手につながっていると思いこんでいるだけかといぶかり、それを無視してしまうかもしれません。

ガイドとつながるいちばんの障害は、受け取る導きがどんなものかについて現実とはかけ離れた期待を抱くことです。ほとんどの人は、スピリット・ガイドがとても控えめなのに驚いてしまいます。ハリウッドの派手な映画や下手な恐怖小説に慣らされており、宇宙服を着て、夜に、ビームで降り立つような奇妙な存在を期待しているからです。実際には、ほとんどのスピリットからの導きは、チョウの羽が頬をかすっていくほど微妙なものです。ですから、もし、とどろきわたるような声や、ベッドの足元にマーリンのような人物（アーサー王に仕えた預言者）が突然あらわれるのを待っているとしたら、きっとがっかりするでしょう。

スピリット・ガイドとの接触は深く親密なレベルで起こります。外部から何かの存在がやって来るわけではありません。自分のガイドを正確に認識する技術とわざは、これらの微妙なものに具合よくチャンネルを合わせ、耳を傾け、重要なコミュニケーションとして受けいれる能力によってもたらされます。

私が最初のガイドと接触したとき、目を閉じると私の上をちらちらしている明るい青の点として感じました。目を開けると、それはすぐ消えてしまいました。ガイドについて学ぶにつれ、このような穏やかなコミュニケーションが普通なのだとわかりました。ほとんどのスピリット・ガイドは、こういった方法で私たちに接触してきます。少なくとも初期の段階では、自分の内なる声を聞いているように感じるでしょう。しかし、自分の声とガイドの声には違いがあるのです。

直感のワークショップで出会ったスーザンという女性は、まさにこのような体験をしており、ゆきづまりを感じて、自分はガイドとつながることができないと悩んでいました。

「私に聞こえるのは、自分自身の声だけなんです」と彼女はこぼしました。

「確かなの？　あなた自身の声は何て言っているの？」と私は尋ねました。

「私は、自分のつらい結婚生活について気づきを与えてくれるようガイドに頼みました。そして私たちの争いを減らしてくれるように導きをお願いしたんです」

「それで、あなた自身の声は何て言ったの？」私はしつこく尋ねました。

「『夫のことに集中するのはやめて、学校に戻ることを考えなさい』と言いました」

私はしばらく沈黙したまま彼女と座っていました。そして尋ねました。

「それは、あなたがいつも自分に言っていること？　つまり前から考えていたことなの？」

「結婚問題の解決法に、学校に戻るなんて考えたこともありませんでした。カップル・カウンセリングとか、別居は考えましたが、学校については一度もありません」

「それで、この提案について、あなたはどう感じているの？　学校に戻りたいと思う？」

「ええ、戻りたいと思います」彼女は熱意をこめて答えました。「実は、ずっと大学院へ行きたいと思っていたんですが、結婚してしまい、ずっと忘れていたんです」

「私には、あなたがすばらしい導きを受け取ったように思えるけれど、どうかしら？」

まだ確信がもてずに、スーザンは大きな声でいぶかしげに尋ねました。

「そう思いますか？　自分の声が話しているように感じていてもですか？」

「おそらくそう感じるでしょうが、それは普通、あなたが考えもしないアイディアでしょう？」

「たしかに、違うものです。自分でも驚くくらい……だから、自分で作りあげたと思ったんです」

「それが導きの性質なんです」私は彼女を安心させました。「とても微妙で、自然に聞こえるので、注意していないと、見逃してしまうんです。たいてい、自分が普通なら考えつかないようなものを提供してくれます。あなたが受け取った導きは興味をそそるものでしたか？」

「ええ、実際、考えれば考えるほど、納得できます。仕事で成功しようと必死で、いつも心が休まることなく、本当の自分であるよりもよい妻や母になろうと夢をあと回しにしてきた思いがありましたから。それが今、とても不幸に感じている理由の一つだと思います。もし、それが本当に私のガイドで、自分が作りあげているのでなければ、とてもつながっている感じがします。もっと導きに耳を傾けることもできると思います」

私がスーザンに話したように、ガイドがコンタクトをしてきたときにうまく受け取るコツは、その導きを検閲せずに大きな声で言う練習をすることです。鈍感な五感型の世界では、私たちは自分自身を疑い、自分以外の権威者の声に人生をゆだねてしまいます。第六感の世界では、自分の内なる声にいちばん高い権威があり、他のものに優先されるのです。私たちはそれに耳を傾け、尊敬し、声に出して言い、躊躇や弁解することなく自分が感じたことを尊重しなければなりません。

おぼえていてください。スピリット・ガイドのいちばん重要な働きは、あなたのたましいとつながり、創意工夫に富む提案をすることです。しかし、彼らは頼まれたときだけそうするのです。ガイドに話しかけることで、あなたは信頼のおける親友に意見を尋ねるように、自分の選択肢を探っているのです。話せば話すほど、彼らはあなたに応えてくれるでしょう。

私がガイドにつながる方法を学んでいたとき、スピリットの世界について、チャーリー先生によく尋ねました。彼の答えはいつでも、「君のガイドは何て言っているんだい？」でした。恥ずかしがり屋で、間違うのがこわく、ばかに思われたくなかったので、私は小さい声で「わからないわ」と言いました。彼は笑いながら言いました。「彼らに聞いてごらん」

彼の愛とユーモア、安全なオーラに包まれながら、私は、ためらいがちに自分の内側へ入り、自分の心の中を覗き見ながら、インスピレーションを探しました。それが自分自身の声であるかどうか心配でしたが、思い切って前進しました。わくわくしたのは反応ではなく、私が偉大な権威者の前に座っていて、彼が私に恐れたり防御せずに、自分の内なる声（そしてガイドたちの声）と会話する力を与えてくれるという事実でした。スピリットがたくさんいる家に育ったにもかかわらず、最初はぎこちない感じがしましたが、一度コツをつかんでしまうと、それが真実かつ本物の感じがしたので、あと戻りすることはなくなりました。

スピリット・ガイドについて言うなら、あなたは、愛と友情で助けを提供してくれる光の存在と関係を築いているのです。すべての親友たちのように、彼らはいつも耳を傾けてくれ、批判をしません。決してあなたをコントロールしたり、何をすべきか言おうとはしません。そして、お世辞を言ったり、エゴをちやほやしたりしません。

最近、私は四日間にわたるガイドとつながるためのワーク・ショップを開催しました。そのクラスには、アーユルベーダ医学が専門の美しい女性医師がいました。私が参加者たちに、自分のガイドとつながってみるように言い、質問はないかと尋ねると、彼女がこう言いました。
「これが私のガイドかどうかわかりません。すべて自分が言っているだけだと思います。私はとても頭がいいですから」

私は彼女に壇上に来てもらい、彼女の内にいる存在について話してくれるように頼みました。彼女は部屋の前の方へ大胆に歩いてきましたが、聴衆の面前に立った瞬間、その波動と自信は一変してしまいました。突然、車のライトに照らされたシカのようにおびえ、自分の予期しなかった自信喪失に泣き出してしまったのです。一日目から隠そうとしていたので、内側での経験とつながり、それを信頼し、表現することに怖気づいてしまったのだと、彼女はすぐに理解しました。

彼女の涙は、出てきたときと同じくらいすぐに消えてなくなりました。元気をとり戻し、開放された自身があらわれたのです。

私は、彼女にガイドに何を尋ねたかみんなに話してほしいと頼みました。そして、彼女の「賢い自己」の答えだけを教えてくれるように言いました。

「私は、どうしたら、もっとよい医師、そしてヒーラーになれるか尋ねました。彼らの答えは、『本来の自分でいなさい』というものでした」

「それは賢いあなた自身の答えですか？」と私は尋ねました。

「そうだと思います」

「それじゃあ、答えを見つけ出すためにもっと会話をしてみましょう。本来の自分でいるとはどういう意味か、内なる自己に聞いてみてください」

彼女はそうしました。そして言いました。

「正直になり、愛に満ちて、思いやりをもちなさい」少し黙ってから付け加えました。「人々の傷、特に家族の中で愛や支持が得られないことについて理解できるという直感的な能力のことを人々に話しなさい。人々を愛し、癒せるということをみんなに知らせなさい」

私はこれらの言葉の波動が、明確で、飾り気なく、本物であるのに気づきました。参加者たちも同意してうなずきました。私は彼女に尋ねました。

「これはいつもの賢い自己なの？　それとも何か別のもの？」

彼女は躊躇しながら答えました。

「いいえ、これはいつもの自分ではありません。きっと、私の心の奥にあった、こうなりたいと思っていたことです。でも医者として、患者の前で、そんなに自分をさらけだすことはリスクが多すぎました。だからたいていは、あまり心を開かず、でしゃばりもしていません。私が愛しているのを患者に知らせようとしていましたが、実際にそう言ったことはありませんでした」

「両方ともあなた自身の声ですが、この会話といつもの賢い自分との会話の違いを感じることができますか？」

　私が尋ねると、彼女はうなずいて言いました。

「本当にこの違いを学んだら、自分がこのもう一つの声を無視していたことと、これがガイドのように感じられることを認めざるをえないでしょう。実際、それに耳を傾けるほど、子どものときに知っていた祖母の声のように感じてきました。彼女は愛が癒しを与えてくれると私によく話してくれたんです……。祖母が私のガイドだと思いますか？」

「尋ねてみたらどうですか？」

「あなたは私のおばあちゃんなの？」

　彼女は尋ねると、微笑みました。なぜならその答えが聞こえたからです。

『そう。私だよ。お前がやっと私の話を聞いてくれてうれしいわ』

　私も参加者たちも微笑みました。みんな、彼女の声の波動に真実味を感じていたのです。

練習

　導きを疑っていたり、導きが必要なときには、いつでも大きな声でこう言ってください。

「私のガイドに尋ねます」

　そして、実際に尋ねてください。

　次に、「彼らは○○○と言っています」と言い、彼らに答えさせましょう。

　自分で作りあげていると心配しないでください。あなたの内なる存在に自由に話させ、あらわれてくる言葉の内容と波動にただ耳を傾けましょう。一日に十分から十五分、この練習をしてください。

寛大で信頼できる友達や、ガイドとつながることへの興味や願望を分かち合えるような友達とやってみるのも役に立ちます。最初はあなた、次に友達というように順番にガイドに気づきを尋ね、それから、他方が証人になって、あなたの内なる存在を通してやって来るすべてのことを声に出して言い、答えの中の異なる波動を分類しましょう。うまくやるコツは、気楽に対話を楽しみ、普通の大切なものとして接することです。この練習を楽しんで、探求の過程をゆっくり味わってください。

ガイドとつながることは、微妙なコミュニケーションの技術です。自分の内なる世界を分かち合う練習をすればするほど、それはより心地よくなり、あなたの外側の世界の一部分になるでしょう。

ガイドに手紙を書きましょう

ガイドに話しかけること以外に、彼らとコミュニケーションをとる効果的な方法がもう一つあります。それは手紙を書くことです。ガイドからの伝言を声に出してはっきり言うのではなく、日記やノートに質問を書き、自分の手で彼らからの返事を書いて受け取るのです。

ガイドに誘導されながら書くと、見事にうまくいきます。なぜなら、それはすでにお話した原則に基づいているからです。手はあなたの心への直接的な伝達手段で、心はガイドがあなたに話しかける場所なのです。

さあ、はじめましょう

ガイドにつながる準備をするときは、リラックスできて、書くことを妨げられない時間帯を選んでください。書く前に質問や問題が心に浮かんできたら、小さなメモ帳に書きとめておき、あなたが決めた書く時間までとっておきましょう（メモしているときに答えがあらわれても驚かないでください）。

はじめる時間がきたら、ドアを閉め、電話線を抜くことができる場所を見つけ、必ずプライバシーを保ってください。

ここで注意してほしいのは、私が「秘密」ではなく「プライバシー」と言っていることです。これはとても重要な点です。というのも、多くのクライアントが、家族が否定的に思っているので自分がスピリット・ガイドとコンタクトしていることを隠さなくてはいけない、と言うのです。プライバシー（それはポジティブな選択です）とは対照的に、秘密にすることには、恥の概念が含まれます。疑ったり隠したいと思いながらガイドとコンタクトすると、高い波動のガイドではなく、低い波動の存在（あるいは、あまり高尚ではないガイドで、あなたに提供するものがあまりないような存在）をひきつけてしまう危険性があります。

自分のスピリット・ガイドとコンタクトすることは、スピリチュアルな存在としてのあなたの権利です。自分のたましいを成長させ、そのためのサポートを求めるのに、他の人の承認は必要ありません。自分のガイドとつながろうとして、他の人のネガティブな反応に出会う危険性があるなら、そのことを人に言わずに、自分とその努力を守るのが自己愛であり、賢明なのです。

すでにお話したように、誘導された書記をはじめようと座ったら、高いレベルのスピリット・ガイドとだけつながるのが自分の意志だと宣言することが大切です。その一つの方法は、天使があなたを守り、高次の波動のガイドだけがあなたの波動の中へ入ってくるように短い祈りを捧げることです。ろうそくに火をつけて、あなたのスピリットに光を示し、そのいちばん高度な善をサポートする導きだけを受け取るつもりだと伝えてもよいでしょう。

多くの生徒が最初に尋ねる質問は、手で書くのか、それともコンピュータを使うのかということです。私は習慣から、いつもペンと紙で書くようにと答えていました。その方が自然で、大脳を通らない方法だからです。しかし、夫のパトリックや娘のような人もいることをあとで知りました。夫はひどい悪筆のせいで書くことがストレスになり、娘は失読症のため書こうとすると混乱するのです。二人にとってはコンピュータの方がずっと簡単でした。ですから、可能なら手で書くようにとアドバイスしていますが、それがストレスになるなら、コンピュータを使ってもいいでしょう。

手を使ってガイドに手紙を書く場合には、二つの選択肢があります。

①自分の利き手を使って質問を書き、もう一方の手で答えを書く。
②心の中でチャンネルを変えて、両方とも利き手を使う。

もちろん、コンピュータを使うなら質問も答えも両手を使います。

ガイドは、どちらの方法でも気にしません。彼らはあなたがお願いするとあらわれます。ですから、最適と感じる方法でしてください。うまくおこなうコツは、すばやく書いて、流れにのることだと心にとめておきましょう。

気持ちを整え、書く準備ができたら、こんなふうに自己紹介し、導きをお願いします。

「私は〇〇〇（名前）です。私は今、スピリット・ガイドに助けとサポートをお願いしています」

丁寧に敬意をあらわしてください。そして、導きをお願いしているのであり、自分の人生をスピリットの世界にゆだねてしまうのではないとおぼえておきましょう。自分の質問を適切な言葉にしてください。「すべきですか？」という質問は避け、次のように尋ねましょう。

「〇〇〇について、あなたはどんな導きをくださいますか？」

自分のガイドに穏やかに相談しましょう。また、「あなたは誰ですか？」というような質問でつながりを断ち切らないでください。ガイドはよくグループで反応するからです。自分がいちばん高位なガイドを呼び出していると信頼し、一度にたくさんの質問攻撃はせず、最初は三つか四つの質問にしましょう。

質問は、単純明快かつ単刀直入にしてください。ガイドは個人的に深くあなたとつながっているので、あなた自身よりも、ずっとあなたの苦労をよく知っています。ですから、細々と説明する必要はありません。たとえば、次のように書くとよいでしょう。

「私はなかなか満足できる仕事が見つけられません。ゆきづまったようでいらいらしています。障害になっているものについて、どんな導きをくださいますか？　そして、前進するためにはどんなステップを踏むとよいでしょうか？」

（ガイドは利口なので、行間を読んでくれると信頼してください）

質問を書き終えたら、少しの間ペンを置いて、心を開き、自分の内側に耳を傾けましょう。自分の体を信頼してください。リラックスし、それから軽くペンをもって、書きたいという衝動が起きたら書いてください。ガイドは、書くように優しく合図するはずです。ですから、手が「乗っ取られる」というような心配はしないでください。

私も以前、ガイドがとてもやる気になり私自身も開放的になったために、偉大な力に乗っ取られたと感じたことがありました。しかし、たいていの場合（少なくとも最初は）書きたいという衝動はとても微妙なものですから、少しでも感じたら書きはじめてください。あなたがどれくらい受容力があり、落ち着いているかによって、二つか三つの言葉しか出てこないこともあれば、何ページにもわたって導きが出てくることもあります。あなたが気づきに対して、本当に心を開き、人間的に成長することを望んでいるのであれば、たくさんの答えが受け取れるでしょう。

書きながら、内容によって（それは微妙なものかもしれませんが）、導きを受け取っているとわかるはずです。自分の心に浮かんだ考えを書いているときでさえ、その波動は、あなたを支えるために共鳴しているのです。その一方で、不愉快になるような導きを受け取ったなら、捨てるか燃やしてしまってください。低い波動の存在が入りこんできて、役に立たない意見を言っているだけだからです。それが誰からのものであっても、悪いアドバイスをもらったときのように、ただ無視しましょう。

うまく誘導書記をするためには、堅実におこない、しかもしつこくならないことです。一日に一度、ガイドに尋ねてもいいでしょう。でも、三十分以上はかけないでください。少しずつ導きを受け、なじんでいくことが大切です。そして味わい、それについて考えてください。それが自分を落ち着かせ、地に足をつけさせ、気持ちを高めるかどうか評価しましょう。そして、最終的な分析は、あなたのスピリットにまかせてください。

導きを求めているとき、単に自分に同意してくれる人を探していませんか？
本当に高次なレベルのガイドは、あなたのたましいの成長をサポートし、インスピレーションを与えてくれます。あなたの望みが本物なら、チャンネルが開かれるでしょう。

クライアントのバーニスは、ペンと紙を使って、ダイエットでの苦闘について導いてくれるようにお願いしました。彼女の質問は単純明快でした。

「どうして私は太っているのですか？　体重を落とすにはどうすればよいのでしょうか？」

彼女は静かに座り、情報を待っていました。三十秒後、書きたい気持ちになって、ペンをとりました。ガイドがあまりにも早く答えを送ってくるので、書きとめるのが難しいくらいでした。

最初、バーニスは過去生において、自分がポリネシア人の王女であり、太っているのがパワーとプライドの大きな源だったと書きました。彼女の国の多くの人たちが、彼女の太いウエストを偉大な繁栄の象徴として愛し、尊敬していました。次に、こう書きました。当時のように特別視されないことに寂しさを感じており、もう一度人々に尊敬してもらいたいと思っている……だから、ダイエットに積極的になれないのだと。

彼女はチャンネルを変えました。彼女の書く調子が変わりました。そして、自分のインスリンレベルがとても高いこと、菜食主義によるダイエットと食事の回数を増やすことが神経系を安定させると書きました。

彼女の書き方はまた変わり、子どものころ、「よい子」として愛され、ほめられたと書きました。ほめられる理由は、いつも残さずきれいに食べるからでした。最後に他人の顔色をうかがうような生き方をやめれば、バランスのとれた体重になるだろうと書きました。

自分が書いたものを読んで、バーニスは、その情報がこれまで思ったこともないものばかりだったのでびっくりしてしまいました。しかし、深い本質的なレベルで、それが正しいことだと感じていました。彼女は人生をよい方向へ変えるために、受け取った情報を活用したのです。

最初に、自分のインスリンレベルを調べました。ガイドが言ったように、生命にかかわるほど高いものでした。菜食主義者になることについては、中西部出身の肉食家なので、最初はそのような考えをあざ笑っていましたが、体のけだるさに負けてとうとう試してみることにしました。その後、四ヶ月で約二十五キロも痩せました。最後に、食べること以外の何かで注目されようと、教会の聖歌隊に加わりました。そこで彼女の美しい声は、ソロを歌う機会を与えられ、とうとう自分の才能を発揮することができたのです。

過去生についてどう感じたかバーニスに尋ねると、こう言いました。

「本当かどうか誰にもわからないでしょう？　でも、今、やせているんだから、そんなことはもうどうでもいいの！」

同様に、クライアントのティムは、誘導書記を通して受け取る導きに限界がないのを知りました。誘導書記をはじめて数週間のうちに、彼は自分が長い間悪戦苦闘していた小説を書いているのがわかったのです。

クライアントのミッチは、恋愛関係についてガイドに助言を求めました。書かれた答えは、サンドイッチ屋でした。彼は、ばかげた答えと思い、無視してしまいました。

三週間後、彼の仕事上の相棒が言いました。

「昼飯に行かないか？　二ブロック先に、開店したばかりのサンドイッチ屋があるんだ」

何のつながりも感じずに、ミッチは店に入りましたが、次の瞬間、レジ係の女性に心を奪われてしまったのです。彼女も同じように関心をもったようでした。

彼らはひかれ合い、彼女は彼にサンドイッチを渡しながら、こう言いました。

「ここは五時に閉まるの。夕方はあいてる？」

二人はデートの約束をして、飲みにいくことにしました。ミッチは、三度目のデートまで自分がそこに導かれたということに気づきませんでした。その夜、まさに眠りに落ちそうになったとき、突然自分が書いたことを思いだしたのです。そしてすぐに彼はガイドに謝り、その導きにお礼を言いました。

練習

ガイドに質問を書いているとき、リラックスすることが重要です。コンタクトできないかもしれないと心配しないでください。彼らはきっと返事をくれます。しかし、それには数分、あるいはそれ以上かかるかもしれません。実際、彼らから返事をもらうまでに、何度か書くことが必要になるかもしれません。ひたすらがまん強く待っていてください。彼らは必ず返事をよこします！

ステップ①静かな、邪魔の入らない場所でおこないましょう。

はじめる前に、小さな灯明に火をつけて短い祈りを捧げ、低いレベルのエネルギーから守ってくれるようにお願いしましょう。

ステップ②あなたの決意を書いてください。

「私は最も高い波動をもつガイドとだけ対話することを望みます」

次に、自己紹介をします。

「私は○○○（名前）です。私は今、助けを求めています」

ステップ③質問を書いてください。一度に一つずつにしましょう。

それから、ペンを置いてリラックスします。

ステップ④ペンを軽く手にもち、ガイドにゆだね、質問の答えを書いてくれるのを待ちましょう。

ガイドの考えがあなたの思考に流れてきて、それから紙の上に書かれます。

書く内容について思考に検閲させたり、自分で作りあげているだけだと信じないようにしましょう。導きは微妙なもので、ごく自然なものだとおぼえていてください。

流れが止まったら、ペンを置き、自分が書いたものをもう一度読みましょう。

最後に注意することとして、すべて同じ日記帳かノートに書き記し、どれも捨てないでください(もちろん、それがあなたを不愉快な気分にさせるなら別です。そのときには燃やしてしまいましょう)。あなたが受け取る導きは、自分が期待したり望んだものではないかもしれません。また、すぐには理解できないものかもしれません。それでも、とにかく取っておくべきです。

私の経験上、ほとんどの導きは時間がたつにつれ、たとえすぐにではなくても、その意味がわかるようになります。ですから、書いたものは一度棚上げにして、あとで考えてみることです。それでもわからなかったら、もう一度ガイドに情報をお願いしてください。それでも、まだはっきりしないなら手放しましょう。

内なる目を開いてガイドを見ましょう

自分のガイドを見ることとは、彼らとつながるうえでいちばん苦労する問題です。なぜなら、彼らはまったく異なる、非物質的な振動の次元に存在し、あなたに見えるように振動数を変えるには、とてつもなく大きな努力を要するからです。同時に、あなた自身の振動数もあるレベルまで高めなければなりません。ガイドを見るために使われる「第三の目」(想像するための内なる目)を活性化するためです。

とても活発で、発達した内なる目をもっている人は、すぐに自分のガイドを見ることができるようです。もし、心にはっきりと視覚化するのが難しくても、心配しないでください。私たちはみんな、内なる目をもっています。それは、私たちが小さいころにはとてもよく働いています。

たくさんの子どもたちが、ガイドや天使たちを見ることができるのはそのためです。ただし、彼らはたいてい「想像上の友達」と呼んでいます。悲しいことですが、学校に行くようになると、私たちは内なる目を使わないようにされてしまいます。そのかわりに、外側の世界に集中して、そこから指示を受けるように仕向けられるのです。そして、しだいにスピリットの世界を見る能力を失っていきます。

しかし、あきらめることはありません。私たちは少しの努力と昔ながらの忍耐と練習で、生まれつきもっているスピリットの世界へのチャンネルを再び活性化し、自分のガイドを「見る」ことができるようになるのです。自分のスピリット・ガイドとコンタクトする準備として、次の練習をおこない、自分の内なる目を再び開かせてください。

練習①今ここに生きていることを学びましょう

最初に、自分の周囲をじっと見て、目の前に何があるかあらゆる方面を細部にわたり観察してください。これは矛盾して聞こえるかもしれません。つまり、スピリットの世界を見ようとしているときに、どうして物質的な現実に集中するのでしょう?

それは、ほとんどの人たちが、過去を再生したり、将来を想像したりすることに夢中で、現在に集中していないからです。その結果として、今ここという場所を見落としているのです。

自分のガイドを見るためには、今目の前で何が起こっているのかに集中するという、異常に鋭い能力が必要です。この能力を引き出すには、周りのあらゆるものを見る練習が必要です。それが、あなたの眠っている内なる目を刺激し、再び働くようにしてくれるでしょう。

練習②空想にふける時間をとりましょう

もし、あなたの人生があまりにもあわただしかったり、過密スケジュールで動いているとしたら、とりとめない空想をして自分のガイドとつながるのは本当に難しい問題になるでしょう。なぜなら、テレパシーでつながる以上に、ガイドを見るのにはかなり多くの時間と集中力を必要とするからです。しかし、特別な努力をするつもりがあるなら、きっとうまくいくでしょう。

子どものとき、私たちはみんな「ぼんやりもの思いにふける」ことをしていて、そうしながら、自分の肉体を離れ、スピリット・ガイドとつながって遊んだりしていました。子どもにとってガイドとつながる能力をいちばん弱めるのは、「もの思いにふけるのをやめなさい！」という指示です。それをやめたとき、私たちを助けてくれるヒーラーや天使たち、そして、スピリットの友達から引き離されるのです。

心をさまよわせることによって、あなたの焦点を直線的な物質レベルから自由にし、内なる目を拡大させ、それを超えたものが見えるように訓練してください。

私がチャーリー先生からガイドを見る方法を習っていたとき、彼は何度も、物質的な外見がその存在のいちばん不正確なあらわれ方だと言っていました。そして、人やものの外見を超えて、深く見るようにと言いました。自分自身を含め、物事の本質を見通すように訓練すれば、あとほんのちょっとの跳躍でガイドも見えるようになるでしょう。

この練習をはじめる前に、地に足がついていて、感情的になっていないことを確かめてくださ い。気持ちが動揺しているなら、天使の奉仕団に頼んで気を静めてもらい落ち着きましょう。それからはじめてください（一日に十分から十五分くらいにしてください）。

この練習をするために特別な場所に行く必要はありません。バスや列車の中でも、運転してさえいないなら車の中でも、夕食を作ったりお皿を洗っているときでも、芝生を刈っているときにでも練習が可能です。どこにいても、自分のスピリットがどのように見え、感じ、聞こえるのか想像してみてください。そして、幸せにしてくれるものについて考えてください。三つの次元とカラーでそれを見るようにし、内なる目で、自分のスピリットがどのように見えるかを、できるだけ詳細に想像してください。

しばらくこの練習をしたら、心の目で、愛する人のスピリットを見てみましょう。あなたの子どもたち、両親、パートナー、ペットのスピリットを想像してください。急ぐことなく、数週間、この練習を楽しみましょう。これは、あなたの内なる目を鍛え、波動を高め、物質的外見を超えて見えるようにし、すぐに高い振動数に調和できるように訓練してくれます。

クライアントのサラは、数週間にわたり、自分のスピリットを見ている想像をしました。そのたびに、自分が美しい栗毛の馬に乗って風に髪をなびかせながら、田舎道をギャロップで駆けているのが見えました（この場面は、市立病院で患者の受け入れ担当をしている彼女の仕事とはかなりかけ離れています）。彼女は、馬が彼女のガイドだと感じはじめました。そして、空想するたびに、馬に乗っていることではなく、馬が自分をどこに連れていくのかに注意を集中しました。空想しはじめて数週間後、とうとうユタ州のプローボという場所にたどり着いたのです。

サラはクリーブランドに住んでおり、プローボについて何も知らなかったので、馬が自分をそんなところに連れていくのはおかしいと思いました。しかし、その考えに心を開いたままでいました。十ヶ月後、彼女がどんなに驚いたかあなたは想像もつかないでしょう。彼女はヘルスケアの会議で、フレッドというカイロプラクター（脊椎調整療法士）を紹介されました。彼はプローボ出身でした。彼は、クリーブランド地区ではじめての代替医療のヘルスケアセンターを開く予定だと話しました。そして短い会話のあと、サラは、野生の馬に乗るような気持ちで彼のセンターを運営してみないかと尋ねられたのです。

サラの空想はつじつまが合いました。彼女は申し出を受け入れ、職業上での冒険をはじめました！　そして、自分がどのようにそこにたどり着いたのかおぼえていようと、机の上に小さなブロンズの馬を飾ったのです。

サラは、自分のガイドを見るために必要なステップを喜んでこなしたので、この練習課題を習得することができました。

①ガイドを見たいと思う必要があります。
②自分はガイドを見ることができると信じなくてはなりません。
③自分が見たものを受け入れなくてはなりません。

すべてのガイドが人間のような肉体をもっているとは限りません。ですから、もしそう期待しているなら、がっかりするかもしれないでしょう。

私が見た最初のガイドは、明るい青の点としてあらわれ、ベッドの上をただよっていました。姉のクーキーが出会った自分のガイドの一人は、亡くなった叔母のエマでしたが、生前のような姿ではなく、寝室の角に出現した水溜りとしてあらわれました。マーヴィンというクライアントは、ガイドを見ようとまじめに取り組んでいましたが、白い羽毛を見ただけでした。それは、まるで羽毛の枕が破れたかのようでした。彼は、それが自分のガイドと受け入れ、「白い羽毛」と名づけたのです。

同じように、クライアントのダリアのガイドは、はじめ薄い青色のサギの姿でした。それは、彼女の向かい側に座り、テレパシーでメッセージを伝えてきました。青色のサギはついに美しい薄い青色の、エリンという名前の人間に変身しました（ダリアはテレパシーで名前を知りました）。彼女はガイドを、サギとして見ることもあればエリンとして見ることもあります。常に驚きの連続でした。

ダリアは、自分が精神的にマンネリ状態になっているときには、たいていサギがあらわれるのに気づきました。サギは、彼女が元気になって、新しいアイディアを受け取る必要があることを意味していました。一方、エリンがあらわれるときには、自分のムードや見方を変えるメッセージだけでなく、具体的な指示も受け取りました。しかし、あらわれ方とは関係なく、ダリアが見るものは、いつもそのときの自分にとって必要なものだったのです。

スピリットは、あなたしだいであらわす方法を変えます。その方法を学ぶかどうかも、あなたしだいなのです。

ガイドは効率よくするのが好きです。彼らはあらわれては、短い具体的なメッセージを伝えます。
最も高次のガイドは、明確で、シンプルであり、
あなたをとても明るい気分にさせてくれるでしょう。
毎日同じ時間にガイドとつながるのがいちばんよい方法です。なぜなら、
あなたからの注目を約束として考え、時間通りにあらわれようと努力するからです。
一日の特定の時間を決めて、ベールをとり除き、物質世界を超えて見ようとすることで、
スピリチュアルの世界へ入りこむことができるように潜在意識を訓練できます。

自分のガイドを見る準備ができたら、リラックスできる椅子に座るか、ベッドに横になってください。そして、目を閉じて、心の中にある映画のスクリーンが明るくなる様子を想像しましょう。自分のスピリットに対し、スクリーンにその姿を映し出すようお願いしてください。そしてリラックスして、ショーを楽しむ準備をしましょう。

もし、思考が落ち着かなかったり、体がじっとしていられない感じがしたら、あなたのスピリットが隣に座っていると想像してください。一緒に映画を見るためにスピリットを招待していると思うのです。

次に、世界でいちばん美しい場所をスクリーンに映し出すようにスピリットに頼んでください。それは、あなたが望むときにいつでも自分のガイドとつながることができる場所です。くつろいで鼻からゆっくりと息を吸い、口から吐き出しましょう。スクリーンに何があらわれても、がま

ん強く、抵抗せずに、すべて受け入れてください。

おそらく、あなたが心の目で見るものにはなじみがあるはずです。子ども時代に大好きだった場所や、過去に旅して楽しんだ場所かもしれません。しかし、一度も見たことがない場所かもしれないでしょう。たとえ意味がわからなくても、ガイドは、自分があらわれたい方法を選んでいます。そして、あなたとつながるのにいちばんよいイメージを選んでいるのです。

トーマスの場合、子どものころの台所が内なるスクリーンにあらわれました。その真ん中を小川が流れていました。ガイドにあらわれるように頼むと、彼女は小川の中から跳び出てきて、台所のテーブルに座りました。そしてまた小川に飛びこんでしまいました。最初は当惑しましたが、あとで彼は思い出しました。子どものころの大好きな記憶は、台所で母親と一緒にクッキーを焼くことと、小川で父親と一緒に釣りをすることだったと。これらの場面が、ガイドと出会う完璧な場所の中に集約されたのは、自分一人では決して考えつかなかったものでした。

もしスクリーンに何もあらわれなくても、心配しないでください。内なる目は、あなたが望んでいるよりも活性化するのが少し遅いだけです。その場合、少し手伝ってあげてもよいでしょう。もし何もあらわれなかったら、自分の好きなように出会いの場所を飾り、スピリットを招き入れましょう。完璧な場所を選ぶように最善を尽くしてください。それが終わったら、目を閉じて、いちばん高次で、いちばん助けになるガイドがそこにあらわれ、あなたの向かい側に座ってくれるようにお願いしてください。

うまくいくまで、何度もおこなう必要があるかもしれません。しかし、がまん強く続けていれば、必ずガイドはあらわれてくれるでしょう。何があらわれても受けいれてください。そして、ガイドは必ずしも人間の姿をしていないとおぼえていてください。彼らはシンボルとしてあらわれるかもしれないのです。そのときどきで、いろいろな姿であらわれても驚かないでください。

クライアントのモニークは、自分の内なる目が働いていないとぼやいていました。しかし、心の中にある誰にも邪魔されない部屋を自分で飾るようにうながされた途端、それが動きだしたのです。

彼女は、パチパチ燃える暖炉がある居心地のよい、オークの鏡板が張られた部屋でガイドと会うことを選択しました。ベルベットの格子縞をした、がっしりとしたひじ掛け椅子が二つ、そして床から天井までの本棚は、宇宙の全質問に対する答えがつまった本で一杯でした。彼女の足元には、くすんだ赤と金色の東洋風のじゅうたん、二つのがっしりとした革製の足台があり、黄色い大きなラブラドール・レトリバーが眠っていました。また、カラフルな鉛ガラス製の傘がついたスタンドが椅子の後ろにありました。そして、十フィートの高さで、床から天井まであるオーク材のドアが、プライバシーを守るために外側の世界を遮断していました。

彼女がガイドに会いたいとお願いすると、本棚から一冊の本が落ちてきて、足台の上で開きました。それを受けいれて、彼女は夫の精神の健康状態について尋ねました。実は、夫が痴ほうになっているかもしれないと疑っていたのです。その答えとして、もう一冊の本が本棚から落ちてきました。それを開くと、キレート化（体から金属や毒素を除去する過程）という言葉が彼女の心に飛びこんできました。

メッセージを受け取り、モニークは夫を毒素の検査に連れていきました。すると、夫の体の中にはとても高いレベルの水銀があり、そのために初期の痴ほうに似た症状を起こしていたことがわかったのです。キレート化の治療を受けてすぐに、夫の健康がゆっくりと改善しはじめたことを、後日、彼女はうれしそうに報告してくれました。

練習

自分の内なる目がスピリット・ガイドを見ることができるように、毎日することを復習しましょう。この練習は、毎日十分から十五分しかしてはいけません。内なる目をくたびれさせてしまわないためです。

- 今ここで起きていることに、できるだけ注意してください。
- 子ども時代の楽しみであった空想をし、自分や他の人たちのスピリット・ガイドがどのように見えるのか想像しながら、内なる目を活性化させてください。
- 目をリラックスさせ、ほとんど閉じた状態にして、内なる目で「見てみましょう」。
- たとえ、最初は意味をなさなくても、思考に浮かぶものは何でも受けいれてください。がまん強くしていましょう。やがてその意味がわかります。

スピリット・ガイドとつながるチャンネルを開くことができたら、次は、彼ら一人ひとりと出会っていきましょう。

第4章　さまざまなスピリット・ガイドに出会いましょう

自然界のスピリット・ガイド

スピリチュアルな導きを受け取るために自分の心を開き、ガイドとコミュニケーションするための基本的技術を習得したので、次は、いろいろなスピリチュアルな存在について学びましょう。あらゆるもののスピリットに波長を合わせることができるようになると、最初に感じるガイドは自然のスピリットです。

自然のスピリットは、ひとまとめにしてエレメンタルと呼ばれます。それは、地、水、火、空気のスピリットからなり、ときには、地の精、妖精、空気の精、ディーバ、火とかげ（小さな爬虫類に属する生き物のようなものではありません）としても知られています。おとぎ話のように聞こえるかもしれませんが、すべての生き物には、それ自身のスピリットのエネルギーと波動があり、その生き物のケアをしているのです。

自然のスピリットは、心身の健康維持にとても役立ちます。彼らへの感受性を高め、助けを求めれば、すぐに彼らからのサポートを感じはじめるでしょう。彼らの見分け方を学び、その贈り物に心を開けば、自然の世界はあなたにとって癒しと刺激を受ける場所となります。

大地のスピリット

ディーバとして知られる大地のスピリットに集中して、このスピリットの世界とつながることからはじめるのがいちばんよいでしょう。まず木々や花々、そしてもちろん母なる大地からはじめます。地球はすばらしい生き物で、呼吸しているスピリットであり、この惑星上のすべての命を威厳をもって養っています。親しみをこめてガイアと呼ばれ、それは私たちすべての源となる母なのです。彼女のエネルギーに敏感になれば、すぐに肉体的に強くなり、支えてくれているように感じられることでしょう。

この地球とつながることは、「地に足がつく」と言われます。ふだん、なにげなく使われている言葉ですが、母なる大地に私たちのスピリットをはぐくんでもらう行為だとは、あまり理解されていません。大地から引き離されると、私たちは心乱れ、弱くなり、人生にふりまわされやすくなり、助けから切り離されてしまいます。大地に対する感受性を高め、気づくようになることによって、人生は落ち着き、安全であるという感覚が得られるでしょう。

私たちはあまり賢明ではないので、ガイアの力なしには生きられません。コンクリートでさえ、ガイアのエネルギーを完全に封じこめられはしないのです。その力を疑うなら、大地震を思い起こしてください。現実に引き戻されるに違いありません。しかし同時に、地球は驚くほど優しいものです。そのマッサージほど、あなたの体と骨を回復させてくれるものはないでしょう。

十二年前、夫と一緒に、はじめて娘を連れてハワイに行きました。ソニアは浜辺に来ると、もうじっとしていられなくなりました。五歳の子どもにとって、浜辺はとても気持ちよく、落ち着くものだったので、娘は砂の上に体を投げ出し、手いっぱいに砂を握りしめ、匂いをかぎ、食べようとさえしたのです。そして、何時間も濡れた砂の上を転げまわり、それでもまったく飽きないようでした。その夜、私が彼女を寝かしつけようとすると、歓びで満たされていた娘は、小さな体全部で私を抱きしめ、言いました。

「ママ、今まではママのことを点のように愛していたわ……でも今は、円のように愛してる」

疲れきっていたり、支離滅裂になっていて、助けてもらえないとか愛されていないと感じているなら、母なる大地のスピリットに呼びかけて愛情を注いでもらいましょう。彼女の数え切れない腕であなたのスピリットを包みこみ、その胸へと引き戻してくれるように頼んでください。ガイアのスピリットはとても強力なので、それとつながることは憂鬱さや恐れをとり除き、いちばん社会的な病である慢性疲労症候群さえ軽くしてくれるでしょう。

夫は、母なる大地の癒しのエネルギーを、セラピック・マッサージ師としての仕事に組み入れています。彼はマッサージの終わりに、クライアントの足を握り、ガイアの癒しの生命エネルギーをクライアントの体の中に入れ、その生命力とパワーで一杯にします。彼は、何も言わず、このセラピーを何分間かおこなっています。つまり、大地のスピリットに仕事をしてもらっているのです。クライアントの多くは、この時点で、深いリラックス状態に陥り、まるで体中の全細胞を回復させる発電機につながれたようだと言っています。

ホットストーンのマッサージは、最近人気があるもう一つのトリートメントで、同じように、大地のスピリットにつなげてくれます。体の上に最大限の効果が得られるように置かれた石のスピリットが、骨髄まで達していきます。それは気持ちを落ち着け、抵抗力をつけ、個人の体力を回復させてくれます。他の方法ではそんなことは不可能でしょう。

同様に、花のスピリットは気持ちを静め、感情体のバランスをとります。感情体とは、肉体を覆っている最初のエネルギー層で、日々、どんどんすりへっていきます。それは、弱くなったり、薄くなったり、破れたりして、あなたをいろいろな種類の感情的苦痛やスピリチュアル的な苦痛へとさらしています。

花のスピリットにつながるには、努力はそれほどいりません。単に、バラの匂いをかいだり、蘭の花を鑑賞したり、ラベンダーの匂い袋をかいだりすればよいのです。もしも気がめいったり、弱く感じたり、退屈になったら、花と植物の妖精たちとつながることに少し意識を向けるだけで、あなたはバランスを回復し、気持ちを落ち着け、感情体を再び整えることができるでしょう。

花のもつスピリチュアルなエネルギーや感情体を癒すはかり知れない能力に、とても精通し、仕事にしている人もいます。それは花のエッセンスのセラピー的な特質を扱った代替的ヒーリング法になります。自分を元気づけるために、これらのエッセンスの使用を考えてもよいでしょう。植物や花のもつ元気を回復させてくれるスピリットを具現化したもので、インターネットや健康食品販売店で売っています。一つ一つの植物は、特定のエネルギーを提供し、さまざまな結果をもたらしてくれます。たとえば、セイヨウヒイラギは批判的になることから解放し、ラベンダーは心を開かせ、落ち着けてくれます。スミレは自信を与えてくれます。

植物や花の妖精のもつ力を最も顕著に示している例は、おそらくスコットランドの北にあるフインドフォーン共同体でしょう。自然のスピリットに深く注意をはらい、その世界を祝福し、あがめることで、この実験的な共同体では、やせた土壌にもかかわらず、巨大な野菜や植物が成長しているのです。フィンドフォーンでは誰が妖精とつながり、崇拝しているのか、誰にもまったくわからないのですが、住民たちは巨大農園で定期的にたくさんの報酬を与えられています。

菜園を作れば、あなたも妖精とつながることができるでしょう。植木鉢を二、三個世話するだけでもよいのです。今度、何も考えずにツツジに水をやる自分に気がついたら、手を止めて、そのエネルギーを感じてください。その強くて優しいスピリットを味わってください。また、植物や花に話しかけたり、花のためにクラシック音楽をかけてください。花のスピリットが優しさに反応して、興奮し、驚くほど成長しはじめるのが実験で証明されています。

本当にスピリチュアルなサポートがほしければ、もう一歩すすんで、木を抱きしめてみましょう。私はまじめに言っているんですよ。特に西欧社会に住んでいる人たちは、繊細な意識に、ものぐさで、鈍感で、木がもっているような、地に足をつけさせるすごい力と癒しの力を感じる人はほとんどいません。もし是非にというのであれば、ばかに見えることをいとわずに、通り道にある樫《カシ》や楡《にれ》の幹に手を回してください。樹皮に胸をあてると、どんな感じがしますか？　大げさすぎて、その経験を楽しめないようなら、少なくとも木の根元に腰を下ろし、根を通してその堂々とした風格とつながってみましょう。

木のスピリットはとても力強く、あなたのスピリチュアルな感受性に対してアンプのように働きます。木のエネルギーとつながることは、あなたの意識をスピリットの世界に深く引っ張っていき、ガイドや天使のような高次の波動の存在とつながる能力をただちに高めてくれるでしょう。

一夜にしてはならないかもしれませんが、木と何週間か触れ合っていれば、間違いなく他のスピリットの力にも波長を合わせられるようになります。

都会に住んでいるなら、大地のスピリットにつながるためにほんのちょっと余計に努力しなければならないでしょう。でも、その報《むく》いは価値あるものです。都会暮らしはとてもストレスが多く、疲れやすいものです。ですから、自然のスピリットとつながる緊急性はより高まっています。そうすることで、心穏やかになり、もっと地に足をつけ、平和な感じがするようになるでしょう。

水のスピリット

ガイアと大地のディーバに加えて、水のスピリットにもアクセスできるようになります。聖書では、その力について何回か言及しています。私が最近読んでもっとも興味深かったのは、『水は答えを知っている』（江本勝著　サンマーク出版）という本です。その中で、著者は水の精とそのエネルギーへの反応を探求するだけでなく、実際に写真を撮っています。彼は、水が怒りなどの醜いエネルギーにさらされると、暗く奇形の結晶を作ることを示しました。一方、愛にあふれ、優しい考えに触れると、華麗な形の結晶を作ることを示して、水が意識とともに生きており、私たちの考えや態度に反応することを明らかにしています。

水の精はとても強力で、清めの力をもっています。それは、古く疲れきったものを洗い流し、必要なときには猛烈な力を発揮します。二〇〇四年のクリスマスに世界中の人が目撃し恐怖におびえた、スマトラ島の津波をおぼえていますか？　そのとき、水の力は文字通り、数分のうちに、多くの人たちを地上からからめとってしまいました。同時に、この同じ力は、間接的ですが、生きのびた人たちを助けようとする、愛にあふれた共同作業で世界中を結びつけたのです。

最近、ハリケーンや津波のような水に関係した自然災害が増えていますが、これによって、世界中が水の精の力に対する認識を改めたと言えるでしょう。地球規模の水不足や干ばつも、水の精が私たちの日々の生存に影響を及ぼしていることに世界的な注目を向けさせています。

面白いことに、人々が夢の中でいちばん多くつながっているのは水の精です。ひどく心をかき乱したり、あるいは元気づけてくれるような夢には、水の教えが含まれています。たとえば私の姉の場合、水の夢は、彼女が下した（あるいはしようとしている）決断が正しくなく、取り消すか断らなければならないという警告を意味します。また、突然の洪水でおぼれる夢を見て、その三日後に突然仕事を解雇されたというクライアントもいました。どちらのケースも、水というテーマで伝えられたメッセージは、何かを手放さなければならないということでした。

水のスピリットはあなたの見方を新鮮にしてくれ、何の変化ももたらさない決まりきったやり方でゆきづまってしまうことから救ってくれます。浜辺を歩くのを楽しんだことのある人なら、きっとわかるでしょう。

洗い清め、リラックスさせる水の力から恵みを得る方法はいくつかあります。たとえば、家に小さな水の貯蔵容器を設置して、そこに存在するあらゆるエネルギーを一新することができます。貯蔵容器は、ウォールマートやターゲット（米国のディスカウント・ストアチェーン）で安いもので十四ドルから見つけることができます。それがもはや富裕層のための高価なものではないという事実は、水のスピリットがもつ癒しの力への感受性が、大衆の中でも広がっていることを示しているのです。

もう一つの方法は、新鮮な水を入れた小さなスプレーびんをもち歩き、一日中自分に吹きかけることです。特に、大変なときや自己不信に陥っているようなときにやってみてください。水のスピリットは、否定的なものや疑いなどが定着しないようにしてくれ、あなたのエネルギーのバランスをとり戻してくれるでしょう。

空気のスピリット

空気のスピリットは、荒々しい竜巻のようだったり、優しいそよ風のように感じることもありますが、じつは中立的なものです。空気のスピリットとつながると、エネルギーが与えられ、落ち着き、思考とたましいが清められます。おそらくいちばん重要なつながりは、あなたが深呼吸したときに起こります。そのとき、空気のスピリットが入りこみ、あなたのスピリットと影響を及ぼし合い、あなたをこの瞬間へと連れてきて、思考を刺激し、集中力を向上させ、微細なエネルギーを感じられるようにしてくれます。

一方、息を止めていると、空気のスピリットから切り離されてしまい、自分のスピリットを窒息させ、命の流れから切り離してしまいます。空気のスピリットを招き入れるのにいちばんよい練習は、毎日、ベッドから起きる前に、五回から十回、深く、洗い清めるような呼吸をすることです。呼吸しながら、思考をきれいにし、血液を新鮮にして、臓器を活気づけ、情熱と明晰さをもって一日を迎える助けをしてくれるように、空気のスピリットにお願いしましょう。

空気のスピリットとつながることは、恐れを感じたり、心配しているときには、とても賢い実践です。立ち止まって、呼吸をし、リラックスしてください。練習を重ねれば、このすばらしい実践によってすぐに落ち着き、考えを清めることができるでしょう。

大きな決断に直面したり、面接を受けたり、他の人と交渉したり、スピーチをするときには、空気のディーバにつながることが重要です。それは、あなたの思考があいまいになったり混乱するのを避け、考えがよどみなくスラスラ流れるようにして、他のスピリット・ガイドの洗練された波動にあなたの波長を合わせる助けをしてくれます。彼らはまた、テレパシーの門番なので、スピリットのコミュニティにいる他の存在への通路も提供してくれるでしょう。

- 大地のスピリットは、地の精、妖精、木のディーバ、エルフとしても知られており、大地に足をおろさせ、感情の癒しを提供してくれます。
- 水のスピリットは、ナーイス（美しい女性の姿をした泉や川のニンフ）、海のニンフ（半神半人の美少女の妖精）、あるいは水の精と呼ばれ、私たちのスピリットを清め、新鮮にし、きれいにしてくれます。
- 空気のスピリットは、空気のディーバ、ビルダー、ゼフェルス（西風の神）、また空気の精と呼ばれ、私たちの気持ちを落ち着け、集中させ、精神を明晰にする助けとなります。
- 火のスピリットは、火とかげとして知られており、私たちに情熱や新しい命、恵み、創造力、スピリチュアルな癒しを与えてくれます。

火のスピリット

自然のスピリットの最後は、火の精（火とかげ）です。火花を散らし、パチパチ音を立て、たちまちすべてを魅了してしまう躍動するエネルギーです。火のスピリットは、私たちの情熱と創造性を刺激します。さらには、私たちの意欲的な感覚と永遠の若さを高める助けをしてくれます。火のスピリットは、内側の光を失ったり、批判や言い訳、自己憐憫《れんびん》のような精神的苦境に陥ったときに呼び出すことができます。習性となったおびえから自由にしてもらうのに、火の精（火とかげ）ほどよいものはいません。

火を見つめることが、恋人たちだけでなく、人生そのものにとって、いかに時間を超越し、ロマンスを喚起させるものか目撃したことがあるはずです。火のスピリットとつながり、あなたのスピリットの中で何かが目覚め、忘れていた夢や欲求、情熱がよみがえってくるのを感じてください。それは、火のスピリットとあなたのスピリットの間で起こる癒しのダンスなのです。

火のスピリットは、驚きとショックを与え、必要なら、過去を清算してくれます。私は、家や事業を徹底的に焼き尽くされ、またたく間に白紙に戻ってしまった人を何人か知っています。

火のスピリットを呼び出すとき、彼らのダンスやパチパチ言う音、狂喜などに注意してみてください。火の精（火とかげ）は、あなたが軽やかに歩き、柔軟になり、創意に富み、適応し、反応することを要求してきます。彼らを呼び出すときには、生徒になりきり、決して彼らをおろそかにしないようにするのが最善です。

彼らとつながるために、火を灯してください。それが消えてしまうまで、あるいは燃えさしになるまで、火とともにその場にいなければなりません。なぜなら、火のスピリットは、見られることが大好きだからです。火のそばから立ち去り、無視すれば、その場所を丸焼きにし、あなたの注意をひこうとするでしょう。

火の精（火とかげ）の他に、火はすべてのスピリット・ガイドでいちばん偉大な存在、つまり聖霊を呼び出します。火は、私たちすべてに命を与える神聖な火花を象徴し、それは永遠の炎によって表現されます（すべての宗教においてその象徴と儀式で何らかの火の特徴を用いている理由です）。

あなたのスピリットを活性化し、癒すために聖霊を呼び出すことは、あなたができる最も強力な要求の一つです。私は子どものころ、カトリックの学校に通っていたとき、定期的にミサに行っていました。そこで、心の中を明るく灯し、ずっと見守っていてくれるように、聖霊と聖なる家族を呼び出すため、ろうそくに火を灯す儀式が大好きでした。毎週おこなったこの火の儀式は、私が神と聖霊に結びついていると感じさせてくれ、自分の中で火がより明るく燃えるのを助けてくれたのです。

練習

自然のスピリットにつながるいちばんよい点は、自分がいかにすばらしくサポートされているか、そして、あなたのスピリットもたくさんのスピリットの一部なのだとわかることです。自然のスピリットは、あなたに仕え、喜ばせ、インスピレーションを与え、サポートしたいと切望しており、しかるべき畏敬の念で接すれば、このすべてをあなたにおこなってくれるでしょう。彼らはそこにいて、たくさんの美しい贈り物をもたらしてくれるのだとおぼえていてください。そしてそれを楽しむことを忘れないでください。

健康を保ち、生命力のバランスを保つために、大地や水のスピリット、空気や火のスピリットと少なくとも一日に一度は何らかの方法でつながりましょう。はじめに、次の簡単な練習をしてください。

- 大地のスピリットとつながる最良の方法は、今していることをやめて、外を見ることです（もっとよいのは、外に行くことです）。運よく自然環境に恵まれているなら、静かに座り、大地から湧き出てくる生命のざわめきに集中してください。実際に大地に横たわると、もっと効果的です。毛布の上でもよいでしょう。全身を通して、そのスピリットを吸いこみましょう。もし都会に住んでいるなら、いちばん近い小さな畑へ行ってつながりをもってください。
- シャワーを浴びたりお風呂に入っているとき、使い古したエネルギーを洗い流し、新しいものにするようにお願いして、水のスピリットへの意識を高めましょう。その癒しの特性を尊重し、あなたの体と心、そしてすべてのネガティブなオーラとスピリチュアルのくずを洗い清めるように頼んでください。
- 空気のスピリットを呼び出すための強力な方法は、鼻からゆっくりと息を吸い、それから手のひらで胸を叩き、大きな声で「ハア！」と言いながら、力いっぱい吐き出すことです。これは、あなたのスピリットを活発にし、テレパシーのチャンネルを開いて、頭をいっぱいにしている否定的な思考のおしゃべりを吹き飛ばしてくれるでしょう。すぐに自分のスピリットと再統合し、今この瞬間にすべての注意を向けさせてくれる効果的な特効薬です。

◉火のスピリットに頼んで、面白味や情熱そして創造的な興奮をもたらしてもらう安全な方法は、ろうそくを灯したり、香をたいたり、暖炉に火をおこすことです。あなたの勇気と潜在力を目覚めさせ、人生で無気力になったり、本当の自分を見失わないように火のスピリットに頼みましょう。そして、おぼえていてください。もしろうそくを燃やしているなら、それをじっと見ているのです。暖炉があれば、煙道や安全扉を調べてください。長時間燃え続くろうそくに火をつけたなら、家を出るときには、必ず流し台か浴槽に置いてください。これらの賢い火事予防策は、スピリットと火のパワーへの当然の尊敬を表しているだけなのです。

ランナー

最近、友人のグレッグ夫妻と一緒に、シカゴのダウンタウンでおこなわれるレセプションへ車で向かっていたとき、私は、「ランナー」というスピリット・ガイドについてグレッグに話しました。それは、雨の降る寒い金曜日のラッシュアワーの時間でした。私は、ランナーに助けを求めると人生がどんなに楽になるか話していました。彼は信じようとせず、鼻を鳴らして、挑戦するようにこう言いました。

「それじゃあ、どこか駐車場所を見つけてもらってくれよ！　レセプション会場から近いところに頼むよ。歩かなくていいし、ホテルに駐車代を払わなくてすむからね」

彼の口からその言葉が出た次の瞬間、レセプション会場のちょうど向かい側にあるメーター付きの駐車場所から一台の車が出ていきました。

「私の言ったことがわかった？　それに、六時すぎだから、無料の駐車場所よ！」と私は言いました。

レセプションが終わったとき、グレッグは再び私をテストしました。

「わかったよ。パーキング・メーターの件は簡単すぎた。今度は、ランナーたちが、金曜日の夜に美味しいレストランで、待ち時間なしに四人分のテーブルを見つけてくれるか拝見したいね。それができたら信じてもいいさ」

「どこに行きたいの？」私は尋ねました。

彼は、とても人気があるフレンチ・ビストロで、ラ・サーディーンというレストランを選びました。それはオプラ・ウィンフリーのハーポ・スタジオから道路をはさんだ反対側にありました。

「いつも満席だけれど、どうせ近くにいるんだから、とにかく行ってみましょう」と私は言いました。レストランまでやって来ると、当然のことながら、そこは人でいっぱいでした。

「四人なんですが」

私がそう言うと、接客係の女性は、予約していたかどうか尋ねました。

「いいえ」と答えたそのとき、電話が鳴りました。彼女は話し終えると、私の方を向いて、微笑んで言ったのです。

「運がいいですね。ちょうど四人分の席にキャンセルがでました」

それは単なるはじまりで、ランナーたちはその夜、とても頑張ってくれました。その晩いちばんうれしかったのは、ウエイターがすばらしいデザートをもってあらわれたときでした。私たちは注文していなかったので、彼を送り返したのですが、また戻ってきました。
「レストランからの贈り物です」と彼は言いました。一夜で私のランナーたちは、グレッグを信じさせ、その夜ずっとたくさんの魔法をかけてくれたのです。

あなたのランナーは誰ですか？

ランナーは、あらゆる状況において便利なガイドです。そして、あなたが助けを頼める最初のガイドです。チャーリー先生は、彼らを「ランナー」と呼ぶと教えてくれました。なぜなら、それがまさに彼らがすることだからです。先頭を走り、あなたが見失ったものを見つけるのを助けてくれます。また、アパートやセール品、駐車場所のようなものまで、あなたが探しているものと結びつけてくれるのです。

ランナーは、地上や自然の世界にとても近いスピリットです。たいていの場合、あなたが今住んでいるところにかつて住んでいた、その土地土着のたましいです。たとえば、アメリカに住んでいる人たちは、しばしばネイティブ・アメリカンのランナーをもっています。彼らは、あなたがいる土地（あなたの祖先のルーツではなく）につながっているからです。同様に、イングランドやスコットランドに住んでいるアフリカ系アメリカ人であれば、ケルト族のランナーをもっているかもしれません。あるいは、ニュージーランドに住んでいる中国系オーストラリア人であれば、マオリ族のランナーでしょう。ランナーの忠誠心は、あなたではなく土地に対してなのです。

これらのガイドがいちばん得意とするのは、あなたの人生に魔法をかけることです。たくさんの魔法を感じれば感じるほど、もっと心が開かれるでしょう。そして心を開くほど、波動は高くなり、あなたのスピリットはより幸せになるのです。あなたのたましいが喜んでいると、あなたと出会う人たち全員がそれを感じます。これが、ランナーの仕事がとても重要である理由です。人生と私たちの世界のすばらしさを信じさせてくれるのです。

私は三十年以上、ランナーたちにお願いしていますが、彼らは決して私をがっかりさせたことがありません。そして、ときには、自分で失くしたことすら知らなかったものさえ見つける手助けをしてくれます。先週のことですが、事務処理の遅れを取り戻そうとオフィスで遅くまで働いた日がありました。その翌朝、アシスタントが出社してゴミ箱を空にする前に、その中をどうしても見てみたいという抑えきれない衝動にかられたのです。前の晩に捨てたひとつかみの紙くずを取り出すと、なんと、その中に給料二週間分の小切手が入った封筒がありました。前日に落としたのを忘れていたのです。ランナーたちがいなかったら、本当に運が悪いことになっていたでしょう。

同じように、何年も前、私が客室乗務員だったころ、ランナーに失業の危機から救われたことがあります。当時、私は週に二回、シカゴ（私が住んでいた場所）からセントルイス（仕事上の本拠地）まで自費で通勤しなければなりませんでした。従業員割引があってもなお高額な出費で、さらにそれ以上の問題もありました。というのも、シカゴ―セントルイス間の飛行機はいつも満席だったのです。飛行機に乗れなかったら、私は職を失うことになります。ですから、その数年間、私は、自分の席を確保して、問題なくセントルイスに着くことができるように、ランナーたちにかなり頼っていたのです。

ある日、ランナーたちは、出発の十分前に、飛行機から降りるように私を誘導しました。すでに席も決まり、フライトを変えると五十ドル以上余計にかかるのに……。私は、彼らが何をしようとしているのかわかりませんでしたが、とにかく搭乗券を返して、別のフライトの手続きをしました。搭乗して四十分後、セントルイスに到着しました。

私が取りやめた飛行機に乗っていたはずの友達が見当たらないので、到着案内板を見てみました。なんと、それはキャンセルされていたのです。何が起きたのか職員に尋ねると、出発前に、機械上の問題が見つかったのだと教えてくれました。結局、そのフライトに乗っていた同僚は誰一人、その日業務につくことができませんでした。でも私は、ランナーたちが助けてくれたおかげで、業務につけたのです。

ランナーは、めったに言葉で話しかけてきません。そのかわり、理由も告げずに、あなたをつついて合図を送ります。ゴミ箱を調べたり、フライトを変えるように命令されていると感じたとき、私は何も考えずにその通りに行動しました。ランナーは頭を通して説明してくれません。彼らはただ、私を捕まえ、行くべき方向へ引っ張るのです。

ランナーは、いつもあなたのことを気にかけています。そして、あなたが頼むとすぐに、助けにやってきます。友達のエラは、祖母が亡くなる少し前にもらった先祖伝来のネックレスを失くしてしまいました。彼女は自分の第六感やガイドを信じずに、私に助けを求めて電話してきました。たいてい、私は助けてあげるのですが、私の第六感は、彼女に宿題をだすように主張しました。

「今回はだめよ、エラ。あなたは自分のランナーたちに面倒をみてもらうべきだわ」

「私がそんなことを信じていないのはわかっているでしょう。どうか助けてちょうだい」と、彼女は哀れっぽい声で嘆願しました。

「いいえ、できないわ。でも上手にお願いすれば、あなたのランナーたちが助けてくれるわよ」と丁寧にお願いするようにアドバイスしました。なぜなら、ランナーは神経質なグループだからです。彼らはその土地と密接につながっている偉大な偵察隊であり、探偵です。しかし、プライドが高いので、尊敬の念をもって頼まなければなりません。決してあごでこき使ってはいけないのです。

エラは不平を言って抗議しましたが、結局やってみることにしました。

「どうか、祖母のネックレスが見つかるように助けてください」

考えつくあらゆる場所を探しましたが見つからず、疲れ果ててソファに座りこんでしまいました。

十分後、彼女は立ち上がり、何も考えずに靴下の引きだしを開けて、なぜかわからぬまま手探りをしました。突然、彼女はでこぼこの靴下を見つけ、その中に手を突っこみました。そしてついに、ネックレスを見つけたのです！

一体どうしてこんなところにあったのかしら？　と彼女は考えました。そして思い出したのです。数ヶ月前の週末、旅行に出かける前に、夫に隠すように頼んだことを。彼女はそのネックレスをもらったばかりで、宝石箱に入れておくのは気がすすまず、夫がそれを靴下の引きだしの中に押しこんだのです。そして二人ともそれを忘れてしまいました……しかし、ランナーたちは忘れていませんでした。彼らは夫がネックレスを隠したのを見ていました。そして、エラが丁寧に助けを頼むとすぐに、彼女をその場所へと連れていったのです。

ランナーには、駐車場所はもちろんのこと、どんなものでも見つけてくれるようにお願いすることができます。チャーリー先生は、ずっと前にそのコツを教えてくれました。彼は、私が車に乗るたびに、よい駐車場所を見つけられるように、前もってランナーたちを送っておくようにと言ったのです。どんな場所でもいいのでなく、丁寧に頼んで最高の場所を見つけてもらいましょう。

私は何年も前に、友達のデブラにランナーと駐車場所について話をしました。彼女は彼らの存在を完全に受けいれました。それ以来デブラはいつも、エンジンをかけてから、どこに向かうか、どんな駐車場所がほしいかを心に思い描き、自分のランナーたちにその場所を確保してくれるように頼んでいます。

ある日彼女は、私をランチに誘ってくれました。私たちがレストランに近づくと、空が暗くなって、突然激しいどしゃ降りの雨が降り出しました。

「大丈夫よ。びしょぬれにならないように、ランナーたちにいい駐車場所を見つけてもらうわ」と彼女が言いました。

確かに、彼女がレストランの駐車場に入っていくと、ドアから二十フィートくらいのところに止まっていた車が出ていき、私たちに最高の場所を残してくれたのです。

「あなたのために私のランナーたちがしてくれたのよ」彼女は言いました。

すると、今度は入り口から十フィートくらいの場所に駐車していたもう一台の車が出ていきました。私は彼女の方を見て、こう言いました。

「今度は私のランナーたちがあなたのためにしてくれたわ！」
私たちは「ぬれなかった」ランチを楽しみながら、うれしくて歓声をあげていました。

ランナーは時間を節約し、失望や混乱から救ってくれ、喪失の悲しみを癒してくれます。とてもよく仕えてくれることに十分に感謝してください。
そうすれば、今度は二倍、一生懸命働いてくれるでしょう。

ランナーは、いろいろな形や大きさ、色をしていますが、三つの共通点があります。
①彼らは頼まれると、すばやく行動し、助けるために時間を無駄にしません。
②大地や自然と強くつながっており、過去生において、彼らは自然の偵察隊でした。
③彼らは話しません。あなたが丁寧にお願いすれば、ただ行動するだけです。

ランナーは失くしたものを見つけたり、飛行機で座席を確保したり、駐車場所を用意してくれるだけでなく、あなたが必要だけれど手に入れられないものを見つける助けもしてくれます。これは私のクライアントのマーナに起こったことです。彼女は足のサイズが十一サイズと大きく、流行の靴を見つけることができませんでした。店員が彼女のサイズを知って目を回し、失礼なことを言うのにも慣れていて、私のクラスでランナーたち（彼女は今ではかなり深い愛情をもっています）を知るまではほとんどあきらめていました。

最初、彼女がランナーたちに助けを頼むと、モールの中にある新しいお店に連れていかれました。そこで、彼女はすてきな黒革のブーツを見つけたのです。どうせ無駄だろうと思いましたが、それでも望みを抱いて、十一サイズがあるかどうか店員に尋ねてみました。

「いつもは置いていないのですが、ちょうど今日、十一サイズが二足入ってきました」

彼女がそのブーツを試着してみると、ぴったりでした。店員とおしゃべりしているうちに、彼の奥さんも十一サイズで、マーナのいらいらを理解してくれることがわかりました。彼は、その地域で十一サイズを置いている靴屋をみんな見つけ、そのサイズの靴の入荷日さえ知っていました。そしてなんと、ブーツと一緒に、店のリストも彼女にくれたのです。二十年間にわたる大きな足が原因での彼女の惨めさと傷つけられたプライドは、とうとう終わりを迎えたのです。

ランナーは、私たちが一生の間にしたいことすべてをなしとげることがいかに難しいかわかっています。それで、私たちが時間やエネルギーを無駄にしないようにすばらしいアシスタントになってくれるのです。彼らは寛大で優しいのです。

スティーブンというクライアントは、デンバーからニューヨークまでのフライトに遅れそうになっていました。彼は長い防犯チェックの列で身動きできず、飛行機に間に合うかどうかわかりませんでした。そこで彼は、ランナーたちを先に送り、自分はゲートに向けて走りましたが、すでに飛行機のドアは閉じていて、搭乗できませんでした。そのとき、別の職員が搭乗用の通路を受付の方へ歩いてきました。スティーブンを見て、彼は言ったのです。

「荷物がまだ全部積み終わっていないんです。だからまだ間に合いますよ」

二人は一緒に搭乗用通路を走り、飛行機のドアをノックしました。そうして、スティーブンは無事に飛行機に乗れました。おまけに、彼はファーストクラスの席に連れていかれたのです！

ランナーたちは彼を飛行機に乗せてくれただけでなく、席をアップグレードしてくれました。

練習

ランナーと仕事をするのはとても簡単です。彼らに助けを頼むだけでいいのです。いらいらした調子でなく、優しい声で話しかければ、いちばんよく反応してくれます（彼らを呼び出すには、命令するのではなく、「どうぞお願いします」と言って敬意を表してください）。必要なものを頼んだら、あとはリラックスして、ゆったり座り、少なくとも二十分間はそれについて考えるのをやめてください。あなたが頭の働きを止めた瞬間、ランナーは動きだし、正しい方向へ連れていってくれるでしょう。

私の先生はかつてこう言っていました。

「もし立ち止まって考えるなら、その瞬間が失われるだろう」

これほど正しいことはありません。ランナーと働くためには、躊躇することなく自分の本能に喜んで従い、柔軟でなくてはならないからです。

最後に、ランナーは認められるのが大好きだということを心にとめておきましょう。彼らは、よく仕えることに非常に満足し、頼まれることが大好きです……でも、感謝されるのも大好きなのです。

ヘルパー

ナタリーという私の友達は、数年前、自分の家系図にとても興味をもつようになりました。そして、過去から現在に至る自分の親族のすべてを見つけ出すことに夢中になり、暇さえあるとそれにかかりきりになりました。彼女は、一族の家系図をつなぎ合わせようとしましたが、疎遠になっていた叔父が情報を教えてくれなかったのでゆきづまってしまいました。ナタリーはいらだちを感じましたが、それでもあきらめませんでした。

ある日、彼女が居間でのんびりしているとき、突然、亡くなった父親の存在が目の前をヒューと通りすぎるのを感じました。その感じがあまりに強かったので、ナタリーは椅子から飛び起きて、コンピュータの方へ歩いていき、父の名前を検索サイトで調べざるを得なくなりました。コンピュータを使うなど、今まで考えもしなかったのにです。彼女は、スクリーンにあらわれた百六ページもの情報を順に読みはじめましたが、どのデータも彼女の家族には当てはまりませんでした。

この山のような情報をより分けることで時間を無駄にしたくないと思い、また、自分が何を探しているかもよくわからなかったので、ナタリーは、気まぐれに決めた十六ページ目だけを見ることにしました。そして、そこに家族に関係するものが何もなければ、やめようと考えたのです。何も見つからないだろうと思いながらクリックすると、ページのいちばん上に父親の名前を見つけて驚いてしまいました。そして、このメニュー項目から、数世代までさかのぼる家族全員のほぼ完璧な家系図が出てきました。彼女が自分で編集しようとしていたもの全部が、目の前にありました！　ナタリーが感じた「ヒュー」という音は、間違いなく父親のスピリットであり、家族についての質問に答える手助けをするため、ヘルパー・ガイドとして働いてくれたのです。

ヘルパー・ガイドの目的はまさに名前の通り、あなたを助け、人生を簡単にして、人生を楽しめるようにすることです。あなたに仕えることで、彼らは自分の波動をあげ、もう少しあの世での生活を楽しみ、自分自身のたましいを成長させることができるのです。天使の奉仕団にとても似ているのですが（よく彼らによって送られます）、ヘルパー・ガイドは具体的な仕事や特定のプロジェクト、趣味の面で助けてくれ、それはいくつかのカテゴリーにわたっています。ナタリーのケースのように、多くの場合、亡くなった家族や友人たちで、向こう側の世界からあなたに話しかけ、助けを提供してくれます。なぜなら、彼らはあなたを愛しているからです。

ヘルパーは、特に生前もっていた専門的知識の分野において役に立とうとします。私には、ミスター・ケイという名前のヘルパーがいます。彼は、中学校のとき私のスピーチの先生でした。私がいちばん好きで思いやりのある先生でした。彼のスピリットは、私が自分の本をテープに録音するときにはいつもあらわれ、私がどもったり、間違ったりしないように助けてくれます。学生時代、スピーチ・コンテストでそうしてくれたようにです。自分でも驚いていますが、私のほとんどのオーディオ・テープは、最初の録音でほぼ完璧にできあがりました。そばにミスター・ケイがいなかったら、決してそう簡単にはできなかったでしょう。

ヘルパーは、あなたが困ったり、障害にぶつかったり、落ちこんだときに手を貸そうと、優しくあらわれます。ダンの場合がまさにそうでした。彼は最近、妻を亡くし、七歳になる双子の男の子を残され、私のところにリーディングにやってきました。乳がんで妻を失ったことに打ちひしがれていただけでなく、息子たちの面倒をみてくれる人がいないため、仕事に戻ることもできずいらいらしていました。二ヶ所のベビーシッター斡旋所をあたりましたが、どちらも、彼の家族の問題や心の隙間を埋めるようなケアは提供してくれませんでした。

私のオフィスにあらわれたとき、ダンは絶望的になっていました。そのとき幸運にも、彼のヘルパーがやってきました。受け取ったメッセージから、私は彼の妻だと確信しました。彼が最初に「ぼくはどうすればいいんですか?」と尋ねたとき、私がヘルパーから聞いた答えは、『初正餐《はっせいさん》』という言葉でした。私はダンに尋ねました。

「あなたはカトリックなの?」

「いいえ、違います。妻は米国聖公会を信仰しており、自分の教会が大好きでした。彼女は子どもたちをよく連れていっていました。でも、ぼく自身は宗教はどっちつかずなんです。だからときどきしか行きませんでした」

「米国聖公会では初正餐があるの?」私はそう尋ねました。

「あると思います。どうしてですか?　子どもたちに正餐を受けさせるべきだということですか?　それがどうして子どもたちの世話にぴったりの人を見つけて、ぼくが仕事へ戻れるようになることと関係あるんですか?」

「わかりません。でも、あなたの奥さんがそう提案しているんです」

「ええ、たしかに妻が言いそうなことです」彼は目を涙でいっぱいにしながら、そう言いました。

「それが私の問題に役立つかどうかわかりませんが、妻の願いなら喜んで従いたいと思います……。ただどうしてもつながりませんが……。彼女に説明してくれるよう頼んでもらえますか?」

私が彼の質問を伝えても、彼女から返ってきた答えは同じでした。ダンはメッセージを受け入れ、妻の教会へ行きました。そして、息子たちを初正餐のクラスに登録しました。子どもたちがそのコースを受けている間、彼は他の親たちと知り合い、自分のことを話しました。すると、ドナという女性が、最近未亡人になった自分の母親が来週ユタ州から引っ越してきて、彼女の家族と同居することになっているが、すぐに仕事を探す予定だと話してくれました。そして、母親は今までずっと主婦だったので、完璧なベビーシッターになるだろうとダンに保証してくれたのです。

ユタ州からやって来て一週間後、ドナの母親がダンの家にあらわれました。彼女は、三人のために働き、愛を与える準備ができていました。このつながりは信じられないほどすばらしいものでした。五年たった今でも、彼女はまだダンのところで家族のよりどころとなっています。

ヘルパーの仕事は必ずしも、助けることだけではないとおぼえておくことが重要です。彼らの最大の贈り物は、私たちに、人生は死後も続くことを教え、たとえ肉体が死んでもスピリットは死なないと伝えることとです。死への恐れをなくすことは、私たちが自分の生を十分に生きる助けとなります。おそらく、それがヘルパーのいちばん重大な使命でしょう。夫パトリックの弟デニスは、何年も前に向こう側の世界へ行ってしまいましたが、いつも我が家を訪問しています。デニスは若いころ、パトリックと一緒に自転車に乗るのが大好きでした(二人は一度自転車でアメリカ大陸横断をしたくらいです)。そして今でも、夫が自転車に乗るとき、特に田舎に出かけるときに、彼はやってきます。パトリックは、隣で弟が自転車に乗っていて、途中で新しいコースや面白い隠れ場所へと導いてくれるのを感じるそうです。

デニスは、花も大好きでした。我が家の庭にいると、私はよく彼の存在を感じます。実際、戸外で新しい花が目に入るたびに、彼の愛に満ちたスピリットが横にいるのを感じるのです。私はこういう瞬間を大切にしています。人生を十分味わえるように、デニスがそこにいてくれるのだと知っているからです。

同じように、母は、自分の母親（私の祖母）といつも夢の中でコミュニケーションしています。母が幼い子どもだったころ、二人は戦争で引き裂かれてしまいました。ですから母は、夢の中で、おばあちゃんと再び会えることにわくわくしていました。ときどき二人は、美しい場所へ行き、華麗な音楽を聴いています。そして一晩中、踊ったり、歌ったりしています。おばあちゃんが、裁縫や型紙作りの秘訣を教えてくれることもあります。裁縫について、二人は創造的な情熱を分かち合っているのです。おばあちゃんが冗談を言うことさえあります。母はそれをおぼえていて、私たちにも教えてくれます。そして、ときには、ただそばにいて、大きな愛を与えてくれるそうです。

ヘルパーは、現在の人生では何の関係もないけれど、過去生で強いつながりをもっていたスピリットかもしれません。彼らは、過去生で一緒に働いていた分野において、今生でもあなたが成長するのを助けるためにあらわれてきます。

たとえば、私にはローズとジョセフという二人の最愛なるヘルパーがいます。彼らは、私が第六感の教師やヒーラーとしての使命を果たすうえで、非常に大きな助けをしてくれます。心を開き、自分自身と人生をもっと愛するように人々を励ましているとき、彼らが私と一緒にいるのを感じています。私は、過去生でこれらのスピリットを知っており、そのときの仕事は、今日しているのとほとんど同じように、人々を導き、カウンセリングし、方向を示すことだったと確信しています。

さらに、私はプレアデス星の姉妹とも働いています。彼らは、リーディングするときに助けてくれるガイドです。特に、人々をたましいの道や高次の目的へと導いているときにあらわれてきます。この姉妹によると、いくつもの生涯において、私は彼女たちの生徒でした。私は、彼女たちが、私の仕事にとって重要であるとわかっています。そしてすべてのクライアントに方向性を示す上で、大いに頼っているのです。

ヘルパー

- ヘルパーはみんな、一度人間だったことがあり、彼らの波動と振動数は、まだ人間の次元に近いものです。
- ヘルパーは、あなたが自分の心から拾ってきた言葉や短いメッセージを用いて、テレパシーでコミュニケーションをとります。
- ヘルパーは、夢を見ている状態や親しい会話の中であなたとつながることが大好きです。
- ヘルパーは、自分の与えた情報について詳しく説明することはめったにありません。

もしあなたがコントロールしたがる人間だったり、死ぬほど考えこむ性格なら、それは骨の折れる仕事になるでしょう。助けられたいと思うなら、彼らの指示をすぐに受け入れることが必要だからです。

● ヘルパーは、人間の体にいたときに学んだ知識や技術をもち続けており、自分がより高い振動数に移行する前に、あなたにそれを分け与える義務をもっています。

● ヘルパーは、地上でのつながりに終止符をうち、より高い波動と別のたましいの経験へと移行するために、あなたを助けているのです。

さらに、あなたが取り組んでいることが好きで、専門知識を分かち合いたいと思っているヘルパーもひきつけられてきます。彼らとあなたの間には、あまり個人的な結びつきはありません。というのも、彼らは過去からあなたにつながっているわけではないからです。実際、彼らは天使の奉仕団によってしばしば送られています。天使の奉仕団は、あなたがどうすればいいのかわからない領域で助けるために、特定のヘルパーを過去生から引き出すことができると知っているのです。

これらのガイドは、身体的健康の面で助けてくれるお医者さんだったり、もっとお金をひきつけたり、上手に管理するのを助けてくれるフィナンシャル・プランナーや銀行員かもしれません。また、ものの修理を手伝ってくれる便利屋さんか修理屋さんであるかもしれません。前にお話ししましたが、渋滞の中で私の車が止まったとき、それを動かすのを助けてくれた機械工のガイドのようなものです。

私の父はとりわけ修理が得意で、テレビから掃除機、冷蔵庫、ＤＶＤプレーヤー、エアコン、洗濯機や乾燥機まで、私がおぼえている限り、壊れたものを何でも修理することができました。彼のすばらしい技術に驚いて、どこで勉強してそんなに器用になったのかと一度尋ねたことがありますが、父は「実際には、誰からも学んでいないんだ。ただどうすればいいか教えてくれる自分の中のガイドに従って、一緒に解決しているだけなんだよ」と答えました。父は、とても才能あるヘルパーをもっていたに違いありません。いつも仕事をなしとげていたのですから。

一生あなたと一緒にいるヘルパーもいますが、一時的に特定の仕事や課題を助けるために短期間立ち寄るだけのヘルパーもいます。ヘルパーの導きに喜んで耳を傾ければ、これらのガイドはそばにいて、物事が最後までうまくいくように見ていてくれます。一方、助けを頼んだにもかかわらず、無視ばかりしていると、彼らは遠ざかってしまいます。彼らは助けるためにいるのですが、決して援助を受け入れるように強制するわけではありません。ですから、すべて自己流で物事をおこない、ヘルパーの意見を決して考慮しないと言い張るなら、彼らは意見を引っこめてしまうでしょう。

ヘルパーとうまくやるコツは、心を静めて、疑いや理屈でヘルパーの提案を拒否するのではなく、やって来るものを信頼することです。ヘルパーの指示は、たった一つか二つの言葉（運がよければもう一、三個多く）かもしれません。そして、彼らは、あなたの自由意志の邪魔をしないように、一度繰り返すだけです。それを聞き逃さないように注意をはらうかどうかは、あなたしだいなのです。

不動産業者のダイアンは、ニューヨーク州北部で教えたときの生徒です。彼女は、躊躇や抵抗なしにヘルパーの言うことに耳を傾けると、どんなにすばらしい恵みが与えられるかについて話してくれました。

ある日、オープンハウスからの帰り道に、彼女は新しい家がたった今売りに出されたという電話を受け取りました。早速、どんな物件か見てみようと車で向かい、ひと目見るなり、その家に心を奪われてしまったのです。そして突然、はっきりとした声が聞こえてきました。

『買いなさい』

その声は大きく明瞭でした。

ダイアンはすでに二つの家を所有しており、財政的にはぎりぎりでした。しかし、彼女のヘルパーは再び主張しました。『買いなさい……』聞こえたのはそれだけでしたが、それが正しいように感じられ、彼女にとってはそれで十分でした。

「わかった、買うわ」彼女は大きな声でそう言い、さらに付け加えました。「でも私を助けてね」

家に戻り、自分に起きたことを夫に話すと、彼は猛反対しました。

「海辺の近くに別荘を買う夢はどうなるんだい？」

しかし、彼女は引き下がりませんでした。自分の決心の強さが信じられませんでした。これほどはっきり自分の直感を信じたことはなかったのです（そして、決して夫に盾ついたこともありませんでした）。しかし、今回は、ヘルパーの声に耳を傾けるという決断はとても強固なものでした。

彼女は、自分が恐怖感やためらいから、チャンスを逃してきたことにあきあきし、今度は直感に賭けてみるつもりでした。彼女がガイドの言うことを聞くという断固たる意志を表明すると、夫は引き下がりました。それはかつて一度もなかったことでした。

その夜、ダイアンは、息子のライアンに不動産を買う計画について話しました。彼は結婚して、ダイアンの二軒目の家を借りて住んでいました。驚いたことに、息子はこう尋ねたのです。

「ママ、この家を借りるのはやめて、その家を買ってもいいだろうか？」

ライアンは、自分で家を買うことはもちろん、引っ越したいなどとは一度も言ったことがありませんでした。しかし、彼がそう言った瞬間、その提案にダイアンは共感しました。息子のために、彼女は一緒に購入を申し出て、三週間後、家は彼らのものになったのです。

この話のクライマックスは、まだこれからです。ライアンが彼女の二つ目の家から出ていき、ダイアンは、その家を売りに出しました。そして、数週間のうちに、なんと購入したときの三倍の値で売れたのです。突然、彼女は夢だった海辺の別荘を買うのに十分すぎるほどのお金を手にしました。彼女と夫は、少したってからぴったりの別荘を見つけました。信じられない話だと思うかもしれませんが、これはヘルパーの恵みについての典型的な例なのです。ダイアンは彼らの助けを受け入れたので、二ヶ月もしないうちに、お願いした望みすべてが実現しました。

夢に注意をはらうことも重要です。それはしばしばヘルパーがあなたとつながる入り口だからです。クライアントのパトリシアは、自分のヘルパーが亡くなった父親だと感じていました。父親は生前、投資銀行家としての仕事に没頭していたために、二人はあまり親しい関係ではありませんでした。しかし、これは彼の死後すぐに変わり、彼女は父の夢を見はじめました。内容はいつも、財政的アドバイスをしてくれるというものでした。やがてそれは、昼間のつながりへと発展し、彼女は頭の中で父の声を聞くようになったのです。

野心的な映画プロデューサーのパトリシアは、ミシガン州からカリフォルニア州へ引っ越しました。そこでも父親は、彼女にアドバイスし続けました。あこがれだった製作会社の雇用主と面接したときには、特にそうでした。彼女は自分が夢の仕事と考えていたものに応募しているのがとてもうれしく、うまくもぐりこみたいと必死だったので、頼まれたらただでもその仕事を受けいれるくらいの気持ちでした。

パトリシアと面接官が条件を話し合っていたとき、彼女は父親の存在を強く感じました。最初の言い値の二万七千ドルに返事をしようとすると、三万三千ドルと言いなさいという父親の声が聞こえました。

そのアドバイスは突然だったので、彼女は思わず息をのみ、それには面接官も驚いたようでした。しかし、なんと面接官はこう言ったのです。

「うーん、たぶんこれではちょっと低すぎるな……長時間働いてくれるなら、三万ドルまで上げてもいい」

パトリシアの父は再び、かん高い声で言いました。

『三万三千ドル』

彼の声はとても明瞭で、説得力があったので、彼女は、「三万三千ドル」と大きな声で繰り返してしまいました。

「それが最終的な希望かい？」面接官は尋ねました。「それなら、私のパートナーと話し合わなければならない。君の履歴書はとても優秀で、明らかにしっかりした技術もある。でも、三万三千ドルは、我々がこの仕事に考えていた金額より高いんでね。後日連絡をするよ」

パトリシアは、仕事を失ったと確信しました。そして、車に乗ってから父親に言いました。

「自分では三万三千ドルの価値があるとわかっているけれど、彼らがわかってくれるかしら？」

再び、父は、三万三千ドルと言いました。一時間後、彼女はその金額で仕事をまかせるという電話をもらったのです。

私は、ヘルパーが手を貸したり問題を解決するためにあらわれてくれ、呼びかけられると行動しはじめるというのは興味深いことだと思います。このよい例は、私たち夫婦が最初の家を買ったときに起こりました。私たちはその家を完全にリフォームしなければなりませんでした。二人ともリフォームのやり方がわからなかったので（そのためのお金もありませんでしたが）、完全にパニック状態になっていました。結局、私たちは、ゼロからはじめられるように、すべてのものを壊すことからはじめました。

家のことで何よりも私を悩ませたのは、一階のダイニングでした。とても暗くて窓もなかったのです。しかも、そこに窓をつけると、隣のビルの見苦しい壁に面してしまいました。パトリックは、かわりに照明器具を使って部屋を明るくしようと言いましたが、私はそれは気に入りませんでした。私には、費用も手間もあまりかからないよい解決法があるはずだと思っていたからです。そこである夜、寝る前に、ヘルパーによいアイディアをくれるようにとお願いしました。

私は夢の中で、サンダルを履いた、背が高くて美しいローマ人男性が、私と一緒に教会から教会へと歩いているのを見ました。彼はステンドグラスの窓を指差し、私はそれに感嘆して見とれていました。太陽が窓に差しこみ、あらゆるものをきらきらと照らしだすと、ステンドグラスがどんなに美しいか、彼は何度か話してくれました。

翌日、私はまるで休暇中のような気分で目覚めました。自分の夢を詳しく夫に話しながら、ローマ人のヘルパーが、ダイニングにステンドグラスを使うように言っていたのだとわかりました。美しいステンドグラスの窓をとりつければ、光と色をとりいれて、不快な景色を避けることもできるのです。それは自分一人では決して思いつかなかった、完璧な解決法でした。私もパトリックも、そのアイディアを気に入りました。でも、どこからはじめるかが問題だったのです。

しかし再度、ヘルパーのおかげで、それも解決しました。翌日、クライアントにリーディングをしたあと、家のことについて尋ねられたので、ステンドグラスのアイディアを含めた自分たちの試みや苦労について話しました。すると彼は、その地域で最高のステンドグラス職人を知っていると言ったのです。さらに、その男性はヨーロッパから移ってきたばかりなので、あまり高くない値段で喜んで仕事をしてくれるということでした。

その日の午後、夫と私はその職人に連絡し、彼は、普通の窓とほぼ同じくらいの値段で、私たちのためにステンドグラスの窓をデザインしてくれると言いました。それがはめこまれると、息をのむような美しさで、光と色が入り込みました。そして醜い光景を完全にブロックしてくれたのです。

驚くに値しないことですが、一年後、その職人の評判はとても高くなり、賞をもらいはじめました。彼は、建築雑誌の特集にもとりあげられるようになり、我が家に彼の作品の一つがあることが、家を売るときの価値をかなり上げてくれました。

ちなみに、ローマ人のヘルパーには、あの夢のあと、一度も会っていません。

スピリット界の有名人

いちばん興味深いヘルパーは、亡くなった有名人です。もし望むなら、そのような過去の大家を実際に呼び出すこともできます。私は、有名な霊能力者で心霊術者だったエドガー・ケイシーに頼み、スピリチュアル・カウンセラーとしての私の仕事のうち、特に健康や過去生の問題について助けてくれるようにお願いしています。たいていの場合、私がこれらの課題について理解するのを、彼は他のガイドよりもずっとよく助けてくれています。

友人のジュリア・キャメロンは、有名な作家で脚本家です。彼女はロジャーズとハマースタインを呼び出し、彼女のミュージカルを手伝ってもらい、有名な監督のジョン・ニューランドには、劇での助けをお願いしています。同様に、クライアントの若い女性医師は、定期的に、科学者のマリー・キュリー女史に正しい診断について助けてくれるように頼んでいます。

私の友人であるロックスターのビリー・コーガンがよい例ですが、有名人のヘルパーは、創造性への援助にすばらしい力を発揮します。ビリーはかつてこう言っていました。最初のソロアルバム『The Future Embrace』を作成していたとき、まるで天国にいる音楽の大家から特別な作品を与えられたように感じたと。彼の音楽を聴いたあと、私は彼が助けを得たと確信しました。なぜなら、それは美しい天上界のエネルギーを運んでいたからです。

私はもう一人、若い作曲家を知っていますが、彼は歌を作るとき、ジョン・レノンのスピリットにお願いしています。さらに、エルビス・プレスリーを呼び出しているたくさんの人たちを見てください。明らかに、エルビスは助けているのでしょう。さもなければ、彼の偉大な音楽を不朽にしようとする人々、それで生計を立てようとする人々、大騒ぎする人々など、こんなにたくさんの人々や業界は存在しないはずです。

母は、私が幼かったころ、通信講座を受けて絵の勉強をはじめました。上手になりたいと熱心に取り組んで急速に上達し、まもなくコンテストで入賞しはじめました。母は作品でゆきづまると助けを求めて祈っていました。それに答え、ルネッサンス時代の画家アンジェリコが夢にあらわれ、どうすればよ作品がよくなるかいろいろなヒントをくれたそうです。彼は母を導いて、特に難しかった絵を完成させてくれました。とても上手に指導してくれたので、その絵は全米コンテストで入賞したのです！

有名人を呼び出して助けてもらうのは、大胆でとっぴなアイディアのように思えるかもしれませんが、よいではありませんか。これらのたましいは名人の域にまで達し、自分たちが向こう側の世界で学んだことを分かち合いたいと思っているのです。ヒラリー・クリントンは、ファースト・レディだったとき、エレノア・ルーズヴェルトにお願いし助けてもらったと言っていました。そのとき、人々は笑いましたが、私はすばらしいことだと思っていました。クリントン夫人がその地位にいたときに起こったすべてのことと、現在の彼女の地位を考えるなら、彼女は確実に助けられたのだと言えるでしょう。

数学と科学に挑戦していた娘でさえ、最高の家庭教師に助けをお願いすることをためらいません。家庭教師の中にはアインシュタイン（彼女は定期的に頼んでいます）もいるのです。彼が応えているかですって？　彼女は進級しましたから（今年は成績がAで！）、たしかに助けてもらっていると思います。

もし特定の分野で助けが必要であり、スピリットになった有名人を思い出すことができるなら、彼らの身元を確認し、サポートをお願いしましょう。そのために、できれば写真を用意してください。写真がなければ、彼らの名前を書き、そのスピリットについて深く考え、助けにきてくれるように頼んでください。懇願する必要はありません。彼らはスピリットで、もうエゴはもっていません。ただ、シンプルに飾り気なく、そしてできるだけ具体的に助けを求めましょう。

人はときどき、有名人に対しては少しおろかにふるまい、自分自身を卑下してしまう傾向があります。信じられないかもしれませんが、たとえ、それが死者であってもです。たましいのレベルでは、私たちは違うレベルで共振している一つのスピリットであり、一つの家族なのです。決して、別々の存在ではありません。ですからお願いするときは、彼らの役割があなたの創造性をサポートすることであって、単に彼らのアイディアを与えることではないとおぼえていてください。ヘルパー（たとえ有名人のヘルパーでも）はあなたを弱いものだと見てはいません。あなたはすばらしいのです。彼らはそれを知っており、あなた自身にもわかるように助けたいと思っています。

練習

ヘルパー（有名人あるいはよく知られた人、友人あるいは家族、個人的に知っているか、あるいはそうでない人）を呼ぶために、助けを得たい分野に集中して、いちばん高いレベルの専門家にお願いしてください。亡くなった家族の一員や友人たちを呼ぶのはすばらしいことですが、注意しましょう。肉体をもたないことが、必ずしも賢明になったことにはならないのです。

彼らが生きているとき、ある分野で才能があったなら、スピリットの次元からもその分野において助けることができるでしょう。でも、もし母親が絶望的なギャンブラーだったなら、彼女に借金について助けを求めないでください。反対に、もし祖母が、亡くなる前、六十年間同じ人と幸せな結婚生活を送っていたなら、きっとあなたの結婚生活や恋人関係で大きな助けとなるでしょう。この世で助けを頼むのと同様に、頼むときには、常識を使ってください。心を開き、思考を静め、導きに耳を傾けましょう。それは必ずやって来ます……。

ヒーラー・ガイド

これからつながる、いちばんすばらしいガイドのグループの一つは、あなたのヒーラーです。ヒーラーには二種類あります。

①過去生で人間だったときにヒーラー、医者、看護師であり、あなたの体を癒すことに集中します。

②とても高いエネルギーの振動数のところから来ており、人間になったことはありません。あなたのスピリットを癒してくれます。

基本的に、ヒーラーはあなたの注意をひくためにどんな手段でも使います。それは、テレパシーでコミュニケーションをとったり、夢にあらわれたり、体をつついたり、何らかの感覚を起こすことなどです。あなたにメッセージを伝えるために、代理人を送ることもあります。ちょうどよいタイミングでまさにその場所へとあなたを連れていくために、どんな苦労も惜しみません。彼らは、創意に富んだどんな巧妙な手段でも使うでしょう。

ヒーラーは、最初はとらえがたい存在ですが、あなたがかかえる事の重大さによってだんだん声のボリュームを上げていったり、いっそう努力を強めていきます。そして、あなたにわからせるためにもてる限りの力を用いて何でもしようとします。ヘルパーとは異なり、彼らにアドバイスをお願いする必要はありません。生涯を通じて、あなたを導くように、たましいのレベルで約束を交わしているのです。

このグループのメンバーは、あなたの選択の邪魔をしません。しかし、その選択があなたの健康や幸せとずれていれば、それを知らせてくれます。

クライアントのトムは、最近、第二種糖尿病と診断されました。彼は、二個目のケーキや三本目のビールに手を伸ばそうとするたびに、体に少し緊張が走り、左の耳元で『多すぎる、多すぎる』と小さな声がささやくような感じがすると十五年以上言っていました。

自分の良心が小言を言っているだけだろうと無視していましたが、心の奥底では、何かそれ以上の意味があると感じていました。その声と緊張感は、内側からではなく、まるで自分の隣にいる誰かから来ているようだったのです。彼は細めで、それほど食べすぎてもいなかったので、誰も食べる量を減らすようにとはアドバイスしませんでした。

診断結果を受け取ったとき、彼は尋ねました。

「どうしてこうなったんですか？」

「わかりません。遺伝かもしれませんし、悪い習慣のせいかもしれません。または、食生活で悪いものをとりすぎた可能性もあります。他の人にとっては平気な量でも、あなたにとっては多すぎたんでしょう」と医者は答えました。

「多すぎる」という言葉を聞くのは、彼にとって驚きではありませんでした。ヒーラー・ガイドが、何年間も同じことを言っていたのですから。

これらのスピリットは、あなたの選択が害を及ぼすときに警告するだけでなく、環境的な問題に対しても警戒の声をあげます。ヒーラーはかつて、命を救うメッセージを夫に与えてくれました。

当時、私たちは、シカゴ北部にある赤レンガ造りの二戸続きのアパートに住んでいました。二人とも自営業で、家にオフィスを構えていました。私のオフィスは一階で、彼のオフィスは地下にありました。

パトリックはいつも何時間も地下で働いていますが、ある日、机の前に黙って座っていられなくなりました。一日中、ボイラー室に行くようにというメッセージを受け取っていたのです。そのたびに行ってみましたが、故障は何も見つかりませんでした。にもかかわらず、それは彼を悩ませ続けました。

寝る前に、彼は私にこのことを話し、こう言いました。

「何が起こっているのかわからないけれど、とにかく明日修理屋を呼んで見てもらうよ。寒さが厳しくなる前に何もないか確認した方がいいだろう」

翌日の正午ごろ、ボイラーの専門家が到着しました。そして、ごく少量の一酸化炭素漏れを発見したのです。専門家は、今発見して本当によかったと言いました。ごく少量なので、ドアか窓が開いていれば危険ではありませんが、冬になると閉めきってしまうので、命を落としていたかもしれないのです。その日、ヒーラー・ガイドがパトリックに連絡をとってくれたことに、とても感謝しています！

スピリチュアルな紹介状

これらのスピリットのアシスタントは、間接的に働くこともあります。たとえば、健康面で必要な情報を提供できる人を、あなたのもとへ送ってくれます。その中には、新しいスクリーニング・テスト（特定の病気にかかりやすいかどうかを診る）や治療法、症状に応じて医者を紹介するなどの情報も含まれます。たいていの場合、偶然の出来事のように見えますが、実はそうではありません。必要なものを得るために、適切なときに適切な場所へとあなたを導くような優れた指示がなされているのです。

めったにないことですが、ある日、私はフェイシャルの予約をしました。それも、近所のサロンではなく、二つも離れた町にある、自宅でサロンを開いている女性のところへ行くように導かれたのです。彼女のことは、何年間もクライアントとして知っていましたが、彼女のサロンを利用するなど考えたこともありませんでした。まるで誰かが大きな声で話すように、ヒーラー・ガイドが心の中ではっきりと、『エリカのところへ行きなさい』と言うまでは。

「エリカですって？　単にフェイシャルのためなのに少し遠すぎやしないかしら？」

私は尋ねました。しかし、『エリカのところへ行きなさい』と再び聞こえたので、従うことにしました。彼女は、私に会えて喜んでいました。そして、これ以上ないというくらいの入念さで、愛にあふれた専門的ケアを私の肌に施してくれました。ケアを受けている最中、私は下の娘のサブリナがいつも苦しんでいる症状について話しました。それは、偏頭痛、ひどい腹痛、不眠症で、医者は誰一人として、その原因をはっきり突きとめられなかったのです。何年も続いているこの症状が、娘を悩ませていました。

「誰のところへ行けばいいか知っているわ」

エリカはそう言うと、有名な栄養士について話してくれました。それはこれまで一度も思いつかなかったものでした。私は娘を助けるために何かができると思い、ものすごい安堵感を感じたのです。

このアドバイスを、ヒーラーからのメッセージ、そして私がエリカのところへ送られた本当の理由として受け取りました。サブリナと私は、栄養士のところへ行きました。栄養士は、小麦粉と乳製品のアレルギーがあるので、すぐに食事からはずすように言いました。私が望んでいたような奇跡的な治癒こそ起こりませんでしたが、一ヶ月もしないうちに、娘の問題の九十五パーセントが直りました。もちろん、何度も救急処置室へ行く必要もなくなったのです。

娘のことでわかったと思いますが、ガイドは、医者でも困惑するような病気を助けてくれます。そして、現世でのヒーラーをできるかぎり助けようとするのです。クライアントのルイーズの場合もそうでした。三十六歳の彼女は、健康を絵に描いたような女性でした。事実、フィットネスの熱心な愛好家だったのです。熱心なランナーで、食事には十分注意し、他のことに関しても同じような態度で生活していました。ですから、彼女は、なぜ自分の健康が衰えはじめたのか理解できませんでした。恐ろしいことに、わずか一年で、明らかな理由もないまま、彼女は元気いっぱいの若い女性からほとんど健康を奪われた病人へと変わり果ててしまったのです。彼女のエネルギーはだんだん消滅し、ほとんど寝たきりになりました。髪は抜け落ちて、視力はかすみ、集中できなくなりました。

鬱《うつ》、エプスタイン・バー・ウィルス（ヘルペスの一種）、慢性疲労症候群、皮膚結核、躁鬱《そううつ》病などいろいろに診断され、次々に検査を受けましたが、決定的なことは何一つわかりませんでした。しかし病状はどんどん悪くなっていきました。

その間に、彼女は仕事も、人生でのパートナーも失い、前進しようとする意志もなくしてしまいました。絶望の中、私に助けを求めて、リーディングにやって来たのです。

「おかしくなっているんでしょうか？」彼女は、私のオフィスで座ると泣きながら訴えました。「トイレに行くのに起き上がれないくらいつらいんです。医者は、単に気が滅入っているだけだと言うんですが……。よくなるんでしょうか……？」

私は、何が問題なのか、自分のヒーラーと彼女のヒーラーに尋ねました。すると彼らは、はっきりと答えました。

『食事療法』

「食事療法？　それはどういうことですか？　私は野菜と魚しか食べていません。ほとんどの人よりずっとよい食事をとっているんです」彼女は少しあざけるように言いました。

「ガイドたちは『食事療法』と言っているわ」私は主張しました。

「でも私は肉も砂糖も加工食品もとっていません。何が問題だというんですか？」

「おそらく魚じゃないかしら」私はそう答えました。

「どうして魚なんですか？　魚は体にいいはずです」

「わからないわ。お医者さんに聞いてみた方がいいでしょう。ひょっとすると私たちが知らないことがわかるかもしれないから」

ルイーズは、立ち去ろうとしました。彼女は、私のガイドも彼女のガイドも病気についてよいアドバイスをくれなかったとがっかりしていました。それは私にもわかりました。

私自身もがっかりしていました。ガイドからもっと役に立つものを彼女に与えてほしかったのです。しかし、ガイドが言うことを操作したことはありませんでした。さらに、彼らのメッセージはとてもはっきりしていて、最後にはメッセージの意味が理解できるだろうと感じていました。

「がっかりさせてごめんなさい」私はドアのところでそう言いました。「でも、やって来たものを無視しないで。魚について、お医者さんに聞いてみてください」

一週間後、ルイーズが電話をしてきました。

「ソニア、何があったと思いますか？　医者が私の不調の原因をとうとう突き止めたんです。あなたが言ったとおりでした！　私が食べていた魚の水銀の毒だったんです。本当にありがとうございました」

「私じゃなくて、自分のヒーラー・ガイドに感謝してください。彼らが問題を指摘してくれたんですから」と私は言いました。

ルイーズのような状況での助けはとてもすばらしいものですが、これらのスピリットは、肉体的な健康以外のものにも働きます。ヒーラーはあなたのたましいにも絶えず注意をはらっています。欝や麻薬、アルコール中毒症や子ども時代の虐待によるトラウマなどによって、たましいが不健康になったり、崩壊したりするからです。ヒーラーはまた、あなたのエネルギー・フィールドにも作用します。エネルギー・フィールドも、アイデンティティの弱さや自尊心の低さ、心身の消耗や個人の境界線の弱さによって枯渇してしまうのです。

クライアントのノアのケースがそうでした。彼は何年間も鬱と薬物乱用で苦しんでいました。彼の苦闘は、途方もない代償を人生にはらわせていました。妻は去り、仕事では倒産し、子どもたちは話すのもやめてしまいました。ただノアは、彼の言葉で言うなら、「成長しよう」と努力はしていました。実際、鬱を克服しようと瞑想したり、十二ステップのプログラムに参加したり、グループ・セラピーにさえ行ったのです。しかし、本気で取り組んでおらず、心の中では、このようになった結果を他人のせいにすることで安らぎを感じていました。彼の飲み仲間で、自分を甘やかしてばかりいた男性が突然、脳動脈瘤で亡くなってしまうまでは。

彼はうちひしがれ、これまで無駄にすごした自滅的な数年間の空白を見つめ、泣きながらベッドに入りました。そして、おそらく人生ではじめて「向こう側にいる誰か」に助けを頼んだのです。彼は真剣でした。

ノアは、深いまどろみに落ち、その中で「自覚夢」というものを経験しました。彼は、赤と灰色の長いコートを着て黒いブーツをはいた、とても背が高く、美しいあごひげを生やした男性の隣に立っていました。彼らは二人で、眠っているノアの体を見下ろしていました。

ノアは夢の中の男性に尋ねました。

「俺は自分にうんざりしている。何か救済法はないだろうか？」

男性は、心に染みるような深遠な笑顔を浮かべて言いました。

『自分の過去を許すのです。自分自身を助けなさい。自分の体と心から毒素を洗い流しなさい。そして神に仕えるのです……。私はあなたを助けるためにここにいるのですから』

ノアが目覚めると、その男性の声がまだ頭の中でこだましていました。そして彼の人生ではじめて、誰かが彼のことを心配しており、助けてくれるのだと感じました。彼は自滅的な行動をやめ、救いようのないすさんだ生活は終わりを告げました。彼の中にあった、とても深い傷が癒されたのです。

彼はこれを、奇跡と呼びました。私もそう思います。そして、心の奥では望んでいながら、今まで実行する勇気がなかったことに、ついにチャレンジしました。彼は四十六歳にして、教師になろうと学校へ戻ったのです。

神の恵みとすばらしいヒーラー・ガイドの助けを通して、たくさんの奇跡が起こるのを、私は目撃してきました。彼らのいちばん重要な仕事は、あなたに信頼するということを教えることです。そうすれば、天国にいる万能の神が、あなたの体、心、たましいを癒してくれるでしょう。

実際に体験した癒し

昨年の秋、ブルガリアからシカゴに移ってきたばかりの友人リリーの歯が欠けて、彼女は突然激しい痛みと苦しみに襲われました。よい歯医者を探したかったのですが、ブルガリア語が話せる医者が条件で、すぐには見つけられません。彼女は結局、限られた選択肢の中から、決して一流とはいえない女性の歯科開業医に治療してもらうことにしました。そのかわり、椅子に座る前に、ヒーラー・ガイドが助けにきてくれるよう熱心に祈りはじめました。

彼女が口を開けて目を閉じると、突然、心の中で、真っ赤な炎の髪の毛をした背の高い活力みなぎるシャーマンが見えました。彼は、ゾヌーと名乗りました。リリーは彼の存在に安心して、うまく歯の治療ができるように（願わくは歯を抜かずにすむように）歯科医を導いてくれるよう頼みました。すると次の瞬間、別のガイドがあらわれたのです。マダムQという名のそのガイドは、ゾヌーと話しはじめました。

次に気づいたのは、この二人が一緒に働き、歯科医の治療を乗っ取り、歯科医の手を誘導していることでした。わずか二十分後、歯科医は（彼女自身驚いたことに）治療が終わったと告げました。そんな短時間で、歯を抜かずにすんだうえ、完全に形成手術することができたのです。それは、この歯科医がこれまで成功したことのないものでした。

リリーは驚きませんでした。この成功が、ゾヌーとマダムQのおかげだと知っていたからです。彼女は歯科医に心からお礼を言い、こう付け加えました。

「あなたが完璧な治療をしてくれると信じていました」

歯科医は自分が、とても早く、しかも上手に治療ができたことに喜びながらも、少し困惑して告白しました。

「正直に言うと、どうやってしたのかわからないんです。お恥ずかしいのですが、集中さえしていませんでした。ずっと自分の家のペンキ塗りのことを考えていたんです。気づいたら、治療は終わっていました。そのうえ、これまででいちばん上出来だったんです」

リリーは笑って答えました。

「どうやって治療したかは重要ではありません。大切なのは、あなたが立派な仕事をしてくれて、私がこうやって家へ帰れることです。本当にありがとうございました」

でも、リリーは心の中で、ゾヌーとマダムQに感謝していました。このように早く完璧な成功をもたらしてくれたのは彼らの精巧な技術のおかげだとわかっていたからです。いちばん感心したのは、歯科医の白昼夢の間に、どのようにしてガイドたちが彼女の手を借り、自分たちの仕事をすることができたのかということでした。彼らの助けで、リリーは、歯科医療の世界で奇跡以外のなにものでもないようなことを経験できたのです。おまけに歯を抜かず、治療費も安くすみました！

ヒーラー・ガイドのいちばん高次な目的は、神の子どもとしてのあなたの自己認識と自尊心を回復させ、神から授けられた愛と限りない恵みを受け取れるように助けることです。自分の価値に心を開くことが、すべての中で最善の癒しなのです。

これは、クライアントのジュリーの経験から明らかです。三十七歳の彼女は、五年にわたる苛烈な離婚の争いを終えたばかりでした。家と二人の息子の養育権を失ったうえ、離婚判決のインクも乾かないうちに、彼女はもう一つの痛烈な打撃を受けたのです。右胸にしこりを発見し、ステージⅣの乳がんと診断され、生存の確率はほとんどないという暗い予測を突きつけられたのでした。離婚問題の動揺がまだおさまらない彼女にとって耐え難いものでしたが、気をしっかりともち、すぐに集中治療を受けはじめました。しかし、二つの乳房切除と放射線治療と化学療法が彼女を衰弱させ、すっかり病人にしてしまい、生きる意志をも失わせたのです。

ある夜、ジュリーはひどい吐き気と辛い悲しみで精根尽き果てて横たわり、もう生きる努力をする価値はないと決め、すべてを断念しました。彼女は、自分が知っている体も、息子たちも、家も、妻そして母としてのアイデンティティさえも失って、もう何一つ残されていないと感じていました。絶望的になり、唯一の望みが死ぬことでした。

彼女がやっと眠りにつくと、さまざまな年齢層の十人の美しい女性たちに囲まれている夢を見ました。女性たちは優しく子守唄を歌い、彼女の髪をとかし、まるで彼女が地球上でいちばん大切な子どもであるかのように足をなでてくれました。彼女は泣きはじめ、どうしてそんなに優しくしてくれるのかと尋ねました。

いちばん年上の女性が微笑んでこう言いました。彼女たちは、ジュリーが癒され、人生を楽しめるようになるためにやって来た、と。ジュリーは、自分には生きる目的が何もなく、完全な敗北者だと答えました。しかし、その女性はただもう一度微笑み、彼女の髪をとかしながら、他の女性たちと一緒に歌い続けました。

愛にあふれた世話を受けて、ジュリーはとても深いレベルでリラックスしはじめました。それは、かつて感じたことがないくらい深いものでした。そして、気づいたら朝になっていました。ジュリーの胸の中には暖かな感覚が残っていましたが、その他にも何かがありました。珍しいことに、彼女は安らぎを感じており、とても強く生きたいと思っていたのです。まるで、十人の女性たちが、彼女の悲嘆のおもりをとり除いてくれたようでした。

ジュリーは、もう後ろを振り返ったり恥ずかしいと思うことはやめ、自分を癒すことに猛烈に全力投球しました。食事を変え、サポートグループに参加し、セラピストとコーチを雇いました。そして二年後、彼女はガンが治ったと宣言されたのです。

それからもう七年がたちました。

「あの女性たちは私に奇跡を与えてくれたのです」と彼女は私に言いました。

「彼女たちはあなたのヒーラーだったんですよ」私はそう答えました。「そして、その役割を果たしてくれたんです。あなたが自分を愛せるようになるためのドアを開いてくれて、それがあなたの体を癒してくれたんです」

ヒーラー・ガイド

- いつも平和を感じさせ、自分を愛し、受け入れるようにしてくれます。
- 優しく、決して強制的ではなく、許しを与えてくれるでしょう。
- あなたのエゴではなく、心に話しかけてきます。それは、限りある命の人間としてではなく、永遠に生きるあなたの本質的なものへ話しかけているのです。

もし、あなたが自分自身を信頼できずに苦しんでいるなら、それは人生のどこかで、愛する神との接続を断ってしまったことを意味しています。育つ庭をもたない美しい花のように、信頼感のない人生は、生き残るための苦闘となります。それはおそらく、あなたの健康、つまり体、心、たましいにとっていちばん大きな疲労となるでしょう。それを回復させてくれるように、ヒーラー・ガイドに頼んでください。

彼らはあなたの心を開き、思考を静め、波動を上げることでそれに答えてくれます。私のヒーラー・ガイドのジョセフは、彼の仕事はコンピュータを再起動させるようなもので、古くて無用なプログラムやウィルスを一掃することだと言いました。彼はバランスがもとに戻るように、役に立たないパターンをとり除いてくれるのです。

ヒーラーは優れた仕事ができますが、それはあなたが彼らの指示に従い、自分を愛することで協力するときだけです。病気は、自分自身について学び、愛し、敬い、神の愛を受け取るために絶好の機会であると考えることからはじめましょう。この神の愛情が妨げられないときに、癒しが起こります。

あなたが病気になったり、人生の深刻な苦難を経験しているので、敗北者だと言っているのではありません。それぞれのたましいは、他の誰も判断できず、完全には理解できないような理由で、さまざまな難問に挑戦しています。さらに、環境的な毒素や感情的ストレス、そして過去におけるまずい選択によるカルマのレッスンなどが組み合わさって、いかなる心身の不均衡の背後にも単純な理由を見つけ出すことは文字通り不可能なのです。すべての病気は、病気を経験している当人か、その人の周りにいる人たちが学ばなければならない人生の課題なのです。

ヒーラー・ガイドからの一つ目の教えは、『病気に関して（もっと言えば、人生に関して）判断しないことです。あなた自身も、他の誰も、絶対に！』。

そして二つ目の教えは、『許すことです。まず自分自身を、それから他の人すべてを』。

あなたがこの二つの教えを実践するなら、ヒーラー・ガイドの仕事はやりやすくなるでしょう。

医学的、心理的、情緒的な専門的ケアが必要なとき、ヒーラー・ガイドはそのかわりにはならないと知っておくことが重要です。事実、彼らのもう一つの大切な仕事は、適切な専門家の援助が見つけられるように導くことです。

私の二番目の娘が産まれたあと、彼らはそのような助けを与えてくれました。そのころ、私はひどい慢性疲労に陥っていました。どんなにたくさん寝ても、具合はさらに悪くなりました。数え切れないほどの医者へ行き、数え切れないほどの検査を受けましたが、すべて無駄でした。

私は自分のヒーラー・ガイドに助けを頼みました。そして翌日、上の娘のために買うものがあって書店へ行きました。本を探していると、突然、甲状腺機能低下不全症の本が棚から落ちてきたのです。もう少しで頭にぶつかるところだったので、それは私の注意をひきました。前にその病気の検査をしたことがありましたが、そのとき医者は、私の甲状腺ホルモンのレベルは正常値の範囲すれすれで、問題はないと言っていました。しかし、その本を読んだ直後、私は何かが正しくないとわかったのです。

ヒーラー・ガイドは、私にホリスティックな治療をしている医者の存在を教えてくれました。セカンド・オピニオンを聞きに私はそこへ行きました。私のレベルはまだぎりぎり大丈夫な範囲で、彼はごく少量の自然の甲状腺剤を処方してくれ、それが効きはじめました。そして一ヶ月後、エネルギー・レベルが上がり、私は健康を取り戻せました。またもや、ヒーラー・ガイドは問題を指摘してくれ、適切な医者のところで治療を受けるように導いてくれたのです。

私のように、本が落ちてくるという経験は珍しいものではありません。それは、ガイドがコミュニケーションをとる主な手段だからです。チャーリー先生は言っていました。

「一度本を薦められたら、それはヒーラーからのサインかもしれない。二度目に、誰かがそれについて話したら、絶対に彼らからのメッセージに違いない。そして、三度目にその本のことを聞いたら、彼らはあなたの注意をひこうと悲鳴をあげているんだよ！」

これらのスピリットは、癒しの天使たちの監督を受け、最も大きな愛と思いやりをもち、とても高い振動数で仕事をしています。ヘルパーたちのように、これらのガイドの多くは、ある時点で人間だったことがあり、そのために、人間が経験する具体的な難題を理解し、何が人々を病気にさせ、バランスを崩させているのかわかっているのです。彼らの多くは、アトランティスやレムリアの失われた文明から来ており、自分が獲得したけれど、過去の輪廻において無駄にしたり、間違って用いてしまった知識を分かち合おうとしています。私が一緒に働いたすべてのガイドは、疲れを知らず、献身的で、人を助けることをとても光栄に感じていました。

しかし、あらゆるガイドについて言えることですが、彼らには、あなたを元気で調和のとれた状態にすることはできません。それはあなたが自分でしなければならないのです。彼らは、「神は自らを助けるものを助ける」というモットーで働いています。彼らはあなたの健康におけるパートナーで、あなたが従うなら、喜んで導いてくれるでしょう。

練習

あなたが心を開き、体を治してくれるようにお願いするには、まず、自分自身への思いやりと愛を見つけ、喜んで癒されようとしなければなりません。あなたの協力を得て、ヒーラーはなすべきことがはっきりわかるのです。

他の人の代理でヒーラーにお願いするには、あなたの心を彼らに開き、無条件の愛と思いやりを送りましょう。病気に集中しないでください。それは、雑草に水をやり、成長させるようなものです。そのかわり、神の計画である百パーセントの健康に集中しましょう。どちらの場合も、次のステップは祈りです。ヒーラー・ガイドはすぐそれに応えてくれます。祈り、祈られている人は、その助けがない人よりももっと完全に早く癒されると、多くの研究が証明しています。

私が大好きな癒しの祈りを紹介しましょう。

聖なる母と父である神よ、宇宙のすべての癒しの力よ、
私の体と心とスピリットのバランスを回復させてください。
私の意識と体から、あなたの愛にあふれた計画と一致しないものはすべてとり除いてください。
神と愛にあふれた自然の癒しの力が、私の健康のために働いてくれるよう、心からの許可を与え、協力いたします。

ティーチャー・ガイド

私たちのたましいにとっていちばん献身的なガイドは、ティーチャー・ガイドです。

彼らは、とても高い波動をもっています。そして、私たちの意識を高め、スピリチュアルな存在としての真の性質を理解させるために、私たちと密接に働いています。彼らは、私たちが自分のカルマや課題に加えて、人生の目的を発見するのを助けようと努力しています。事実、カルマという言葉は「学ぶこと」を意味しており、教室という意味も含んでいます。

ランナーやヘルパーとは違い、ティーチャー・ガイドは人生の日々の事柄にはほとんど興味がありません。「結婚できますか?」「新しい車を買うべきでしょうか?」というような質問には関心がないのです。そのかわり、あなたがエゴの制約から解放され、意識を拡大して、神聖な存在としての限りない可能性を受け入れ、喜んで生きられるかということに注意を向けています。また、あなたが仲間の人々に最も役立つことができるよう導くことに力を入れています。心を開いて、幻想や恐れ、批判、間違った考え、そして自分で押しつけた限界を追いはらうように手助けしているのです。

しばしば、何人かの同じティーチャー・ガイドが、あなたのある人生からまた別の人生へと続くたましいの旅を見ています。彼らは、たましいの学校において一緒のグループに属しています。あなたが地球ですごす一つ一つの時期は、異なるレベルをあらわしており、ちょうど、学校で学年が上がるようなものなのです。

これらの存在は、死ぬ運命にある人間として過去生を生きたことがあります。そのため、人間が人生で直面する困難に共感できるのです。彼らは、たいてい男性や女性の賢人やメンター、あるいは聖人であり、スピリットの次元でもこの仕事を続けることを選んでいます。彼らはがまん強く、思いやりがあり、かなりのユーモアをもち、あなたが自分のたましいの欲求と一つでいることを一生懸命に助けようとしています。

これらのガイドは、過去生においてあなたを教えたことがあるかもしれませんが、再び一緒に働きはじめる前に、あなたからの合図を待たなければなりません。彼らのうちの何人かは、あなたが今生で出会った教師で、最近向こうの世界に行ってしまった人かもしれません。私は、何年間にもわたり、たくさんの霊能力者やスピリチュアル・メッセンジャーと話をしてきました。そして彼らのほとんど全員が、影響を受けたティーチャー・ガイドを少なくとも一人もっていました。彼らは死後も、たましいの仕事において依然として強い導きをしてくれていたのです。これらの継続的な関係は、根強く長く続き、死によっても中断されることのないたましいの契約なのです。

私の生涯における師であるチャーリー・グッドマンとタリー博士は、何年も前にスピリットの世界に行ってしまいましたが、いまだに向こうの世界から私と密接な関係を保っています。何十年も前、二人のそれぞれの教室で、恥ずかしがり屋の若い生徒として座っていたときと同じくらいはっきりとした導きを、今でも感じています。

最初の先生であるチャーリーは、私が現在スピリットの世界について知っているほとんどすべてのことを教えてくれました。彼は、たくさんのガイドと働くうえでの適切な手順を教えてくれた最初の人でした。私が、他の人の学びを助けているとき、もちろんこの本を書いている今も、彼の存在をとても身近に感じています。彼の存在のしるしは、勢いよく流れる滝のような笑い声とそれにつり合うエネルギーです。彼の高らかな笑い声は、たましいのレベルでいつも万時うまくいっており、何についてもいらいらしすぎるべきではないことを何度も何度も私に思い出させてくれます。

私はチャーリーが大好きでした。彼の死後も、つながり続けることができたことをうれしく思っています。彼は、私の強さと弱さを知っていました。私が不安や恐れ、批判、短気、独りよがりや怒りのせいで自分の道からはずれるたびに、私を魅了する彼の笑い声が聞こえてきます。それによって私は落ち着き、道の真ん中へと戻れるのです。

もう一人の先生であるタリー博士は、個人的な関係は少なかったのですが、私の学習過程において同じくらいのインパクトがありました。彼は、自分が考えていることと経験していることが直接関係していることを何度も何度も示してくれました。その冷静なスタイルは彼のパワーの一部でした。彼を通して、私は世の中に対する自分の反応としてあまり感情的にならず、より客観的になることを学びました。それは、学ぶことができてとても感謝している（そしてまだ助けが必要である）難しいレッスンでした。力強い声が彼の存在のしるしで、それは私の心の中のおしゃべりを黙らせ、すぐに静かにさせてくれます。

彼は、心の混乱を助長させるのではなく、心を飼いならすことを教えてくれました。さらに、地球での私のたましいの目的は、創造的になり、自分が作り出す人生に完全に責任をもつことだと教えてくれました。今でも、子どものような被害者意識をもつたびに、タリー博士の大きな声が頭の中で鳴り響き、シェークスピアが言った「よいものも悪いものも存在しない。思考がそれを作っているのだ」ということを思い出させてくれるのです。ですから、あなたも自分の思考に気をつけてください！

私にとっていちばん印象的なティーチャー・ガイドは、三人の司教です。彼らはいくつかの過去生で私と一緒でした。中世、私はフランス人司教で、彼らとともに古代の神秘を研究していました。三人の司教たちは決断が必要なときに、私とクライアントを導いてくれます。彼らは、高潔さや品性を陶冶《とうや》することに専念していて、好ましくない選択がいつなされたか、間違いがどこでなされたかについても率直に教えてくれます。彼らは遠慮なくはっきり言いますが、私やクライアントの最も高次な潜在意識に話しかけるとき、その言い方はとても愛に満ちており、ユーモアもあるのです。

おそらくあなたも、スピリットの先生として導いてくれる人が誰か思いつくでしょう。これらのガイドの中にはまだ生きている人もいるかもしれませんし、目覚めているときに指示をくれるだけでなく、夢であなたのもとを訪れたり、幻想の中でつながるガイドもいるかもしれません。ティーチャー・ガイドとのコンタクトの多くは、夢の中で起こります。なぜなら、起きているときにはほとんどの時間、日々の出来事に心を占領されており、高次からの呼びかけを思い出すことはないからです。また、彼らは、瞑想をしているときにも訪れます。瞑想は、意識のある状態で直接コンタクトするすばらしい方法です。彼らの助けは、彼らの死後も十中八九続くでしょう。

私はスピリチュアル・ティーチャーとしての役割と使命をもっており、何百人という生徒たちが、自分たちの夢の中に私がやって来たり、突然彼らの意識にあらわれたと報告しています。何人かは、自分が苦しんでいるとき、スピリットの姿の私に会ってさえいます。私はそれを信じています。スピリットは、物理的身体によって制限されません。ですから、私は同時に二つの場所にいることができるのです。

私は、目覚めたとき、まるで一晩中生徒を助けたり、教えていたように感じることがありますが、生徒からの報告がそれを裏づけています。おそらくあなたにも、このような経験があるでしょう。たましいのレベルで誰かの教師として助けており、体が眠っている間も、スピリットの世界で働いているのです。

私にとって偉大なティーチャー・ガイドで、まだこの世にいる二人の女性は、メンターでもあるルーアン・グラッツメイヤーとジョーン・スミスです。二人は、私が十四歳のときから知っているとても賢明なたましいです。私は、起きているときに彼らとコンタクトするだけでなく、夢の中でも会っています。寝ているとき、定期的に彼らのもとを訪れ、長く、深い、たましいの癒しとなる会話をします。それは私にとって電話や直接会うのと同じくらい価値のあることなのです。私は生徒として、ときどき夜明けまで授業を受けています。このようなときは、目が覚めると、とても疲れています。おそらく、学んだり、人に教えている夢を見たあとで疲れ果てているのは、同じ理由からでしょう。

ティーチャー・ガイドの中で生きている人がいたり、あるいは自分自身を潜在的なティーチャー・ガイドとして考えることに驚いたかもしれませんが、私たちはみんな古代からのたましいの歴史をもっているのです。それぞれが得意分野をもっており、みごとに熟練していることもありますが、他の分野ではその域に達するのにかなりの時間がかかります。

チャーリーとタリー博士は、私たちがお互いに教師であり、同時に生徒であると教えてくれました。なぜなら、みんな一つの体の中の細胞のようにつながっており、それぞれ、互いに違うレベルでの成長の仕方を示しているからです。

さらにあなたは、古代の賢人たちとつながることもできます。彼らは、スピリチュアルな気づきと、心を静めて神と直接つながるための修行をした人たちです。彼らはとても優しく、愛にあふれた、非常にがまん強い存在です。そして、あなたが人生の本質と目的を問いはじめ、もっと意味のある生き方をしたいと望んだときにあらわれます。エゴをなくすためにとても長い間一生懸命修行したので、彼らの多くは名前を伏せることを選ぶでしょう。

これらのガイドは、ある種の講義やワーク・ショップ、セミナー、そしてスピリチュアルな集まりについて知らせてくれます。その多くは、より高い波動へと集団意識を変えることに重点をおき、一九五〇年代から取り組んで、すばらしい成功を収めています。これらのガイドのおかげで、一九六〇年代には比較的少数だった「ヒッピーたち」が何千人という数まで増大し、彼らはスピリチュアルな話題に興味をもって、瞑想やリラクゼーション、マッサージセラピー、そして直感的な探求をたくさんの聴衆に広めたのです。

ティーチャー・ガイドはまた、ヒーラー・ガイドとともに科学と宗教の間のギャップに架け橋をして、スピリチュアリティを主流のものとし、十二ステップのプログラムやグループ・セラピーのような集まりを作り上げ、代替的でホリスティックな癒しにドアを開くこともおこなってきています。そのすべてが、たましいのレベルでのより大きな学びへの通路になっているのです。

ティーチャー・ガイド

ティーチャー・ガイドは、あらゆる学問や専門技術の分野に大挙して押しかけています。

たとえば、量子物理学を通して、彼らは私たちが純粋なエネルギーで、純粋なスピリットであり、自分自身の考え以外の何ものにも制限されない存在なのだと教えています。あらゆる学問において、ティーチャー・ガイドは古い偏見をぬぐい去り、新しい発見へと導いていています。

世界が物事をスピリチュアル的に理解するというような重大な問題を抱えているとき、ティーチャー・ガイドはその解決のために、私たちへ手をさしのべています。

エゴに結びつけている偽りのアイデンティティを捨てるように助けることがティーチャー・ガイドの目的です。

ティーチャー・ガイドは、自分のスピリットに正直に生きることができるよう導いています。

ティーチャー・ガイドがよく用いる方法の一つは、あなたに学習フォーラムへ招待するメッセンジャーを送ることです。かつて、結婚生活や子ども、仕事などの悩みで途方にくれていたとき、私はティーチャー・ガイドに、人生がもっと円滑にすすむようにするには何を学べばいいのか指示してくれるようにお願いしました。すると翌日、ホフマン・プロセスに招待されました。それは八日間の集中プログラムで、私はスピリットで生きるための創造的な新しい方法を学ぶことができたのです。それは私が今まで受けた中でよかった授業の一つでした（www.hoffmaninstitute.org を参照してください）。

あなたも、自分の生き方にもはや満足できず、もっと学びたいと思ったら、ティーチャー・ガイドがあなたとともにいることがわかるはずです。たとえば、四十歳のマックスというクライアントは、外見上は成功を絵に描いたような人物で、容貌もお金も魅力も兼ね備えた、ハンサムな独身パイロットでした。そして、保守的なイタリア人の母親の一人息子で、溺愛されていました。彼にとっては要求の多い母親で、彼は心の内で、惨めさ、葛藤、退屈を感じており、自分の人生を無意味なものと考えていました。そのために軽い鬱状態にさえ陥っていたのです。

ある日、クリーブランドで乗務員と乗客の搭乗を待ちながら、彼は誰もいない飛行機に一人で座って、リラックスしようと目を閉じていました。すると、突然、まるで高次の存在がやって来たように感じました。そして、かたく閉ざされていた彼の心のドアが開けられたように感じました。慈悲深い力が、一瞬のうちに彼の目と心を自由にしてくれ、いかに人生が自己中心的であり、満足感を欠いていたかが理解できたのです。

彼には声は聞こえませんでした。クリスマスの幽霊が通りすぎたのを見たわけでもありませんでした。ただ今まで閉じられていた内側が開かれた感じがし、自分が下している決断によって、どこへ向かっているかがはっきりとわかったのです。自らの否定的な行動が突然大きくあらわれ、マックスは恥ずかしさと悲しさでいっぱいになりました。

自分が向かっていたものを目撃し、ぞっとしてしまい、その日の飛行に集中することが困難になりました。幸い、彼の本拠地であるシカゴまでは無事に飛びましたが、残りのフライト・スケジュールをこなすことはできませんでした。彼は病気だと電話を入れました。本当にそう感じていたからです。

その次に起こったのは、たましいの暗い闇でした。ティーチャー・ガイドとともに、彼の新しい意識は人生をさかのぼり、父親が亡くなった十一歳のときまで戻りました。その日、彼の心はピシャリと閉まり、再び失う苦しみを経験するくらいなら、もう自分のことしか考えないと決心したのです。

すべてを理解して、彼は叫びました。

「どうすればいいんでしょうか？」

しかし、彼には何も聞こえませんでした。翌朝、まだ休暇中だったので町にドライブに出かけ、引っこんだ狭い場所にある小さな精神世界の書店を見つけました。中に入り、あたりを見わたすまで、彼はこんな本があるとは知りませんでした。彼にとって、スピリットという言葉は飲み物のカクテルを意味していました。彼はすっかりのめりこんでしまい、三時間もぶらぶら見て歩きました。そして本を十冊も買ったのです。何冊かはたましいについてで、人生の目的と指針についてのも何冊かあり、そして瞑想の本も含まれていました。

マックスのスピリチュアルの旅は、ガイドが彼の将来の姿が見える鏡へと導いてくれた日にはじまりました。彼は、もっと本物の存在になるために必要なものへと導かれたのです。最初は書店で、そこからクラス、ワークショップ、そしてメンターや他の指導者との直感のセッション……最後に私のところへやってきました。

彼のたましいの成長はゆっくりでしたが、安定したものでした。ティーチャー・ガイドは、医学的ケアを緊急に必要としている発展途上国の子どもたちを助けるボランティア・グループへと彼を導きました。マックスは、治療のために子どもたちを何度も飛行機でアメリカへと連れてきました。それはとても達成感のあるもので、彼は自分の仕事をパートタイムに変えて、ほとんどのエネルギーをそのボランティアにつぎこみました。困っている子どもたちを助けることによって、彼は自分の心を開き、十分に愛することを再び学びました。彼のガイドはとても上手に教えてくれたのです。

マックスは、ティーチャー・ガイドの最大の目的を理解しました。それは、私たちに心を開かせ、愛をもって世の中と自分自身を見させ、私たちが多くの面をもった一つの家族だと理解させることです。もし他の人を傷つけるなら、それは自分自身を傷つけていることになり、他の人に手を差し伸べるなら、それは自分自身を助けることになるのです。

マスターからの学び

現在や過去のティーチャー・ガイドたちからたましいの教えを受け取るのに加えて、私たちは一人か、最大二人のマスターとつながっています。このグループは集団として、アセンデッド・マスターあるいはホワイト・ブラザーフッドとして知られ、私たちの意識を高めるために働いています。古今東西でいちばんよく知られているのは、少し名前をあげるなら、イエス・キリスト、聖母マリア、観音、仏陀、ムハンマド、ワカンタンカ、聖ジャーメインです。

私も含めた多くの人が、自分のマスターとして最初の二人のうちのどちらかに深くひきつけられます。聖母マリアととても深い関係をもっているクライアントは、一日に三度ロザリオの祈りを捧げていました。この女性は、私がこれまで出会った中でいちばん愛にあふれたたましいの持ち主で、十四人以上の子どもの里親をしており、さらに八人の子どもを養子に迎えていました。

彼女は、自分の道を追求できる限りないエネルギーと忍耐力、そして信念を与えてくれるのは、聖母マリアだと信じていました。

クライアントのモーリスは、人生のあらゆることについて絶え間なくイエス・キリストと話しています。私は、彼の献身的な態度をよく理解しています。火事で家族を失い、自分の体の四割を火傷した経験をくぐりぬけ、彼はイエス・キリストが許し、人生を歩み続けることを教えてくれたと言いました。そして、今はさまざまな障害をもつ子どもたちの家庭教師をしており、とても平和な気持ちでいるのです。

スピリット界の学校で学ぶ

心が柔軟になり、静かになって、自分が話をするより人の話に耳を傾けたいと思うようになったら、あなたはティーチャー・ガイドの教室に入ったとわかるでしょう。スピリチュアルな事柄についてもっと読みたいと望み、自分の成長を助けるような仲間やコミュニティに呼びかけたり、何らかの直接的な方法でスピリチュアルな教えを求めているなら、すでにティーチャー・ガイドの影響下にあるのです。深く、無私に、人類のために仕えるように呼ばれていると感じているなら、特にティーチャー・ガイドに従っていると言えるでしょう。

レッスンは、あなたのたましいに合うように作り変えられます。これらの存在は、スピリチュアルな成長の仕方が、人みなそれぞれであることを知っています。ある人のガイドは、彼を教会へ送り、またある人のガイドは彼女を教会から遠ざけ、神と宇宙とより個人的な関係へと導くのです。

ティーチャー・ガイドは特に、自分のたましいと歩調をそろえるやり方は一つだけではないとあなたに知ってもらいたいのです。自分の心に耳を傾け、その導きに従い、自らの独自性を尊び、自己愛と受容に基づいた人生を歩まなければなりません。

あまりにもしばしばティーチャー・ガイドを呼び出すことについては心配しなくてよいのです。あなたは彼らにとって暗い夜と混乱の中で最も優先されるのです。あなたが頼めば、彼らはすぐに応じてくれるでしょう。

練習

静かな場所で、あなたの前に姿をあらわしてくれるようにティーチャー・ガイドに丁寧にお願いしましょう。最初は、深くリラックスした呼吸で、ハイヤーセルフが心を開いてくれるようにお願いしてください。それから、「私は今、何を学ぶべきですか？　そのために、あなたはどのように助けてくださいますか？　私が背を向けているものは何ですか？　何を恐れているのでしょうか？」と尋ねてください。

静かに耳を傾けてください。そして、あなたがこの質問に大きな声で反応できるなら、ティーチャー・ガイドに答えを導いてもらい、自分の心に語らせましょう。

ティーチャー・ガイドは他のスピリットたちよりも、非のうちどころのない導きをしてくれます。彼らは、ポジティブな学びの経験を作るため一生懸命働きますが、あなたを孤立させず、ほめたたえもせず、おだてたりもしません。彼らは、他の人とあなたを比較しません。ただ提案するだけで最終的な答えは出さず、あなたに最善をつくすように言うでしょう。現にあなたに、この本を手に取らせたではありませんか。

すべてのガイドと同じように、ティーチャー・ガイドは、あなたが望んでいることをはっきりわかっています。彼らは緩やかな学習曲線で、一段階ずつ連れていき、あなたに必要なだけ一緒にいてくれるでしょう。生徒の準備ができたときに、先生があらわれることをおぼえていてください。もしあなたの準備ができたなら、彼らの準備もできているのです。

アニマル・ガイド

最も重要でパワフルなスピリット・ガイドのいくつかは、誰にとっても一目瞭然なのですが、よく見逃されています。それは動物の王国に住むものたちです。ずっと昔、私たちは自然界ととても密接につながり、動物たちのもつ知恵と独自の力に頼って、彼らにいつも相談していました。たとえ私たちが遠ざかっても、このつながりは決して消えることなく、いろいろな生き物が、物質世界と夢の中の両方で、コミュニケーションをとり続け、私たちのたましいとスピリットに話しかけようとしているのです。

動物は、さまざまなことを教える、世界で欠くことのできない存在です。私たちに生き延びるための知恵と技術を教えてくれる動物もいれば、とても役に立つ変身や適応の仕方を見せてくれる動物もいます。彼らにはユーモアがあり、陽気で、人生の難題に光を灯し、それを笑い飛ばす方法を教えてくれます。多くの動物は、忠誠心をもち、無条件の愛を与えてくれます。また、彼らには、動じない冷静な態度があり、他の人を喜ばせるよりも、つねに自分自身に忠実であろうとします。探偵や姿を消す能力をもつものもいます。いずれにしても、すべての動物が、たましいを目覚めさせるすばらしい性質と自らのやり方で、私たちに話しかける能力をもっているのです。

動物たちは、三つの方法でスピリット・ガイドとしての役割を果たしています。一つ目は、単に私たちの世界に存在し、直接コミュニケーションをとります。二つ目は、夢の中にあらわれ、メッセージを運んできます。三つ目は、トーテム（北米先住民が種族の象徴として神聖化する動植物の像）や彼らの特定のパワーとエネルギーに近づく入り口として自分のスピリットを提供することにより、私たちが目標にたどり着けるように助けます。

では、自分の人生にすでに存在している動物のスピリットを見ることから、アニマル・ガイドとのつながりをはじめましょう。あなたが飼っている（あるいは飼っていた）ペットからはじめてください。彼らの存在自体がどんな贈り物を与えてくれていますか？　私の黒いミニチュア・プードルのミスTは、私たち家族を平等に、そして無条件に一生懸命愛そうとしてくれる、魅力的で繊細な存在です。そのミスTのやり方の一つは、夜中に私たち一人ずつと順番に眠ることです。私の部屋からはじめて、娘のサブリナの部屋に数時間、それからもう一人の娘ソニアの寝室に朝までいます。また、彼女は一度に一人ずつと一緒に座っていてくれます。私がリーディングをするときは私のオフィスにいて、娘たちが宿題をしているときはどちらかの娘の机の足元に、そしてときどき、二人の間を行ったり来たりしています。午後は、夫のパトリックのオフィスにいます。ミスTがいると、みんなずっと穏やかで幸せな気持ちになるのです。

私たちは、一日のどんな時間でも、ミスTがとても直感的で、どのように私たちとコミュニケーションをとるのかわかっています。朝目覚めたとき、ミスTからの一瞥で誰が大丈夫で、誰が大丈夫でないかがわかります。まれに彼女が誰かにうなったり、歯をむいたりするような場合には、その人について何かがおかしい、用心すべきだということが、すぐにわかるのです。

かつて、他の人からの勧めで、とても感じのよいベビーシッターを雇ったことがあります。しかし、ミスTは、新しく加わったベビーシッターに気を許さず、決して彼女から目を離さないで、この人物は信頼すべきじゃないと私たちに知らせていました。ベビーシッターが働きはじめて数日間しかたっていないとき、私は彼女の逆上した父親から電話をもらったのです。彼は、彼女は家出中で、家に戻ってほしいと訴えました。私たちは、何かがおかしいと感じていましたが、うちの小さな犬はそれを知っていたのです。結局、その少女は家に送り返しました。

ミスTはとても陽気なスピリットで、私たちに元気がないと、ダンスや面白い芸当を見せたり、鬼ごっこやかくれんぼをしたりします。彼女は、パトリックがリラックスするのを助け、私が働きすぎるのを防ぎ、娘たちがこわがったり、寂しがったりしないようにしてくれます。彼女の贈り物には限りがありません。

数年前、私は、このかわいいスピリットがふだんと少し違うと感じましたが、それほどでもないと思いました。しかしその後、ミスTが、自分は病気で医者に行かなくては、と言っている夢を見たのです。翌朝、パトリックに彼女を獣医師に連れていくように頼みましたが、何も悪いところは見つかりませんでした。その夜遅く、ミスTは娘ソニアのベッドの足元に座って、助けが必要だと知らせました。ソニアが彼女の口を開けてのぞきこむと、小さな鳥の骨がのどに引っかかっていました。その骨のせいで、ミスTは死ぬかもしれなかったのです。しかし、それを取り除くと、彼女はいつもの元気な姿に戻りました。

猫もすばらしい教師で、私たちのたましいとコミュニケーションをとります。私は猫アレルギーなので飼ったことがありませんが、弟のアンソニーはサマーとウィンターという二匹のメス猫を飼っています。猫たちは、弟が病気やストレスで情緒的に苦しいとき、しっかりと地に足をつけさせ、楽しませてくれます。そのこっけいなしぐさと気持ちを落ち着かせてくれる存在自体が、心を閉ざしてしまいそうなときに、幸福な気持ちにしてくれるのです。弟はいつも、猫たちは自分のヒーラーだと言っています。

あなたに話しかけるもう一つのタイプの生き物は、鳥です。

クライアントのマリオンは、鳥の導きを頼りにしていました。彼が、義弟と一緒に映画館を開く事業を起こそうとしていたとき、二夜連続して家の裏庭でフクロウを見つけました。この鳥は夜に活動する捕食性の鳥だと知っていたので、彼は、義弟が卑怯で攻撃的な人間かもしれないという自分の疑いを裏づけるサインだと感じました。その警告を与えてくれたフクロウに感謝して、マリオンはパートナーになる話を断ったのです。彼が決断を下すと、その鳥はいなくなりました。

義弟はがっかりして、別の協力者を見つけました。最終的に、彼と新しいパートナーは、誰が何を所有しているかについて争いはじめ、双方による会計の隠蔽が発覚しました。映画館は閉鎖され、訴訟が起こされました。しかしながら、クライアントのマリオンと義弟との関係に影響はありませんでした。それはすべてフクロウのおかげだったのです。

何年間にもわたり、鳥はとても直接的な方法で、私に話しかけており、私が歩んでいる道を支持し、私のスピリットを導いてくれています。何年か前のことですが、パトリックの両親がひどい事故にあったとき、突然黒いカラスが家の前の木にたくさんとまり、まるで私たちにメッセージを伝えるかのように鳴きはじめました。私はいつも、カラスはパワーと魔法のしるしだと考えており、彼らの存在が重要なことを知っていました。

カラスは、十分間ほど大きな声で鳴き、それから飛び去っていきました。私には、彼らが、義理の両親は大丈夫だから心配しなくてもいいと伝えているとわかりました。もちろん、カラスと話はできませんが、心とたましいで、彼らがなぜやって来たかわかったのです。彼らの教えに支えられ、私はパトリックに、たとえ見通しはよくないように見えても、両親は完全に回復すると保証しました。そして、たしかに彼らはよくなったのです！　今日に至るまで、私は鳥たちにとても感謝しています。彼らは、うまくいきそうに思えなかったときに、よいニュースを知らせてくれたのですから。

あるとき、私は頼まれていた自叙伝を書くかどうかかなり迷っていました。それは、夫や子どもたちと一緒にフランスへ休暇に行き、学生時代に過ごしたホストファミリーを訪れているときのことでした。自分の人生の物語が他の人にとって価値があるのか確信がもてず、私は自分のガイドに、はっきりしたサインを与えてくれるように頼んでベッドに入りました。

すると、何か高次の力によって目覚めさせられたように、私は早朝五時に深い眠りからはっと目を覚ましました。そして窓の外を見ると、美しい白い鳩が、私の方にまっすぐに向かってきたのです。それは寝室の窓から飛びこんできて、私の頭にまっすぐにぶつかりました！　鳥は、たましいのメッセンジャーだと先生から教えられており、その驚くようなサインが、本を書くことは他の人のためでなく、自分のたましいのためにしなければならないのだと確信させてくれました。

かわいそうな鳩はぼうっとして、寝室の角に降りたちました。しかし、数分後、落ち着きを取り戻して、窓から出て行き、日の出の中へ飛んでいきました。そして、私は自叙伝を書きました。他の人についてはわかりませんが、自分のたましいにとっては間違いなくよいことだったのです。

甥のジェイコブは、次のようなすばらしい鳥の話をしてくれました。亡くなった彼の父親の一周忌の日、父親がいない寂しさと心の痛みを感じながら、彼は家の近くにある、人影もないミシガン湖のほとりへ散歩に行きました。歩いていると、堂々としたハクトウワシが突然あらわれ、頭上で空高く舞い上がりました。彼がその州ではじめて目にした鳥でした。それから、ジェイコブが下を見ると、氷の中に凍ったバラが見えました。両方の出来事に彼は少し動揺しましたが、不思議に慰められていました。彼はワシがメッセンジャーであることを知っていたのです。

このような鳥の例は、他にもあります。それは、親友のジュリア・キャメロンがニューヨークで新しいアパートに引っ越すかどうかひどく悩んでいるときでした。新しいアパートはマンハッタンの中心に近く、今住んでいるリバーサイド・ドライブからは遠いところにありました。彼女は、この引っ越しで、大好きな自然の草花や木々から引き離されることにとまどっていましたが、それでも実行することに決めました。引っ越しの当日、彼女は新しいアパートの窓のすぐ外側にある非常用階段のところに、美しいワシがとまって、歓迎してくれているのを見つけました。それを他の人たちも何人か見ました。ワシは一日中そこにとどまり、まるで、そのアパートが彼女にぴったりだと知らせているようでした。そしてそれは真実だと証明されたのです。彼女はそこに住んでから、とてもよい作品をいくつか書きあげました。

もし動物たちの教えに注意をはらうなら、彼らは、いつでも私たちに教えてくれます。姉のクーキーは七人兄弟のいちばん上で、私たちみんなの養育係でした。彼女は、癒しという新しい仕事をはじめましたが、自然界のことになると自分が臆病者で、引っこんでしまうと知っていました。自分の猫は大好きでしたが、自然と心を通わせることをいつも避けており、キャンプをしたことさえありませんでした。しかし彼女は、恐れを直視して、洞察力のあるたましいのヒーラーになりたいと思い、親友でシャーマンの見習いをしているデブラ・グレースと一緒に、ニューメキシコにあるアナサジ族（紀元前二〇〇年ごろ～紀元一五〇〇年ごろ、北米大陸南西部に住んでいた先住民族）の遺跡へと旅したのです。

森を歩いていると、動物たちが一匹ずつあらわれ、うっそうと茂った葉の間からのぞいたりして、彼女たちを見張っていました。特に、熱心なアカリスはクーキーが来るのを見て、彼女の方へとまっすぐに駆けだしてきました。とても速く走ってきたので、避けられず、自分にぶつかると確信しました。クーキーはあまりのこわさに凍りついてしまい、「私にぶつかってくる、私にぶつかってくる」と言っているだけでした。デブラもそう思いました。

「ああ、ぶつかってくるわ！」

リスが彼らに向かって走ってくる間、どうしていいかわからず、二人はただ立ちつくしていました。しかしリスは、突然クーキーの顔のすぐ手前で止まり、彼女に微笑みかけたのです。リスは、十秒間まるまるそのような状態でそこにいて、それから向きを変え、来たときと同じように走り去りました。このおかしくて驚くような出来事に、二人とも笑いだしてしまいました。その小さな生き物は、本当にかわいらしく、とてもこわいとは思えない存在でした。私の姉は、恐れていたものから直視されたことで、自然への恐れを克服できたと理解したのです。

一年後、クーキーはハワイへ行き、自給自足の生活で一ヶ月間テントでキャンプしました。その間、現地のマスターからロミロミという癒しの芸術を学びました。それは、ニューメキシコの旅をする前には考えることさえできなかったでしょう。

しかし、動物のガイドは、いつもかわいいというわけではありません。夫のパトリックが、瞑想でカリフォルニアの山中にこもっていたときのことです。彼は、散歩に出かけることにしました。山を歩きながら、彼は、どれほど多くの恐れが自分の人生を支配しているかに気づきました。そのことを考えていると、突然、一頭の荒々しいピットブル（闘犬用に育てられた犬）があらわれ、威嚇《いかく》するように歯をむき出してうなりながら、攻撃しようとしてきたのです。身を守れるものは何もなく、恐怖感を丸出しにして、その動物を生肉で誘っているような状況でした。しかし突然、パトリックは瞑想の技術を思い出しました。そして、呼吸法と穏やかな思考で自分の恐れを静めたのです。

彼がリラックスした瞬間（少なくともそうしようと試みたとき）、その犬はうなるのをやめて、向きを変え、どこからともなくあらわれた主人のところへ走り去りました。このうなり声をあげていた犬は、夫が自分の恐れを直視し、恐れに支配されるのではなく、恐れを制御できるように助けてくれたと言えるでしょう。彼がそうした瞬間、犬はいなくなり、パトリックは無事に自分の部屋へ帰ることができたのです。

このような話は、動物のガイドがいかに密接にあなたとつながっており、あなたのスピリットについて教えるためにどのようにあらわれてくるのかを示す、ほんの数例にすぎません。このような出会いに気づきはじめるなら、あなたはもっと多くの方法で、動物たちから人生の方向性を与えられるでしょう。

かつて私は、ミシガン湖畔を自転車で走っていて、大きなネズミの死体をもう少しでひきそうになりました。ネズミを避けようとしてハンドルを切りながら、私は、心をかき乱すようなサインが、特別でタイムリーなメッセージなのだとわかりました。二つの考えが心の中に浮かびました。

①ネズミは、決して気持ちのよいものではない。
②彼らは私の周囲で生息している。

これらのサインと証拠をあわせて、私は、死んだネズミのスピリットが好ましくないコミュニティと、もし用心していなかったら起きるであろう悪い結果について警告していると感じました。考えれば考えるほど、その当時つきあっていた何人かの人たちが、私とは倫理観や価値観が合わず、多くの点で、ドブネズミのようだと認めざるをえませんでした。道路にいたネズミは、何か悪い結果が起こる前に（この動物に起きたように）、この人たちから離れるようにというメッセージだったのです。そして、私はそれに従いました。

数ヶ月後、これらの好ましくない「ネズミ」の一人が、共通の友人たちからお金とクレジットカードを盗み、町から逃げ出したことを知りました。それは本当にひどい結末でしたが、ネズミが警告してくれたおかげで、私はその大騒ぎに巻きこまれずにすんだのです。

この経験が示すように、あらゆる動物は教師であり、私たちが注意をはらうだけで、癒しのメッセージをもたらしてくれます。他にも例はたくさんあります。水族館にいるたくさんの魚を見ていたり、水槽で泳いでいるたった一匹の魚を見ているときでさえ、水の中を滑らかに泳ぐ魚は、とても深い幸福感をもたらしてくれるはずです。亀は、しっかりと守られた感じを与えてくれ、ストレスを感じたり、完全に参ってしまったときには、世の中から離れて、自分の存在の中へ引きこもる方法を教えてくれます。ハムスターは、車輪で遊んだり、籠の中で一緒に眠る姿から、協力し、楽しむ方法を教えてくれるのです。

アニマル・ガイド

あなたの最もパワフルなスピリット・ガイドの一つです。
人生を高める特質を授けてくれ、創造性と直感を活性化してくれます。
あなたのたましいの失われた断片をもとに戻し、自然界と再びつながることを助けます。

いろいろな生き物たちが、夢の中でどのようにあなたとコミュニケーションをとっているか気づいてください。なぜなら、彼らがあらわれるとき、動物のスピリットは何か重要なことを伝えようとしており、しばしば、あなたに必要なエネルギーを与える象徴としてやって来るからです。
クライアントのトムは、美しい白馬に乗っているという鮮やかな夢を一晩中見ました。そして、かつてない爽快な気分で目が覚めました。それは強いインパクトを残していたので、何か理由があって動物が訪れたのだと彼にはわかりました。

この経験をじっと考えているうちに、彼は、夢の中でいかに自分がパワフルに感じたかを思い出しました。それは起きているときには感じたことがなかったものでした。馬のスピリットが、彼にパワーを与えてくれたのです。その贈り物を受け入れて、エネルギーと意志の力を奮い起こしました。そして、彼は先の見えない仕事をやめ、実りのない恋人関係に終止符をうち、ずっと行きたかったカリフォルニアへと移住したのです。彼は、これらの難しい決断をすべてやりとげ、うまく人生の波に乗りました。

もし人生が停滞していたり、癒しが必要なら、動物のスピリットに来てもらい、あなたの波動を変え、エネルギーを目覚めさせるように助けてもらいましょう。ただし、これらのガイドに呼びかけるとき、動物のスピリットがあなたを選ぶのであって、その反対ではないことをおぼえていてください。

この章は、驚くべき存在のほんの序章にすぎません。もしもっと学びたいのなら、アニマル・ガイドについて書かれたすばらしい本がたくさんあります。しかし、今は、あらゆる生き物に心を開いてください。つまり、生活の中に存在しているもの、道を横切っているもの、夢にあらわれるもの、そしてトーテムとして仕えている動物のガイドに対してです。彼らは、あなたのたましいへの助けとサービスを提供するものとして、愛され、尊敬され、評価されるべき存在なのです。もしあなたが許すなら、彼らはとてもよく仕えてくれるでしょう。

練習

あなたはペットを飼っていますか？　あなたの周りに動物はいますか？　自分のペットやいつもかかわっている生き物のスピリットを正しく理解することで、これらのガイドにつながることからはじめましょう。

動物のスピリットをどう表現できますか？　彼らから学ぶことは何ですか？　どんなメッセージや癒しを受け取っていますか？　頭ではなく、心に話させましょう。自分が感じることを信頼し、そのまま表現してください。

次に、別のやり方で、人生のどこで動物があらわれるか理解しましょう。たとえば、最近何かの鳥に気がつきましたか？　シカや馬はどうですか？

また、あなたの前に繰り返し姿をあらわし、何か伝えようとしている動物がいますか？　鷹やウサギ、あるいは、他の野生動物に続けて出会っているかもしれません。これらの存在が何を伝えようとしているのか、あなたのスピリットに尋ねてみましょう。そして、感じたことを信頼してください。

アニマル・ガイドの贈り物をもっと役立てるために、ベッドの横に日記を置いて、夢の中に動物や鳥があらわれたら記録しましょう。その経験について、少なくとも誰か（もちろん信用できる人）に話してください。なぜなら、生き物があなたの注意をひこうとするときには、いつでもスピリットのメッセージをもたらしているからです。

もし自分の方から、自分を象徴している動物のスピリットにつながりたいと思っているなら、想像力を使わなければなりません。次のことを試してください。

①邪魔されないような気持ちよい場所で、リラックスしてください。
②次のように想像してください。洞窟や古くて中が空洞になっている木の中へ入っていきます。すると、牧草地や野原があらわれます。
③その場所で、自然が与えてくれる平和な感じとパワーを経験してください。
④自分のアニマル・ガイドに対して、この美しい場所にあらわれ、話しかけてくれるように頼んでください。どんな動物があらわれても、どんな方法でコミュニケーションをとってきても、それを信頼しましょう。あなたは気づき、感じ、聞き、見るかもしれません。あるいは、単にその存在を心で知るかもしれません。
⑤自分のガイドとつながったら、想像力を用いて、野原や牧草地を通り過ぎ、洞窟か木のところへ戻りましょう。それから、現在の現実に戻ります。少し時間をとって地に足をつけ、ゆっくりと目を開いてください。
⑥どの動物があなたのアニマル・ガイドかわかったら、それについて調べ、できるだけのことを学びましょう。アニマル・スピリットについては、たくさんの本があります。
⑦ガイドとつながったら、その動物にお礼を言い、本当にあなたのスピリット・ガイドだというサインを送るように頼んでください。そのサインは、いろいろな方法であらわれます。カード上、絵や雑誌の中、テレビでその動物を見るかもしれません。本物に出会うことさえあります。

忍耐強く待っていれば、きっとあらわれます。それがあなたのトーテムだと絶対に確信できるサインをいくつか尋ねてください。あなたのガイドは嫌がらず、もっと証拠を送ってくれるでしょう。

⑧日々、人生における動物のスピリットの存在に気づき、その特別のエネルギーをサポートと教えを得るために用いましょう。その力のあらゆる表現に注目し、アニマル・ガイドの助けに必ず感謝してください。

ジョイ・ガイド

私がいちばん好きなグループの一つは、ジョイ・ガイドです。彼らは宇宙における子どものスピリットで、彼らの仕事はあなたのインナー・チャイルドを元気にすることです。その中には、過去に生きたことがあり、とても幼くして向こうの世界にわたった子どもたちもいます。しかし、それよりも、人間として存在していなかったものの方が多いでしょう。彼らは、軽く、高い、喜びに満ちた波動をもっていて、自然と密接な関係があります。そして、私たちが、自分自身や人間たちのドラマをあまりにも深刻に受け取りすぎないようにするため働いています。惨めさの中に溺れてしまうことから私たちを引き離してくれるのです。

ジョイ・ガイドは、いちばん期待していないときにあらわれます。それはたいてい、私たちがエゴのおごりによる苦しみから、あらゆる見通しを失って孤立してしまったようなときです。といっても、私たちの苦しみのすべてが、自ら課したものだと言っているわけではありません。真の難題や悲痛な思いを伴うような喪失に直面するときには、天使やヒーラーたちが、その苦難を乗り越えられるように付き添っています。しかし、そんなときでさえ、これらの愉快なスピリットは、おかしな悪ふざけで私たちを苦しみから引き離そうとあらわれてくれます。彼らがそうしてくれたとき、私たちはその存在にとても感謝するでしょう。

彼らは、エゴが私たちを最大限に支配し、私たちがすっかり取り乱しているときにあらわれる傾向があります。それは、働きすぎたり、人生でのバランスをとることを拒絶したようなときです。ジョイ・ガイドは仕事中毒の天敵で、この不快な中毒の解毒剤になるのです。たいていの場合、彼らがあらわれてあなたの邪魔をすると、いらいらするかもしれません。彼らのお気に入りの方法は、子どもたちを送りこむことです。子どもたちは話したり、遊んだり、笑ったりしたがるので、これがうまくいくこともあります。でも、あなたが子どもを追い払ってしまったり、子どもがいないなら、彼らはペットを使って休憩を取らせようとするでしょう。

友人のジュリア・キャメロンは、こんな話を聞かせてくれました。彼女があまりにも仕事にのめりこみすぎ、熱中してユーモアも失ってしまったとき、スコットランド・テリア（スコットランド産の白く毛の長い小型犬）のシャーロットが自分のネズミのおもちゃを引きずってきて、遊んでくれるように要求するそうです。私の犬のミスTも同じようなことをします。ふわふわした毛をもった私たちの友達は、ジョイ・ガイドの永遠の使者なのです。自分の名声の重さに埋もれたうぬぼれの強い多くのハリウッド・タイプの人たちが、小さな犬を連れて歩いているのに気づいたことはありませんか？　チワワ、マルチーズ……名前をあげればきりがありません。この犬たちは、俳優たちをエゴの重荷から解放するという神からの使命を果たしているのです。

もしペットがいなければ、ジョイ・ガイドは、あなたの注意をひくのに他の手段に頼るでしょう。たとえば、電話のベルが鳴って出てみても誰からの応答もないとか、ドアのチャイムが鳴ってもそこに誰もいないということかもしれません。

ジョイ・ガイドにとっては、私たちが、自分のエゴのおろかさを笑うように仕向けることが特に楽しいのです。自分が偉いと思いあがっていると、それに対して、犬の芸当や赤ちゃんのクスクス笑い、子どもの愉快なおしゃべりなどの攻撃を受けて、いらいらさせられるでしょう。しかし、ジョイ・ガイドは情け容赦ありません。抵抗すればするほど、もっとからかおうとします。あなたはかんしゃくを起こし、かわいらしいヘルパーたちを追い払ってしまうかもしれません。でも、そんなことをしたら、自分を恩知らずで嫌な人間のように感じるはずです。彼らはあなたのエゴと闘うためでなく、エゴからあなたを解放するためにここにいるのです。もし単に闘いをあきらめ、笑いはじめるなら、自分のバランスを取り戻し、自分自身を追いつめていた窮地から逃れることができるのです。

ジョイ・ガイドは使命に従っているので、いつあらわれるか決してわかりません。彼らは、衝動的でいたずら好きなので、驚かせることが特に大好きです。

つい最近、このスピリットについてクライアントが面白い話をしてくれました。その夫婦は、自分たちの惨めな結婚に苦しんでいました。それぞれが、もう一方をコントロールしようとしてかなりのエネルギーを費やし、ほとんどの時間、喧嘩ばかりしていました。二人は、何一つ同意できず、ずっと口論し続け、いつも離れてすごし、連れ合いのあきれるほど無礼な態度についてて不満ばかり言っていました。ある日、あまりにも事態が悪化し、二人とも「もうこんなことはやめよう。離婚するしかない」と話しました。

とうとう合意に達して気持ちが落ち着き、どうやって別々の道へ進むかについて話しはじめました。話していると、一匹のハエが二人の間に飛んできました。夫が大真面目に、自分には自由になることが必要だと話していると、ハエが彼の鼻にとまったのです。彼が乱暴にハエを追い払うと、その姿がとてもこっけいに見えて、妻は笑いだしてしまいました。

状況がとてもばかげていたので、夫も笑わざるを得ませんでした。彼が再び深刻な態度をとろうとすると、ハエが戻ってきて、今度はちょうど目の間にとまりました。彼は、ハエの存在を無視して、悪口を言い続けました。その間、ハエは彼の額を横切って歩いていきました。それを見てまた、妻は大声で笑いだし、それに反応して、夫はすごい力で自分の額をぴしゃりと叩きました。それは、妻が感情を押さえきれなくなったときぐらいすごい力でした。夫はずっと彼女がしたいと思っていたことを、自分でしてしまったのです！

今度は、妻が不平を言う番でした。夫の悪いところを羅列した長いリストについて話しはじめると、ハエが彼女の顔にとまりました。彼女はすぐに、ひどく怒って追いはらおうとしましたが、ひらりと身をかわされました。もちろん夫は、体をよじって大喜びしました。このときには、一連のばかげた出来事がその場に伝染して、彼女も同じようにクスクスと笑ってしまいました。二人の笑いはどんどん大きくなり、涙が出るほどでした。一緒にこんなに楽しんだのは、ずっと前にデートしていたとき以来でした。

まもなく彼らは、一緒にすごした楽しかった時代を思い出しました。そして、喜びにあふれた思い出の道を振り返りながら、何時間もすごしました。最後に、夫が言いました。

「悪かったよ。ぼくは離婚したくない……。君と一緒に楽しむことができなくて寂しかった」

彼女も同じように感じていました。そして、二人は休戦することにし、もう一度結婚生活を続けてみることに決めたのです。

うまくいくかですって？　私にはわかりません。でも、ジョイ・ガイドがいれば、少なくともその見込みはあるはずです。

ジョイ・ガイド

ジョイ・ガイドは、あなたの人生に幸運をもたらし、インナー・チャイルドを満足させ、心を優しくしてくれます。愛にあふれる大人のように、のんびりし、寛大で、もっと他の人たちを受け入れるように助けてくれます。

ジョイ・ガイドの目的は、たった一つです。それは、あまりにも深刻になりすぎず、人生がどんなにすばらしいものかを思い出すように助けることです。特に、彼らは赤ちゃんや小さな子どもたちとつながり、おかしな悪ふざけで彼らを楽しませ、子どもたちはよく、そのまねをします。

もし、子ども部屋で幼児が一人で笑っていたり、楽しんでいるのが聞こえたら、きっとその部屋はジョイ・ガイドでいっぱいなのです。

娘のソニアは、赤ちゃんのとき、ジョイ・ガイドとすばらしいつながりをもっていました。彼らの助けを借りて、私を楽しませるあらゆる方法を見つけていました。私が二人目の娘を妊娠中、疲れ果てて完全に参っていたとき、ソニアは、特に上手に楽しませてくれました。たった生後七、八ヶ月で、何度も自分のジョイ・ガイドに会い、彼らと一緒に大きな声で笑い、そうしながら、私も笑わせていることをとてもよく知っていたのです。当時私には、座りこんでしょげかえってしまうような瞬間が何度もありました。そんなとき、娘はキャーキャーと笑い、とてもおかしな顔をしてみせたので、私は意気消沈した気分でいることなどできませんでした。彼女を通して、私は、周りでスピリットたちがダンスしているのを感じ、私たちは二人ともキャッキャッと激しく笑い、そのうちにすべての心配事が消えてしまったのでした。

本当にばかげた、わくわくするような笑いは、ジョイ・ガイドのしるしです。ジョイ・ガイドがたくさんいるところを見つけたければ、子どもたちやペットをひきつけている場所へ行ってみましょう。しかし、彼らは子どもと動物だけに注目しているのではありません。すでにお話ししたように、ジョイ・ガイドは、あまりにも深刻な大人たちをリラックスさせ、極端なストレスをとり除くためにあらわれます。特に、苦しみや悲しみがあまりにも大きくて耐えられないような厳粛な集まりの中にあらわれるのです。お通夜やお葬式で彼らをよく見かける理由は、そのためです。

かつて、友人の母親の葬式に参列したことがありました。彼女は陽気で、ずけずけものを言う女性であり、あらゆることについて最終的な決断は自分がするという主張を変えない人でした。心臓発作による突然の死に、彼女の家族と友人たちは悲嘆にくれていました。神父による厳粛な死者への追悼の最中、携帯電話が鳴りました。しかし、あえて誰も気づかないようにしていました。神父は、犯人を見つけようと礼拝へ集まった人々をさっと見わたしましたが無駄でした。そして、やっと電話が止まり、追悼の言葉が続けられました。

少したって、別の携帯が、別のところから鳴りました。再び、誰もそれを静めようとしませんでした。神父は、さらに中断され、ひどくいらいらした様子で、電話の音が止まるのを待っていました。それから、非難するような目をしながら話を再開しました。

それでも、また別の電話の音が、部屋中に響きわたりました。今度は、いよいよ堪忍袋の緒が切れて、神父が言いました。

「あきれたね。いったい携帯電話はどうなっているんだ?」

亡くなった女性の孫の一人で、四歳のエミリーが、手をあげて言いました。

「私はわかっているわ！　おばあちゃんが天国からかけてきてるのよ。おばあちゃんはチョコレート・アイスクリームが大好きだったって、神父様が言い忘れたのを教えるためにね」

全員が笑いだしました。気難しい神父も笑ってしまいました。そして、悲しみはやわらげられ、追悼は、喪失をいたむ悲しい言葉からすばらしく楽しい瞬間へと変化したのです。それは祖母が愛する人たちにもたらしてくれたものでした。明らかに、ジョイ・ガイドや宇宙にいるいたずら者やコメディアンたちが訪問してくれたのでしょう。

いたずら者である彼らのお気に入りの悪ふざけは、ものを隠すことです。それも、たいていは、人から丸見えのところに隠します。玄関から出ようとしたとき、車のキーが見えなくなったことはありませんか？　国際線に乗る直前に、パスポートがなくなったり、劇場へ行く途中でチケットがなくなったことはありませんか？　必死になって探し回り、結局自分のポケットの中にあるのを見つけたり、自分が手にもっているのに気づいたりするのです。それがジョイ・ガイドの仕業です。あなたに、一息ついて、リラックスし、すべてうまくいくと思うように言っているのです。彼らは意地悪なわけでも、陰険なわけでもありません。ただあなたが元気になるように、一緒に楽しんでいるだけなのです。

彼らは宝石や靴、財布やハンドバッグ、仕事の書類、図書館の本、水着や携帯電話などを隠すことも大好きです。これはいつもの型どおりの行動から抜け出させ、あなたをこの瞬間に引き戻すためです。注意深く耳を澄ませば、まるで頭を切り落とされた鶏のようにあなたが走り回っている姿を見ながら、彼らがクスクス笑っている声が聞こえるはずです。

ジョイ・ガイドを認め、その冗談を一緒に楽しめば、ストレスをとり除き、時間を節約できるでしょう。ただこう言えばいいのです。

「わかったわ、リラックスする必要があるわ。思い出させてくれてありがとう」

そうすれば、なくしたものは魔法のように再びあらわれてくるでしょう。永遠の子どものように、ジョイ・ガイドは、ランナーと一緒にかくれんぼをするのが大好きです。彼らはものを隠すのが好きで、ランナーはそれを見つけてくれるのです。ただそのゲームを楽しんでください。

人生を深刻に考えすぎるのを防いでくれる以外に、これらのスピリットはあなたに幸福をもたらすものへとつなげてくれます。美術専門店やおもちゃ屋、ミュージック・ストアへ連れていってくれたり、ダンスや演劇クラス、ドラム愛好会、または、ずっと延期していた旅行をさせるために旅行代理店へ引っ張っていってくれるでしょう。

ジョイ・ガイドはあなたの頭の中で、自分に小さな楽しみを与えてもいいと言っています。土曜日に子どもたちと遊んで、自分も子どものようにはしゃいだり、友達に会ってコーヒーを飲みながら話をしたり、黙ってテレビを見ているかわりに家族とボードゲーム（チェスなどの盤上でするゲーム）を楽しんだりというようにです。サイクリングをしたり、ビーズ教室に参加したり、うしろめたさを感じずにぶらぶら時間をすごし、いい本を読んだりすることを思い出させてくれるでしょう。

まずは、あなたの周りにいるジョイ・ガイドを楽しむことからはじめてください。彼らに目と耳と心を開いてください。チャーリー先生が言っていたように、「深刻になりすぎないこと」です。そして、エゴに耳を貸して、現状のどこが悪いのかに注意をはらうのではなく、スピリットの声に耳を傾け、何が正しいのかに注目し、「自分のスピリットの中へ」入っていきましょう。

そして、あなたのインナー・チャイルドを、創造的で喜びにあふれた楽しみではぐくんでください。そうすれば、ジョイ・ガイドはダンスをしながらやって来るでしょう。彼らは、プレゼントをもたらすことで、あなたを助けるのが大好きです。母は、公然と何度も彼らにプレゼントを頼んで（そして、私たちにもプレゼントを頼むように言うことで）、これらのスピリットに仕事を与えることを楽しんでいました。毎朝学校へ出かけるとき、母は、贈り物を頼み、それを期待することを子どもたちに思い出させてくれました。いつも「いつジョイ・ガイドがやって来るかわからないのよ」と言ったものです。

私は、彼女の指示に従いました。そして、今日までそうしています。朝、目覚めると、私は次のような小さな祈りをしています。

「聖なる母と父、そして神よ。私の人生にあなたが存在していることに感謝します。ジョイ・ガイドよ、今日一日を通してあなたからプレゼントがもらえることに感謝します」

私は、彼らと一緒に遊び、たくさんプレゼントをもらうことが大好きです。

かつて、カンザス州に姉を訪ねたとき、私たちは母のアドバイスに従って、昼食に出かけました。そのとき、二人ともプレゼントを期待していました。私たちは、レストランで席に着くために、いつになく長い時間待たされていました。でも、会話に夢中だったので、時間に気づきさえしませんでした。やっと支配人の女性が気づいたとき、彼女は謝っただけでなく、なんと、私たち一人ひとりに夕食のギフト券をくれたのです！

その幸運にうれしくなり、私たちは隣の洋服店へ向かいました。姉の見つけた素敵なズボンは、彼女にぴったりでした。しかしズボンには、クリーニング屋で簡単にとれる程度の小さな汚れがありました。彼女がズボンを店主に見せると、謝ってこう言ったのです。

「もし他のものを買われたら、このズボンはただで差しあげます。もう季節の終わりですから、クリーニング代を出す価値はありません」

姉はブラウスを選び、完璧な上下のファッションを手に入れてお店をあとにしました。

外に出ると、十代の子たちが二人で私の車を洗っていました。何をしているのか尋ねると、今日はコミュニティ・サービスの日だと答えました。お金を払いたいと申し出ましたが、彼らは受け取りませんでした。私たちは、家に帰る間中、ずっと笑い、歌っていました。たくさんのプレゼントをありがとう、ジョイ・ガイド！

練習

毎日、あなたのジョイ・ガイドを呼び出しましょう。彼らに名前をつけてください。彼らの悪ふざけを楽しんでください。彼らにプレゼントをお願いし、ユーモアと引き換えにしてよいほど価値があるものはないと思い出すことで、彼らの仕事を手助けしましょう。どんな種類のプレゼントを受け取りたいのかはっきりしないなら、こう言ってください。

「私を驚かして！」

彼らはきっとそうしてくれるはずです。彼らは天国へわたる橋なのです。

光の存在

昨年四月、私がカウアイ島でヒーラーやヘルパーたちのチームと一緒に、「本当の自分を発見しよう」というワーク・ショップを開催していたときのことでした。それは、たましいの深いレベルでクライアントを癒すように計画した六日間の集中コースでしたが、そのとき、とても強力な新しい導きの源がコンタクトしてきたのです。

第三日目の午後、瞑想のために、三十人のグループと向かい合っていたとき、この強烈で新しいスピリットの力にはじめて気づきました。

ミュージシャンのマーク・ウェルチが奏でる美しい音楽でリラックスしながら、私はクラスのみんなに、ゆっくりと目を閉じ、体から出たり入ったりしている自分の呼吸に集中するよう指示していました。しばらくして、私は心の目で、背が高く、青色をした円筒形の存在の一団が、腕を広げ、ものすごい量の愛をもって近づいてくるのを突然見たのです。そのとき、目の前にいるグループのことは完全に忘れてしまいました。彼らの波動は非常に高次で、そのパワフルな癒しのエネルギーによって完全に心を奪われてしまいました。

この大勢の光の存在が近づき、チャネリングを通して、グループと話をするために私の体へ入りこんだとき、ゆっくりと自分の頭のてっぺんが後ろへと傾いて、エゴの意識がわきへしりぞくのを感じました。意識はありましたが、自分の肉体から遠く引き離されていくようでした。まるで、どこか遠いところから見ているようで、他のみんなと同じように、起こっていることに対し興味をそそられていました。

その存在は、第三の光の使者だと自己紹介し、丁重に、グループの人たちに話しかける許可を求めてきました。何が起きているのか確信がもてませんでしたが、私が体から発していると感じたのと同様の深い愛の強烈な波動を感じて、グループのみんなは同意しました。

そして、光の存在は、明確で緊急なメッセージを伝えはじめたのです。彼らは私を通して、私たちみんなはとても愛され、貴重な存在だけれど、もし個人、そして人類として生き延びたいと思うなら、自分たちの波動を恐怖から愛へと切り換えなければならないと言いました。そして、大きな思いやりをこめて、私たちがこのトランスフォーメーションを達成するのを助けるために、私を通してつながっているのだと言いました。彼らが私を通して話しているとき、私の声はまったく異なった音とリズムになりました。不思議でしたが、不快な感じはありませんでした。

　彼らが私の体を通して流れたとき、その波動の強力さに私は衝撃を受けました。彼らの光と愛はとてつもなく大きく、まるで一万ワットのエネルギーが二百ワットの回線を通して流れているように、いまにもばらばらに吹き飛ばされてしまうのではないかという脅威さえ感じました。信じられないことですが、私の心は以前に感じたことがないくらい大きく開いていました。私は、この愛の波に夢中になり、まるで酔ったように感じていました。体のすべての細胞が活性化し、新しくなって、痛みと硬さは完全な平和と穏やかさにとってかわり、あらゆる心配と不安は、完全なる安らぎとなったのです。この愛に満ちた光の存在の助けで、私は、宇宙や神と一つであると感じていました。

　彼らは少しの間話しただけでしたが、話をしたことがいちばん重要なことではありませんでした。彼らは言葉では伝えられないものすごい量の癒しの波動を伝えてきました。後日、私は、そこにいた全員が同じように感じていたのを発見しました。この強力な愛の波動を送ることによって、第三の光の使者は、私たちのハート・チャクラを今まで可能だと思っていた以上に広げてくれたのです。私たちは、メッセージを受け取り、それを感じました。

　数分間のチャネリングのあと、彼らはしりぞき、注目してくれたことにお礼を言い、こう伝えました。彼らの存在を再び感じたければ、心を開き、自分の手を通して彼らを流してください、と。それからゆっくりと、私は自分の意識に戻りました。

　私は以前にも、チャネリングをして、ガイドに自分の体を通して話をさせたことがあります。特に、三人の司教、私のティーチャー・ガイドなどに対してです。しかし、これほど深いトランス状態に入り、肉体的に影響を受けたのははじめてでした。

彼らが去ったあと、私たちはみんな愕《がく》然としながら黙って座っていました。全員が、エネルギーのシフト（変換）と恐怖から解放されたようなうきうきした自由を感じていました。この満ち足りた、愛にあふれるパワーの波動は、私たちが慣れ親しんでいる意識の振動数とは本質的にまったく異なるものだったので、唖然としてしまい一言も発することはできませんでした。何も言う必要はなかったのです……私たちは無上の喜びの中にいました。

使者とのはじめての出会いは、とても興奮するものでした。これまでの五年間、彼らが連絡を試みているのは感じていましたが、私の波動は、彼らとコンタクトするのに十分開かれているとは言えず、しっかりと定着していませんでした。私は、また接触できるだろうかと思いました。そしてグループの人たちも、そう考えていました。

翌日、午後の瞑想クラスで、第三の光の使者たちは戻ってきました。彼らの信じられないほど高次の波動が光と愛で私を満たしたとき、私はほとんど呆然となりました。今度は、代表者が青い光の集団から前に出てきて、ヨアヒムと自己紹介しました。

彼は、前日と同じくらい尊敬と愛情をこめて私たちに挨拶をし、話をする許可を求めてきました。それは熱烈に受け入れられ、彼は私を通して、緊急メッセージと呼ばれるものを伝えはじめました。ゆっくりと、慎重に、確固たる意志をもって、人類は、単にうまく切り抜けるような生き方から基本的な意識を切り換えなければ生き延びられはしないだろうと話しました。この惑星は、私たちが作り出している恐れのレベルをもはや支えることができないので、恐怖に心をとらわれているたくさんの人たちは、地球のバランスを正すために、地球を去る必要があると告げたのです。

しかし、もし全員が恐怖感や、愛を出し惜しみするような行為から、愛し、与えることへと自分たちの生存エネルギーを切り換えるなら、必ずしもこれは起こらないと言いました。この変化の過程で、私たちは、完全に守られているだけでなく、高次の存在という新しい種族の先駆者になるのです。彼が話をすすめるにつれて、私は再び、前の日と同じような深遠な安らかさと穏やかさを感じていました。グループのみんなも同じでした。

ヨアヒムは私の体と手を使って、ハート・チャクラの強力なエネルギーを生み出す方法を示してくれました。そして全員に、心を開き、両手を外側に広げて、愛の波動を世界中に流すようにと言いました。このようにして、彼は、私たちが自分で望むものは何でも創造し、ひきつけることができると確信させてくれたのです。

この指示に従ったとき（あとでわかりましたが、他の人たちもそうでした）、大きな震えが走るのを感じたので、彼が言ったことは真実にちがいないとわかりました。第三の光の使者が、私たち一人ひとりを世界へつなげる助けをしてくれた惜しみないほどの思いやりは、感動せずにはいられないものでした。それはとても平和な感じがし、私は直感的に、キリストが癒しに用いたのと同じ波動だとわかりました。もし私たちが、この波動に完全に結びつき、それを我が家と呼ぶなら、私たちも奇跡を起こすことができるでしょう。

ヨアヒムは、今世界が絶体的に必要としている無限の愛の奇跡において、私たちが先導者となるのを助けるためにやって来たのだと言いました。そして、彼と他の光の存在は、心を開く瞑想へと導き、それは、私たちを何時間もトランス状態にしました。心を静め、心を開くことが新しい種類の人間のはじまりであり、彼らはその種のまき方を示すためにここにいるのだと話しました。

最後の祝福を与え、ヨアヒムは去っていきました。しかしその前に、第三の光の使者たちは、恐怖から解放され、愛の波動へと移動する準備ができた人たちを導くために、自分たちはいつでも存在していると確信させてくれたのです。

ヨアヒムと使者たちは、それ以来ずっと、私と強くつながっています。彼らは、私のスピリットが、恐怖ではなく愛に根ざした新人類の出現のための助産師になることに同意したと教えてくれました。私の使命は、人々がハート・チャクラを活性化し、拡大して、エネルギー的に思いやりに根ざすようにすることです。私はこのことを信じています。なぜなら、子どものころからずっと、そのために準備をしてきたからです。今では、私が人々の前に立つと、使者がいつでもやってきて、その場にいる全員の波動を高次のものへと活性化するのを助けてくれます。光の存在は、地球を愛の方向へと変えることへと心を開いている他のたくさんの人たちにも接触しています。それは、たくさんの協力がなくては、決して成功しないことだからです。

光の存在

宇宙は最終的に、ハーモニーとバランスというより高いオクターブに
地球の波動をあげるスピリチュアルな計画をもっていると、光の存在は言っています。

私たちが重大な変化に直面していることを、私たちにもっと理解させ、愛をもたらすために、光の存在は、かつてないほどに私たちに接触してきています。光の存在は、私たちの心の混乱によって蓄積された古いネガティブなパターンを地球からとり除く手助けをしてくれます。光の存在は、この変化している時代に私たちを導いてくれます。

おそらく、あなたもコンタクトしているのです。もし突然、エゴによる傷ついた感情や過去の傷を許したいという深く緊急なニーズを感じて、自分や他の人たち、そして人生を心とたましいで愛そうとしているなら、光の存在にコンタクトしたのだとわかるでしょう。

私と同じような接触はもたないかもしれませんが、もし彼らの使命を果たすために、参加するよう呼びかけられたと感じたら、必ずコンタクトするはずです。これが起こると、心が安らぎ、私たちはみんな、人生とスピリットを分かち合っているのだと感じはじめます。他の人と別々だと感じたり、嫌悪感や批判のようなものを感じることはなくなるでしょう。これは、最悪な気分になったり、落ちこんだりいらいらすることがなくなるという意味ではありません。このような感情と恐怖に基づいた波動が、もはや、それにしがみつくほど重要なものではなくなるという意味なのです。

私は第三の光の使者とつながりはじめたころ、このことを人に話すのを躊躇していました。しかし彼らは、自分たちのメッセージが重要なので、話すように私を激励し、こう言ったのです。

「あなたの根源のエネルギーとして恐怖を位置づけるのではなく、そこに愛を置いてください」

私は、この情報の緊急性を感じています。そしてあなたも感じてくれるように望んでいます。

練習

光の存在に心を開き、彼らをあなたの波動の中へと導きましょう。これはとても簡単です。怒りや批判、悲しみ、あるいはさまざまに姿を変えた恐怖を感じたら、いつでも彼らに助けを頼んでください。ゆっくり呼吸しながら、心を開き、手を広げてください。最初は、何も起きないように感じるかもしれませんが、がっかりしないでください。呼吸を続けて、あなたの中心を開き続けましょう。

彼らの思いやりに満ちた力はとても強力なので、すぐにそのサポートを感じるでしょう。さあ、今すぐやってみてください。そして感じるかどうか見てみましょう。感じたら、彼らの癒しの波動を楽しんでください。感じなかったら、呼吸を続け、恐怖感を手放しましょう。

あなたが感じても感じなくても、光の存在はそこにいるのです。個人的なレベルで、あなたの人生に何が起きているとしても、彼らは深遠な平和の感覚を与えてくれるでしょう。宇宙的レベルで、あなたは自分を愛し、この美しい惑星を救う力の仲間入りをするのです。あなたが私たちの仲間に入り、一緒にこの努力をしてくれることを望んでいます。

ネガティブな存在

スピリット・ガイドに心を開くときには、地に足をつけ、きちんと見分けることが重要です。人生を混乱させ、物事をゆがめ、問題を引き起こすような低い波動のネガティブな存在ではなく、人生を助けてくれる高い波動をもったガイドとかかわるために必要なことなのです。

自分の家に見知らぬ人を招き、管理をまかせたりはしないでしょう。同じように、何の調査もせずに、すべてのガイドが役に立ち、価値があると受け入れるべきではありません。ほとんどはすばらしい光の存在ですが、高次の波動ではないスピリットも存在しているのです。彼らは道に迷い混乱してさまよっており、機会があればあなたをとりこにし、あなたの人生を操りたいと思っています。決して、目的もなく天空をただよっているわけではありません。これらの劣ったスピリットは害を及ぼしはしませんが、あなたをいらだたせるでしょう。彼らは、その波動によって簡単にわかるはずです。

高次の波動をもつガイドは、繊細で、がまん強く、静かで、愛に満ちあふれており、あなたに何をすべきか言いません。そのかわり、頼みごとに対して微妙な提案をしてくれ、安らかで、支えられているという感じがあります。一方、低次の波動の存在は、でしゃばり、横柄で、否定的であり、あなたをコントロールするために何でもします。おだてたり、他の人を批判したり、自分が望むことをしてくれるまでしつこく悩ませるでしょう。それが事件や問題を引き起こすので彼らは、自分たちが強力な力をもっており、従わなければならない存在だと信じさせたいのです。しかし、本当は彼らにパワーはなく、簡単に退散するような存在です。そのためには、はっきりとした意志をもち、光の中へ送り返せばよいだけです。あなたをだしにして自分たちが楽しむような嫌な存在であり、あなたが地に足をつけていなかったり、集中していないと、あなたの意識にこっそり入ってくるでしょう。

さらに、とても誘惑的なことからも、低い波動の存在だとわかります。彼らは、あなたが他の人よりも重要で、賢く、または特別だと感じさせるようなことをささやいてきます。高次の波動のガイドは、そんなことは決して言いません。なぜなら、意識の違いはあれど、スピリチュアルな観点では、私たちはみんな同じだと知っているからです。誰一人として特別ではありません。私たちはみんなつながっているのです。低次の存在はエゴに話しかけますが、高次のガイドはスピリットにつながろうとします。

これらのエネルギーは、あなた自身の問題を他人のせいにすることが好きで、被害者意識をもたせ、自分をかわいそうだと思わせようとします。つまり、あなたを他の人たちから引き離しておきたいのです。一方、信頼できるガイドは、人生の難題や経験をたましいのレッスンとして考えるように励まします。かかわっている人やものが何であれ、それはあなたがスピリチュアルに成長するための学びを助けているだけなのです。彼らは、あらゆる状況を愛情をこめて観察し、学びを助け、あなたが一つのレッスンを学び終えたとき、先へすすむように言うでしょう。非難するゲームはおこなわず、あなたが他の人たちを思いやりと許しで見ることができるようにサポートしてくれます。

ネガティブな存在は、あなたにあれこれ命令し、けしかけようとします。あなたに影響を及ぼしたいと切望して、しつこく干渉してくるでしょう。それは高い波動のガイドと対照的です。高い波動のガイドは、とても繊細で、頼まれたときにだけ、あなたの世界にゆっくりと丁重に入ってきます。

ネガティブな存在をひきつけるもの

ネガティブな存在を恐れるために、多くの人たちがガイドに心を開くのをこわがり、ガイドのもつ深遠でスピリチュアルな資源から立ち去ってしまいます。低次の波動の存在をひきつけるのはそんなに簡単ではありませんが、たとえひきつけてしまったとしても、容易に除去することができるのです。それでもやはり、この迷惑な存在を避けるために、何が彼らをひきつけるのか知っておくと役に立つでしょう。

おそらく、いちばんはっきり彼らをひきつけるものは、アルコール中毒や仕事中毒などのような何らかの中毒症状です。それはオーラを弱くし、意志を混乱させ、スピリットを困らせ、創造性を破壊します。あなたの家に侵入者が入るのと同じように、エネルギー・フィールドに大混乱を起こすのです。あなたに中毒症状があり、もはや歯止めがきかない状態であれば、ネガティブな存在が入りこんだとしても驚くべきことではありません。そのドアを閉じる方法は、問題を認めて、それに対処することです。

もう一つ、彼らをひきつける要因は、絶えず消極的で、自分の優先順位が明確でなかったり、目標の焦点が定まっていないことです。これは、つねに自分のしたいことを知っていなければならないという意味ではありませんが、ネガティブなものに流されるのを防ぐために、少なくとも自分が何を尊重しているのかはっきりさせておく必要があります。もし人の言いなりになり、自分の人生に責任をとりたくないと思うタイプの人なら、人間世界でもそうなるように、波動の低い存在があなたを利用するでしょう。

宇宙の法則に「類は友を呼ぶ」というのがあります。もしあなたが怒っていたり、批判したり、攻撃的で、嫉妬深く、心の狭い人なら、見えないレベルにおいても、同じような性質のものをひきつけるでしょう。私は、嫌な瞬間や不快な場面のことについて言っているのではありません。それは人間世界のことです。絶えずネガティブになり、低い存在のエネルギーをひきつけてしまうような、まったく異なった波動になることを言っているのです。

もしとても疲れきっていて、かなりストレスを感じ、あるいは情緒的にもろくなっているなら、公共の場でネガティブな存在を拾っている可能性が少なからずあるでしょう。それは風邪をもらうようなものです。私も飛行機やホテルの部屋、レストランや病院で拾ってしまったことがありました。このいらいらするエネルギーは、活気がなく、ストレスの多い波動が長期間存在している場所に潜んでいます。それは密航者のように、あなたのようなより高い波動のものを引っつかみ、つきまといます。たいていの場合、傷つけるつもりはありません。ただ自分たちがいる天国と地獄の間の世界から逃れようとしているのです。

ネガティブな存在

ありとあらゆる人と物について判断を下し、批判するようにしむけます。とても弱いエネルギーで、決して人間のスピリットを圧倒することはできません。

ネガティブな存在がとりついている徴候は、突然、とても不快になったり、いらいらしたり、人に噛みついたり、自己不信の高まりやエネルギーの喪失を感じて、世の中を悲観的に、あるいは冷笑的に見ることです。このような態度がいつもの行動と異なる場合には特にそうです。

ハリウッドは、このような存在を映画的に脚色し、それが存在すると何が起こるかを見せて恐がらせようとしますが、真に受けないでください。あなたが銀幕のスクリーンで見たものはおとぎ話にすぎないばかりか、ばかげたものなのです。彼らは単に、光の方へ飛んでくるハエのようなもので、「ナイト・オブ・ザ・リビング・デッド」（宇宙の放射線で生き返った死体が人間を襲う恐怖映画）ではありません。はっきり言って、私は、このような存在が誰かにとりついたのを一度も見たことがありません。彼らはあなたに恐怖感を与えますが、人間のスピリットは、かなり強力で、簡単には傷つきません。

ネガティブな存在を追いはらう

一般的に、ネガティブな存在は、あなたがポジティブなエネルギーになった瞬間に追いはらわれます。ですから、感染しやすいとしても、こわがらないでください。それはウィルスと変わりありません。早く対処すれば、愛するものや人々へのポジティブな思いで自分の波動を上げることによって、簡単に捨て去ることができるでしょう。

もしその存在が、しばらくあなたにとりついていたり、特にしつこい場合には、それをとり除く儀式をおこなう必要があります。天使や大天使たちに、すべてのネガティブな力をあなたのオーラからとり除くように頼んでください。次に、長くまとわりついているスピリチュアルなガラクタをとり除くために、エプソム塩を入れたお風呂にゆっくり入ってください。最後に、ハイヤーセルフに、残っている不快なエネルギーをとり除くようにお願いし、大きな声で次のように言いましょう。

「すべてのネガティブな存在を、今、光の中へ送ります。私は、すべてのスピリチュアルなガラクタから解放されます」

これは立派な仕事をなしとげてくれるはずです。私の場合、とても効果的でした。

私は、ネガティブな存在を最もひきつけがちな人は、弱くて不健康な境界線をもっていることに気がつきました。いつも家のドアや窓を開けておけば、泥棒をひきつけるように、自分のオーラが開いていると、スピリチュアルな侵入者をひきつけることになるのです。高次の波動のガイドは、たとえ、それがぐらぐらしていて、所定の位置にしっかり存在していない場合でも、決して境界線を越えて不法侵入しません。しかし、波動の低い存在はおかまいなしに侵入してきます。

健康的な境界線を作るためには、大きな声でこう言ってください。

「私は自分の人生、自分の境界線、いつも自分自身である権利を主張します。物質的、非物質的世界の両方において、最も高次のサポートだけを私の心とつながるように招き入れます。私は、いちばん高次の善に役立たないものの影響から守られています」

そして、言うときには、本気で言ってください。

あなたの責任ではないものを引き受けないように、練習してください。もし誰かがポジティブに感じていないなら、彼らに愛を送りましょう。ただし、彼らの波動は吸収しないでください。必要なら、彼らの悪い波動から単に離れていてください。心の中で白い光を思い浮かべ、あらゆるネガティブなものから防御するために使いましょう。

導きや直感のチャンネルを開くようにお願いするときには、はっきりした境界線を築いてください。フィルターはゴミを取るように作られていますが、それと同じように、導きをお願いする前に境界線を作るのが賢明です。最も愛に満ちたガイドだけがやって来て、あなたのエネルギーに影響を及ぼすように頼んでください。問題を防ぐためにはそれだけで十分です。

まれにですが、たちの悪い存在がまとわりつき、大騒ぎを起こすことがあるかもしれません。かつて目撃したことがありますが、それは騒々しいものです。あなたに敬意をはらわないいたずらっ子のように、これらの生き物の中にはあなたをテストするものもいます。これは特に、麻薬中毒の十代の子どもたちや、退屈し、どっちつかずで、焦点が定まっていないような人々にとりつきます。彼らは生活にスピリチュアルな刺激を加えて、ほんのちょっと興奮を感じたいだけなのです。

このレベルでさえ、これらの存在は追いはらうことができます。それは、迷惑をかけられた人が助けをお願いし、自らの祈りで自分を取り囲み、他の人たちに自分のために祈るように頼んで、この瞬間いちばん重要な目標のために自分の意志を向けたときに可能になります。もし、誰かがそのような存在によって困っているなら、即刻立ち去り、神の名のもとに光の中へ入るように祈ることで、その人から追いはらうことができるでしょう。神よりも偉大なものは何もないので、その存在は従わなくてはなりません。

あまり多くの時間、この存在を話題にしないでください。なぜなら、彼らは話題にすることで成長するからです。いかさまをするチンピラのように、人をこわがらせたり、注目を得ることを生きがいにしているのです。その餌食《えじき》になるのではなく、彼らがいなくなるように主張してください。そうすれば、その貧弱なパワーはすぐに消えてしまいます。

彼らは迷惑をかけ、問題を引き起こしますが、今まで説明してきたように、大きな問題としてみなすべきではありません。ただ、自分のチャンネルを開くときに、識別できるようにしておきましょう。そして、健全な境界線を作ってください。あなたが明瞭で、地に足をつけ、神の光と保護で自分を取り囲むようにしていれば大丈夫です。

練習

もしこのような存在に出会ったら、次のステップを踏んでください。

- 地に足をつけましょう
- 自分の境界線を引きましょう
- 天使と大天使たちを呼び、オーラをきれいにしてもらいましょう
- エプソム塩を入れたお風呂に入りましょう

- 助けを求め、他の人たちにあなたのために祈ってもらいましょう
- もう一度自分の目標を明言しましょう

これはあなたの問題をとり除き、また、その予防手段としても使うことができます。

特定のガイドたちや人生における彼らの役割について学んだので、次にすすむことにします。彼らがどのように私たちと一緒に働いているか、簡単にわかる方法をお教えしましょう。

第5章　スピリット・ガイドと働く方法を学びましょう

導きは思いがけずやってきます

あなたの役に立ついろいろなタイプのスピリット・ガイドについて学んだので、今度は、どのように彼らと一緒に働くべきか考えていきましょう。彼らから定期的に知恵を受け取りたいなら、いちばん障害となるのは、彼らとのコミュニケーションの方法を誤解してしまうことです。スピリット・ガイドの繊細さと彼らのサインを見落としがちなのは、いくら強調してもしすぎることはないと思っています。

それでも、いったん助けてもらうために彼らを招いたら、スピリット・ガイドはあらゆる瞬間をとらえ、どんな手段を用いてもあなたの注意をひこうとしています。単に、彼らの努力を認め、とても近くにいて、ひたむきにあなたとコミュニケーションしようとしていることを正しく理解するだけの問題なのです。

ガイドがあなたとつながるときによくある方法は、インスピレーションを通してです。彼らは、アイディア、解決法、新しい行動、あるいは創造的な表現方法であなたにインスピレーションを与えます。インスピレーションという言葉は、スピリットという言葉に由来しています。ですから、この状態にいるとき、あなたはガイドとコミュニケーションしているのです。

才能あるシンガーソングライターのクレアというクライアントは、私のところにやって来て、次のようなすばらしい話を聞かせてくれました。彼女は大学生のとき、私のようにフランスで学ぶ機会を得ました。十二月の寒くてわびしいある日、彼女はとても孤独で、そこでの生活が場違いのように感じ、帰国さえ考えていました。退学しようと思い、これまではお金の節約に学校から家まで六ブロックを歩いていましたが、地下鉄に乗ることにしました。

そして、地下鉄の入り口前に自分がいるのに気づいたとき、ある考えがひらめいたのです。正しい路線かどうかもたしかではありませんでしたが、彼女はためらうことなく、この電車に乗る決心をしました。駅の階段を降りていくと、若い男性グループが美しい音楽を奏《かな》でているのが聴こえました。彼らは英語で声を限りに歌っており、それは本当にしばらくぶりに彼女を微笑ませてくれました。その音楽と彼らのエネルギーに導かれるように、彼女は駅のホームに入っていきました。そこでは三人のとても魅力的な男の子たちがギターを弾いており、チップ用にギター・ケースを開けていました。クレアは彼らとおしゃべりをはじめ、その中の二人、ジェイとスキップがロンドン出身で、残りのトニー（クレアが魅力を感じた相手です）はニュージーランド出身だと知りました。

うれしいことに、彼らは、クレアにそこで一緒に歌わないかと言うのです。そして、チップも分けてあげると言ってくれました。何もすることがなかったので、彼女はうなずきました。気づいたときには、六時間がたっており、彼女はかつてないほど楽しい時間をすごしていました。翌日も彼らに会うことにし、結局、残りの学期中、毎日続きました。その間、彼女はフランスにとどまり、学業を終えて、トニーと恋に落ちました。二人は結婚し、ニュージーランドへ戻りました。そして、自分たちのCDを作成するレコード会社をはじめたのです。

この話がさらにすばらしいのは、クレアが、自分で歌うのが好きだとは知らなかったことです。彼女は単に、歩くのではなく地下鉄に乗るというインスピレーションに従っただけでした。その結果、すべてのことが見事に展開しはじめたことに、彼女は信じられないほど驚いていました。

クライアントのジェイコブは、広告代理店でクリエイティブ・ディレクターを養成していましたが、心の中で自分はミュージシャンだと思っていました。彼は、伝統的な人生の道を歩んでいました。大学卒業後、すぐに広告代理店で働きはじめ、二十五年間同じ仕事をしていました。また、結婚してシカゴ郊外に住み、二人の子どもがいました。

彼の音楽への情熱は眠ったままになり、毎日自分の顔をじっと見つめ、悲しんでいました。父親、夫、養い手であることと、ブルースのミュージシャンになるという秘密の欲求の間で引き裂かれ、何年もの間ずっと憂鬱な気分でした。

ある日、彼はインスピレーションを得ました。それは、家族とよく行くレストランのオーナーに、家族向けのミュージック・ナイトを週末にやってみたらどうかと提案する、というものでした。そして、自分と他のミュージシャンたち数人が演奏し、家族がやって来て音楽を楽しみ、食事をしたりダンスをして楽しめるという夜を実際に提案したのです。いちかばちかの大ばくちだと思いましたが、彼はとにかく自分のインスピレーションに従いました。

驚いたことに、オーナーはやる気になったのです。最初の夜は大成功で、ジェイコブはレギュラーとして呼ばれることになりました。なんと近所のレストランからも、彼に来てほしいと電話があり、あっという間に週末の仕事ができました。彼は、昼の仕事をやめる必要さえなくなったのです。

スピリット・ガイドのサイン

陰で働いてくれ、インスピレーションの形で、
あなたの意識の中にすばらしいアイディアを落としていきます。
しかし、あなたが期待するようなインスピレーションは提供しないかもしれません。

インスピレーションに気づき、それに基づいて行動するには、心を開くことが必要です。スピリット・ガイドは、自分を助けようとする人に最善の援助を提供することができるのです。彼らはインスピレーションをくれますが、それを受けいれ、それで何かをするかどうかはあなたしだいです。

二十年前、自転車に乗るのが大好きなパトリックは、フランス製とイタリア製のサイクリング用ジャージと短パンを、アメリカで輸入販売するというインスピレーションをもらいました。私

はすばらしい計画だと思い、すぐに調べてみるよう彼を励ましました。しかし、彼の友達がやる気を失わせてしまったのです。アメリカ人はスパンテックス（合成繊維の一種で伸縮性がある）なんて絶対着ないから、ばかげたアイディアだと言われ、パトリックはすぐにあきらめてしまいました。

二年後、スパンテックスはアメリカ市場にあふれ、フランス製とイタリア製のサイクリング用ジャージは大ヒットしました。パトリックはインスピレーションを与えられましたが、拒んだせいで、それはチャンスを生かそうとした他人のもとへ渡ってしまったのです。

これはパトリックにだけ起こっていることではありません。私はいつも、「誰かが私のアイディアを盗んだ」とクライアントが不平を言うのを聞いています。しかし、真実は、誰も何もとっていません。スピリット・ガイドが時機を得た発想でインスピレーションを与えたのに、あなたが無視したので、それを受けいれて使うような開かれた心の持ち主のところへいってしまっただけなのです。私は、「○○○しただろうに、○○○できただろうに、○○○すべきだったのに」とぼやくのを何度聞いてきたかわかりません。彼らは、自分のインスピレーションを無視する選択をしたので、好機と直感による大成功を逃したのです。

偉大な音楽や芸術、文学や科学にさえ、その大発見の中には、ガイドからインスピレーションを与えられ、開いた心で受け取られたものがあります。ですから、今日からでも自分のインスピレーションに注意してください。もっと大切なのは、そのスピリットからの贈り物をどう利用するかです。自分のガイドから届けられた贈り物として考え、使おうとしますか？　それとも、ばかげた考えとして捨て去り、マンネリの状態にとどまりますか？

この質問をしながら、ある笑い話を思い出しました。ある男性が教会のために疲れも忘れて一生懸命働いていました。彼は神様がいつも自分の面倒をみてくれ、守ってくれていると信じていました。ある年、彼の町でひどい洪水が起こりました。全員が避難しましたが、彼は教会に残り、神様が助けてくれると言いました。すぐに、教会の一階の床まで水があがり、彼の救助に車がやってきました。しかし、彼は、神を信じていると言い張り、そこにとどまりました。

水はだんだん上昇し、彼は聖歌隊の席へ逃げました。気づくと、教会全体が浸水していました。ボートがやって来て救おうとしましたが、彼はそこにとどまり、同じことを言って屋根の上へと走っていきました。しばらくすると、ヘリコプターが彼の頭上を飛び、はしごを下ろしました。彼ははしごも拒絶し、結局溺れ死にました。

天国に行き、彼は怒りながら、神様にかみつくように言いました。

「どうしてあなたは私の面倒をみて、守ってくれなかったのですか？」

神様は答えました。

『どういう意味だ？　私は車、ボート、そしてヘリコプターまでもお前のところへ送ったではないか！』

この笑い話は、高次の力がどのように私たちにつながるのかをよくあらわしています。彼らは、私たちの注意を、一度か二度、あるいはそれ以上ひきつけようとしているのです。チャーリー先生はかつて言いました。

「もし心の中を二度横切ったら、それはたしかだ。それ以上なら、ガイドは、あなたに対して叫んでいるんだよ」

つまり、スピリットの世界からの助けは得られるでしょう。しかし、それは彼らのやり方でやって来て、必ずしもあなたが期待する方法ではやって来ないのです。

練習

もしスピリット・ヘルパーからの助けを望むなら、ガイドが働く方法に注意を向けましょう。あなたの考えているやり方ではないからという理由で助けを拒絶しないでください。すべてのインスピレーションや衝動、鮮烈なアイディアをスピリット・ヘルパーからの大切なメッセージとして受けいれてください。それを論じたり、はねつけたり、疑問視したりすることで時間を無駄にしないでください。さもなければ、あなたは最後のヘリコプターを逃してしまうでしょう。

ガイドのメッセンジャーに気づきましょう

注意をひきつけようとするガイドの意図は、あなたの感情に影響されます。ストレスや心配など、ある種の感情的起伏があるなら、ガイドが直接連絡するのはほとんど不可能です。そして、実を言えば、こういうときこそ彼らが必要なのです。

そんなとき、ガイドはどうするのでしょうか？　直接あなたにコミュニケーションをとろうとしたり、インスピレーションを与えようとするかわりに、周りの人の助けを借りて、応援メッセージを伝えようとします。実際、同じように、他の人のガイドがあなたを使って、彼らが担当する人を助けてもらうこともあるのです。

たとえば、理由もなく電話せずにはいられなくなり、電話をしてみると、相手からこれ以上のタイミングはなかったと言われたことはありませんか？

最近、クライアントのジェフがそんな話をしてくれました。彼は、建設現場へ向かう途中、とても愛している祖母に電話をかけたいという押さえきれない衝動を感じました。祖母とは一年以上話していませんでした。その衝動がとても強かったので、早い時間にもかかわらず、すぐに彼女に電話をしました。すると、彼女は、泣きながら電話に出たのです。

「おばあちゃん、大丈夫？」

「ああ、ジェフなの？　獣医さんからだと思ったわ。ええ、私は大丈夫……。でも、たった今猫のボブが死んだの……。ボブは私のいちばんの友達で、二十年以上一緒にいたのよ。もう私には誰もいないわ。ただ辛くて……」

悲しみにうちのめされた祖母の声を聞いて、ジェフは言いました。

「本当に辛いだろうね、おばあちゃん。でも一つ間違っているよ。おばあちゃんは一人じゃない。この週末は暇だからぼくが会いに行くよ。だから頑張るんだ。おばあちゃんを励ましに、今晩遅くにはそっちに着くからね」

彼は仕事が終わるとすぐに祖母のもとへと向かいました。

クライアントのジェシーも、同じような話をしてくれました。彼女はある朝、カフェで仕事の報告書を書きながら静かに座っていました。そのとき、いつもの自分らしくもなく、隣のテーブルに座る女性に、いつも来ているのかと尋ねてしまったのです。

女性はこう答えました。

「ええ、じつは違うんです。でも……そうかもしれない。いや……やっぱり違います。じつは、インディアナ州から引っ越してきたばかりで、ここには三日間しか来ていません。今は大学時代のルームメートと一緒にいるんですが、この近所にアパートを探している最中なんです。ぜひこの辺に住みたいんですが、この時期は物件を見つけるのがとても難しいそうです」

ジェシーは笑って言いました。

「とても不思議だわ。今朝、私の家主が、アパートを探している人を知らないか聞いてきたのよ。彼女は、広告を出すようなわずらわしいことは避けたいみたい。私はそこに住んで五年だけれど、とても気に入っているわ。ここからたった三ブロック先よ。これが彼女の電話番号」

その女性は、お昼前に契約書にサインをし、彼女たちはとてもいい友人になりました。その女性のガイドは、自分の仕事を助けてもらうために、ジェシーの助けを借りたのです。

もう一つの例は、親友のビルの話です。シカゴのテレビで司会者をしており、独身で、自分の心が求めるものに出会いたいと切に望んでいました。ある日、まさに自分が願っていたものに出会い、彼はそれを信じられませんでした。アンジェラという美しい女性が、地元の雑誌のために、彼をインタビューしにやって来たのです。互いにひかれ合ったのは明らかでした。しかし、それが本物でないことを恐れて、ビルは自分のスピリット・ヘルパーに、本当の愛かどうか尋ねました。そして、彼女に会いにランチに行くから何らかのサインを見せてほしいと頼みました。

彼がレストランに入ると、ボーイ長が彼に一本のバラを手渡しました。理由を尋ねると、ボーイ長は言いました。

「わかりません。あなたにこれをあげるようにと誰かに言われた気がしたんです」

バラは、自分が頼んだサインだと思い、ビルはそれを受け取りました。そしてテーブルでアンジェラに差し出したのです。一年後、彼らは結婚しました。

「バラが決着をつけてくれたんだ。バラを受け取ったとき、ぼくは願いがかなおうとしているとわかったよ。そしてそうなったんだ」とビルは言いました。


あなたの注意をひくすべてのメッセージは、そのメッセンジャーが誰であろうと意味があります。

練習

自分が無意識のうちに誰かのメッセンジャーやガイドになっていたことや、ちょうどいいタイミングで電話をかけて、ぴったりのことを言ったり、正しい解決方法を提供して誰かの一日を助けたときのことを思い出してください。何が起こっていましたか？　それはいつ起こりましたか？　どのように起こったでしょうか？　誰が関係していましたか？　結果はどうでしたか？　その出来事で、向こう側の世界の影響を感じましたか？　その出来事について、興味をもってくれた人に話をして、それが自分に与えた影響に気づきましょう。

その状況で、他の人のガイドが、一瞬あなたを借りて、役に立つメッセージを伝えたのです。それが、無限の愛に満ちた宇宙の美です。私たちはみんな互いに関係しており、自分が助けられるのと同時に、誰かを助けることが可能なのです。

シンボルやサインはガイドの声です

スピリット・ガイドは、なかなかとらえがたいうえに、直接言葉では話さず、なぞなぞや暗示、シンボル、夢や冗談を使って私たちに話しかけます。ですから、繊細な波動をとらえることに習熟しなければならないだけでなく、スピリットの世界がそれ自体の言葉をもつことに気づかなければなりません。それを学ぶかどうかはあなたしだいです。

それについてこわがらないでください。ガイドは、あなたをだましたり、困惑させたいとは思っていません。実際、彼らのコミュニケーションは、直接的なメッセージよりも明確で、力強くユーモアに富んだものであることが多いのです。

すごく甘党な客室乗務員のクライアントがいました。彼女は、ある朝四時に、空港まで車を四十マイル運転する準備をしていたとき、心の中で次のような声を聞きました。

『ドーナッツを食べるのに最高の日だね』

彼女は自分のガイドとよく話をしており、ドーナッツというアイディアも大好きだったのですが、大きな声でこう答えました。

「そうね、でも遅れそうなの。今朝は立ち寄れないわ」

車にバッグを入れながら、彼女はまた同じ声を聞きました。

『ドーナッツを食べるのに最高の日だね』

笑いながら、彼女は言いました。

「そうね、でも今日は無理だわ。遅れるもの」

ハイウェイへの進入口に入ろうとしたちょうどそのとき、彼女は、ドーナッツのトラックが、出口ランプの隣のガソリンスタンドに入っていくのを見ました。

また彼女のガイドがかん高い声で言いました。

『ドーナッツを食べるのに最高の日だね』

「わかったわ、降参よ。でも急がないとね」

サービスエリアに停車したドーナッツのトラックの後ろに車を寄せて、彼女はエンジンを切りました。そのとき、ちょうどガソリンがなくなりそうなことに気づいたのです。もしハイウェイでガソリンが切れていたら、フライトに間に合わなかったかもしれないと思い、一瞬息が止まりました。ガイドたちはいっせいに声を張り上げました。

『ねっ、今日はドーナッツを食べるのに最高の日だろう!』

クライアントのフレッドは、ある朝、仕事に行く用意をしてシャワーを浴びていたとき、『追い越し車線から出るんだ』という声を聞きました。彼は、それがスピードを落として、焦らないで行くようにというガイドからのメッセージだと思いました。しかし、すぐにそれ以上のことだとわかったのです。会社までの二十五マイルの通勤途中、彼はいつものように追い越し車線に入りました。するとすぐに右の前輪がパンクし、車はほとんどコントロールできなくなってしまいました。

「幸運にも、ハンドルにしがみついて、なんとか追い越し車線から抜け出て、他の車にぶつかることなく、三車線を越えて道路の端までたどりつけました。本当に奇跡でした。車から降りて、タイヤを調べると、車輪の外輪からゴムの薄い切れ端がダラリと垂れていました。そのとき、シャワーの中で聞いた声を思い出したんです。ぼくは、感謝をこめて自分のガイドに言いましたよ。『今日は、単刀直入に言ってくれたんだね』って」

彼は、助けを求めて出口ランプの方へと歩きはじめました。そのとき、下を見ると、五セントと一セント硬貨が落ちていました。それを拾おうとして体をかがめながら、彼は大声で叫びました。「六セントだ」ガイドが彼と楽しもうとしていることに気づいたのです。

「シックスセンツ、シックスセンス（第六感）だ……。わかったぞ！　ありがとう。どうぞこれからも助けてください」

スピリットの話し方を学ぶのは、忍耐とユーモアを必要とする試行錯誤のプロセスです。ガイドは笑いが大好きで、あなたを笑わせようとします。あなたが笑えば笑うほど、波動は高くなるでしょう。彼らはそのために、いつでもあなたと遊ぼうとしているのです。

私が、ニューヨークのオメガ研究所主催のクラスで、ガイドとコミュニケーションする方法を教えているときのことです。生徒をペアにして、ガイドに話しかける練習をしていました。深遠な啓示を期待して、一人の生徒がいらいらしながら手をあげ、こう言いました。

「全然わかりません。ガイドから聞こえるのは、『ジェリービーンだけなんです。ジェリービーンと楽しむようにパートナーに言いなさいだけです』、そんなのばかげているでしょう」

彼女がそう言うとすぐに、ペアを組んでいた生徒が驚いて息を飲みこみ、こう言いました。

「ええっ、まさか！　どうしてわかったの？　隣家の女性が、愛犬が産んだ子犬を一匹くれると言ったので、寂しさをまぎらわすために子犬を飼うかどうか今朝からずっと考えていたんです。子犬の名前はジェリービーンなんですよ！　だから、ガイドは私の質問に答えてくれたんだと思います」

ときどき、ガイドはシンボルを使ってあなたのところへやって来ます。いつもチョウのイメージに攻めたてられていたクライアントが、その理由を尋ねるために私のところへやって来ました。

「私の隣人がたった今電話してきて、誕生祝いにチョウの木がほしいか聞いてきたんです。そんなものがあることさえ知りませんでした」

次の六ヶ月間、チョウに出会うたびに、何が起きたかを正確に日記に書きとめるよう私は提案しました。チョウの出現を書きとめはじめてすぐに、それが人生の正しい道にいるかどうか宇宙とガイドに尋ねた一時間以内にあらわれているとわかりました。チョウは彼女のガイドで、すべてうまくいっていると伝えていたのです。

私のクラスのある女性は、自分が今まさに間違いをしでかそうとするたびに、エルトン・ジョンの歌「ぼくの瞳に小さな太陽」が頭の中にひょっこりあらわれると言いました。最後に聞いたのは、彼女が夢中だったハンサムなプロスポーツ選手と婚約したばかりのときでした。彼女が車に乗ってラジオをつけると、エルトン・ジョンがこの歌を歌っているのが聞こえてきたのです。

彼女は叫んでラジオを止めましたが、それがうまくいかないサインだとわかっていました。嵐のような六ヶ月の婚約期間を経て、ついに彼らは婚約解消しました。おろかな口論の最中、彼が最後に言った言葉は、「それにもう一つ、俺はエルトン・ジョンが大嫌いなんだよ」だったのです。

ガイドがシンボルを選ぶ方法の一つは、あなたがすでにつながっているものと一緒に働くことです。たとえば、娘のソニアは小さかったころ、「ランナウェイ・バニー」(小ウサギがお母さんから逃げてしまう内容の絵本)が大好きでした。娘が突飛な行動をとるたびに、私は、彼女がランナウェイ・バニーかどうか尋ねたものです。娘が十代になり、許される行動の限界まで試そうとするたびに、いろいろな形でバニー(ウサギ)があらわれました。

一度、うそをついて外泊し、私たちがまだ早すぎると言っていたコンサートに行こうとしていると、学校のドアのすぐ外で一匹のウサギが目の前に走ってきたそうです。それで結局、うそをつかずに、私たちにお願いすることにしたのです。夫と私は、コンサート会場まで送り迎えするという条件で許しました。また、私との大喧嘩のあと、ソニアは怒って散歩に出てしまったことがありました。そのとき、異なる二つの場所で、ウサギの足跡を見たそうです。彼女は帰ってきて、私に謝りました。一方、私のオフィスにあったウサギの木の置物が、なぜか棚から落ちてきました。それで私も、同じように娘に謝りました。他にもまだあります。娘が、一緒に長い時間をすごしたいかどうかはっきりわからない友達との旅行を考えていたときのことでした。パトリックが、ぼろぼろになったソニアの「ランナウェイ・バニー」の本をもって地下室からあらわれ、彼女に渡したのです。それで、娘は家にいることに決めました。

あなたの注意をひくものは何ですか？　すぐには答えられなくても、心配しないでください。

あなたの意識の中にこの質問をしっかりと置いて、答えがやって来るのを待ちましょう。

サインとシンボルについて学びはじめたばかりのクライアントが、次のような興味深い話をしてくれました。

ある日、彼女が女友達とショッピングに行こうとしていると、ガイドが、『カードをシャッフル（混ぜる）しないと出かけられない』と言うのが聞こえました。彼女は、ばからしく思い、それを無視して出かけるしたくを続けました。数秒後、また同じ声を聞きました。今度は、ふざけたような声でした。おそらくガイドは、彼女の買ったばかりで、今朝早く試してみた新品のタロットカードのことを言っているのだろうと思いました。でも、カードをシャッフルしたいと思わなかったので、そのメッセージを無視して、バッグを手にし、ドアの方へと歩いていきました。

再び、彼女は大きな声ではっきりと『カードをシャッフルしないと出かけられない』と言う声を聞きました。そのとき、突然、何だかおかしな臭いがしたのです。自分のオフィスの閉まったガラス戸を見ると、部屋中に煙が充満していました。ドアを開けると、前に灯したろうそくがまだ燃えているのがわかりました。ガラスの入れ物がとても熱くなり、テーブルがいぶっていたのでした。彼女はろうそくを吹き消し、燃えさしを完全に消しました。

「このせいで、家が全燃してしまったかもしれないんだわ」

彼女は大きな声で言いました。それから、ろうそくのすぐ隣にあったタロットカードに目をやり、警告してくれたことをガイドに感謝しながら、タロットカードを手に取ってシャッフルしたのです。そして、「ありがとう。カードをシャッフルさせたいときにはいつでも教えてね」と言いました。

そのとき、一枚のカードが落ちました。それはハートのエースで、「あなたは愛によって守られている」という意味です。

見えない世界といったん意識的につながりはじめると、その言語を学ぶことができるでしょう。それはシンボルや香り、なぞなぞ、冗談、そして音でいっぱいです。そのすべてが、あなたに何かを知らせるために選ばれているのです。エキゾチックな外国のように、スピリットの世界に近づいてください。その景色に見とれ、その土地の習慣を楽しみ、住民の歓待の気持ちを受け入れるように、スピリット・ガイドにも接してください。気づけば、彼らの言語を流暢に話せるようになっているでしょう。

ガイドとのコミュニケーションを学ぶことは、シンボルとサインというなかなかとらえにくい言語に流暢になることであり、それがあらわれたときに反応することです。それに気づけば気づくほど、あなたにとって意味をなしてくるでしょう。

練習

突然に、そして繰り返しあらわれるような物や衝動、イメージ、句、メロディー、アイディア、そして思いつくままの考えを、小さなノートに記録してください。二週間後、そのノートを見直してみましょう。そこに何かパターンはありませんか？　時間がたって見直し、これらのメッセージの中にさらなる意味や隠されたユーモアがありませんか？　誰かがあなたに何かを言おうとしていませんか？　注意をはらいましょう。そして何が伝えられようとしているのかに気づいてください。

ガイドの名前を尋ねましょう

クライアントがいちばんよくする質問の一つは、「自分のガイドの名前は何ですか？」です。もうおわかりかと思いますが、あなたは一人ではなく、たくさんのガイドとつながっています。彼らは肉体から離れると、もはや性も名前ももたず、エネルギー的なレベルで存在します。しかし、私たちとよりよいつながりがもてるように、ときには名前を使ったり、性別さえもつのです。たいていは、あなたが彼らを思い出し、意識レベルで再びつながることができるように、過去に知っている人の情報を利用します。

他のガイド、特に、別の太陽系や非物質界の振動数をもつものは、単に、彼らの波動を最も再現できるような名前を使います。たいてい、母音や開母音は子音よりずっと高い波動をもっています。これが、多くのガイドの名前が空気のように軽やかであり、アリエル、アブー、あるいは他の短い開母音である理由です。

ガイドの中には、亡くなった愛する人や家族、友人たちもいます。彼らは今も、あなたが知っていたときのように、エネルギー的に同じか、あるいは似たような振動で動いています。そして、あなたが彼らを見分けられるように、地上での名前を使っています。彼らの名前が何回か心をよぎったら、彼らが一緒にいると確信してよいでしょう。最近誰かを亡くしていたら、その名前があなたの心に何度もあらわれるはずです。それが、最近亡くなったからか、彼らがコミュニケーションをとろうとしているのかは、名前が浮かんできたとき、そのスピリットを感じるか、あるいはそれとつながる何か他のサインを感じるかどうかでわかります。そうなら、彼らのスピリットがあなたにコンタクトしているのだとみて間違いありません。そうでないなら、おそらく最近亡くなったので、なつかしく思っているだけでしょう。

ミシガン州北部に住むクライアントのエディスは、四十年以上夫のスタンリーと結婚生活をおくっていました。彼女は夫をとても愛していたので、夫が突然、脳卒中で亡くなったとき、慰めのしようもないくらいでした。葬儀のあと数週間、エディスはほとんど落ち着くことができず、あらゆる場所にスタンリーの存在を感じていました。しかし、彼がよくゆり椅子に座っていた裏庭のポーチほど強く感じる場所はありませんでした。彼女は、ゆり椅子の上に赤い鳥がとまっているのを見つけて、話しかけました。

「スタンリーの椅子で何をしているの?」

鳥は動きませんでした。彼女はもっと近寄って、言いました。

「なぜここにいるの?」

エディスは、スタンリーが鳥をとても愛していたことを思い出し、少しどきりとしました。翌日、彼女はまたスタンリーの存在を感じ、裏庭のポーチへ引き寄せられました。するとまた、昨日の赤い鳥が椅子の背もたれのところにとまっており、飛び去ろうとしませんでした。同じことが十日間も続き、エディスはとうとう、その鳥に言いました。

「スタンリー、私に何か言おうとしているの？」

鳥は動きませんでした。

「スタンリー、あなたなの？　本当に？」

それから、彼女は鳥がスタンリーで、自分の話を聞いていると感じ、心の思いを吐き出しました。

彼女が鳥に伝えたいちばん大切なメッセージは、亡き夫への胸をうつような別れの言葉でした。それは、夫が突然亡くなってしまったために言えなかったことでした。その後、鳥は飛び去り、二度と戻ってはきませんでした。しかし、二人はつながることができたのです。スタンリーは存在しており、エディスが生き続けられるように助けてくれました。

最近、一週間にわたったワーク・ショップで、あるクライアントが、結婚生活について助けてもらうため、必死に自分のガイドとつながろうとしていました。彼女がその名前を尋ねた瞬間、ジェームズという名前がまず心に浮かび、次に「青い目と、説得力のある言葉づかい」がやってきました。

あまりにも簡単に成功したことを疑い、ジェームズに、自分が彼の名前を正しく受け取り、癒しの力につながったことを示す別のサインがほしいと頼みました。その直後、彼女の心に浮かんだのは、『あなたのご主人に手紙を書きなさい。話をしてはいけない』ということでした。

彼女は、それから数日間それについて考え、そしてジェームズのアドバイスに従いました。彼女は、夫に十枚の手紙を書きました。その中で、自分が夫婦関係をどう変えたいのか、自分にとって夫婦関係が果たしている役割を正確に説明し、夫にも同じことをしてほしいと頼みました。そしてそれを投函したのです。

二日後、彼女がまだワーク・ショップに参加していたとき、夫は手紙に花束を添えて返事を送ってきました。そこには彼が彼女のことをずっとよく理解できたということと、彼女が指摘した問題について一緒に解決したいと書いてありました。それはすべて、いつもは言葉のうえでも、感情的にも、彼女に抵抗していた夫からのものでした。そして、彼女はジェームズが、自分のガイドの名前だと結論づけました。彼のアドバイスを考えればわかるとおり、明らかにガイドだと証明する以上のことをしてくれたのです。

私たちは一人のガイドと働いているわけではないので、受け取る名前も一つではないかもしれません。前に言ったように、私は三人のガイドと働いています。彼らは三人組で話し、自分たちを三人の司教たちと呼んでいます。さらに、プレアデス星の姉妹という二人の美しい天使たちともコンタクトを取っています。彼女たちは、ときどき、三人だったり、それ以上だったりして、一斉に私に話しかけてきます。

親友のジュリア・キャメロンは、何年も前に映画の仕事をしていたとき、自分のガイドによく手紙を書いていました。彼らはいつも、自分たちの名前は明らかにせず、複数で答えていました。また、もう一人の友人は自分のガイドを、光のガイドと呼んでいます。

ときどき、ガイドたちは、自動書記を通じてあなたに名前を教えてくれます。このようにしてつながったとき、「あなたを何と呼んだらいいですか?」とガイドに尋ね、ペンがどう動くか見ていましょう。

あなたの聖なる場所で、自分のガイドを視覚化するときに、同じことをしてもよいでしょう。ガイドがそこにいるのが見えたり、感じたら、「あなたを何と呼んだらいいですか？」と尋ねて、答えに耳を傾けてください。

もし途中で名前が変わったら、それは、一人のガイドがしりぞいて、別のガイドがその場に来たか、ガイドが振動数を変えて違う波動になり、新しい名前をもったという意味です。

さらに、自分のガイドに名前をつけることもできます。それによってつながりが変わったりすることはありません。あなたが選んだ名前は、ペットの名前やニックネームのように、ガイドをよりいとおしく思わせるでしょう。ロミオとジュリエットの劇中のシェークスピアの言葉のように……。

「名前とは何でしょう。バラと呼んでいる花は、たとえどんな名前で呼ばれても甘く香るでしょうに」

ガイドが亡くなった友達や家族でない場合、その名前を見つけるいちばんよい方法は、テレパシーで尋ねることです。あなたの心に最初に浮かんだものが正しい名前です。

練習

自分のガイドの名前を知るには、目を閉じて、深い息をしてください。それから、ガイドたちに、やって来るように頼みましょう。

ガイドを感じたら、「何と呼んだらいいですか？」と尋ねてください。心に浮かんだ最初の名前を受けいれましょう。

もし、何の名前もやって来なくても心配しないでください。かわりに、自分でガイドに名前をつけましょう。考えすぎず、楽しんでやりましょう。ガイドは、あなたが選んだ名前を気に入るはずです。

もしガイドのグループとつながっていると感じたなら、そのグループに名前を尋ねてください。やって来たものが何であれ、信用してください。名前を見つけたら、毎回つながりたいと思うたびに、名前を呼んでからお願いしましょう。きっと応答してもらえるはずです。名前をつけることは、つながりをより個人的なものにし、高いエネルギーへのチャンネルをいっそう開いた状態にしてくれます。どの名前を選んでもたいしたことではありません。名前は単なるしるしにすぎません。使い続けるなら、強力なつながりを作ることができ、ガイドから助けを受け取る能力が拡大するでしょう。あなたの新しいサポーターを楽しんでください。

高次のガイドを見分けましょう

もし、ガイドとのポジティブな経験を望んでいるなら、ガイドがあなたの人生で果たす役割について理解することがとても大切です。彼らは助けることが大好きで、あなたが助けを求めると、決してそれを嫌がることはありません。しかし、彼らはすべてを解決することはできず、またそれを望んでもいません。私には、このことを痛いほど学んだ経験があります。それは、一年半の一人暮らしに終止符をうち、親友のルーアンと一緒に車に荷物を積みこんで、シカゴから我が家のあるデンバーへと出発したときのことです。

デンバーへ向かう幹線道路を運転していると、ルーアンが地図はあるのかと尋ねました。

「いいえ、いらないわ。ガイドが道を教えてくれるもの」私は横柄に答えました。

一時間後、ガソリンを入れるために止まったとき、私は間違った方向へ九十キロも来てしまい、なんとミルウォーキー州にいることに気がつきました。この道はシカゴからデンバーへ行く正しい道かどうか尋ねると、ガソリンスタンドの従業員は笑いだしました。そして、私は謙虚になり、地図を買うことにしたのです。

あなたのガイドが誰であれ、彼らの専門知識レベルがどうであれ、あなたの人生をかわりに動かすのではなく、助けてくれるだけだと理解することが重要です。彼らの仕事は、愛情をこめて、あなたの地球上での旅の不安をとり除き、より大きな個人として成長するための手がかりと方向性を提供することです。より高次の力に乗っ取られ、あらゆる潜在的誤りから救ってもらうなどということは、魅力的なのと同じくらい耐えられないものとなるはずです。

私たちは学ぶためにここにおり、それは唯一、試行錯誤によって可能なのです。ガイドはあなたの仕事をしたいとは思っていません。彼らは、あなたが愉快にすごしながら、できるだけ早く効率よく自分のレッスンを学べるように助けたいだけなのです。

つまり、怠けて（あの日私がしたように）、自分の人生を自動操縦装置にまかせればいいと考えたり、自分の宿題をガイドにやってもらおうなどと考えないでください。高次のガイドは、乗っ取ることはできませんし、しようともしないでしょう。彼らにできるのは、あなたをサポートし、助けることだけです。道路地図のように、目的地にたどり着くいちばんよい方法を示してくれますが、車の運転はしてくれないのです。

でも、あなたに警告しておかなければなりません。レベルが低く、地上から離れられず、エゴにしばられた存在がいます。それは、あなたが許せば、あなたの人生を喜んで支配しようとするでしょう。

デニースというクライアントには多額の借金があり、早急に処理したいと思い、ガイドに助けを求めていました。彼女は、お金をもっと上手に管理する方法を頼むのではなく、スピリット・ガイドがすぐにお金を作ってくれると信じていました。彼女がガイドに尋ねた最初の質問は、新しいカジノでギャンブルをして、すぐに現金を手に入れられるかどうかでした。それは、同じように借金のある友人が提案してくれたアイディアでした。

案の定、低いレベルの存在が甲高い声でしゃべりだし、そうすることを奨励したのです。彼女は、大金がもうかるように導かれたと確信しました。そして、この向こう見ずな存在に従い、精を出して毎週毎週カジノへと通いました。結局彼女は、借金から抜け出せなかっただけでなく、よりいっそう深刻な借金を抱えこんでしまいました。たった六週間のうちに、家を失い、カード・ローンは七万五千ドル以上に膨れあがり、最初の五万ドルどころではなくなってしまったのです。

ショックを受けて動揺している夫に、ガイドのせいだと言っても何の役にも立ちませんでした。それは彼女の苦境を軽減することもせず、資産を救いもしませんでした。言うまでもなく、彼女をおかしくなったように見せただけでした。正直に、自分に問題があると認めず、やみくもに自分のパワーをこの存在にゆだねてしまったために、それが彼女を操り、いっそうのトラブルへと導いたのです。彼女はすべてを失ってしまいました。

ガイドと働くいちばんの方法は、彼らの助けを頼むことですが、ガイドは優しくひじでつついたり、インスピレーションや突然の気づきを通して、せいぜい提案をするだけだとおぼえていてください。彼らのアドバイスを聞いて、それに従って行動するかどうか決めるのは、あなたです。何が提供されたとしても、自分の正しい判断力と常識を使うことが大切です。そして、次のこともおぼえていてください。

行動するかどうかあなたが決断するまで、何も変わりません。ガイドはあなたのために行動したり、物事を変えたり、魔法を起こすことはできません。彼らはただ、自然の魔法と宇宙からの贈り物に気づかせ、それとつながるようにうながすだけなのです。

次の四つの質問は、導きが価値のあるものかどうか決断するのに役立つでしょう。

①その導きには、十分根拠があり、脅迫的な要素はありませんか?
②それは優しく、愛に満ちた感じがしますか?
③それはかかわりあるすべての人のことを考慮していますか?
④他人を傷つけることなしに、自分を助けてくれるものですか?

この四つの質問すべてにイエスと答えることができるなら、あなたが受け取った導きは考慮する価値があるでしょう。そうでないなら、導きはおそらく低いレベルのガイドからやって来ており、考える価値もありません。

どんな場合でも、いかなる導きもあなたを苦しませるものであってはなりません。もし、聞きたくなかったり、見通しと一致しなかったり、がっかりするような情報を伝えているという意味で否定的なら、とにかく耳を傾けてください。ガイドの仕事は、あなたをおだてたり、同意することではありません。彼らはあなたを導く仕事をしており、ときには聞くのが辛いようなこともあるのです。

あなたの得た導きが、あなたや他の人たちについて愛情のないことを言ったり、脅かしたり、攻撃的で、あなたのスピリットを傷つけたり、よりよい判断に反対するという意味で否定的なら、それにおびえるのではなく、ただ無視して、重視しないでください。地上にしばられた存在が意識の中へ入りこみ、一緒にゲームをすることを知らず知らずのうちに許してしまったか、あるいは、あなたの自尊心が、いつもより大きな声でスピリットに口出ししているかのどちらかです。

最近シカゴで、大勢の人たちの前で話をしました。そこで著書にサインをしていると、とても悩んでいる若い女性に会いました。彼女は、ガイドが自分と親友はまもなく車の事故で死ぬと言ったと告げ、それについて私の思うところを知りたいと言いました。私は、そんなばかげたことはまったく気にしないと即答しました。そんなことで思い悩んで、一分たりとも無駄にすべきでないと言いました。しかし、それは、彼女が車を運転するときに注意しなくてよいということではないと付け加えました。彼女はやはり、車に乗るたびに常識を働かせるべきです。「お酒を飲んだら運転しないでください。スピードを出さないで。交通規則には従い、車に乗るたびに守ってくれるように祈ってください。そして、リラックスしてください。低いレベルの存在が面白がってあなたをこわがらせているだけですから」と私はアドバイスしました。

彼女は傍目《はため》にもわかるほど安心したようでした。私もほっとしました。さしせまった死を予告されることで苦しめられる意味など何もありません。価値のあるガイドは、決してそんなことはしません。死はあなたと神との神聖なコミュニケーションであり、ガイドが干渉するものではないのです。高いレベルのガイドが、そのような恐ろしい情報で人を苦しめることはありません。もしも、彼女が本当に危険な状態にあったり、自ら問題を招いているなら、ガイドは死を予告するのではなく、もっと安全に運転するように警告するでしょう。

あらゆる波動の高いガイドは、あなたが美しい神聖なスピリットであり、愛される貴重な存在で、困難や苦しみの多い地球という教室にいるのだと知っています。彼らはあなたの難題を理解し、苦しみに思いやりをもっており、あなたをとても愛し尊敬しているのです。高いレベルのガイドは、あなたを助けられるのを光栄だと考えています。そして、敬意と思いやりを示しながら、それを実践しているのです。

ガイドに話しかけるときは、自分が何を「すべきか」尋ねないでください。たましいをいちばん優れたものへと導いてくれるように頼み、よりよい情報に基づいた選択ができるように頼みましょう。「すべきこと」を頼むと、自分のパワーを彼らに引き渡すことになるのです。彼らはそれを望んでおらず、受けいれることもしないでしょう。もしあなたが自分の人生を指揮してくれるように頼むなら、彼らはあなたから距離をおいて、離れてしまいます。そして、彼らと再びつながるために、最初からやりなおさなければなりません。

また、導きと希望的な考えの違いを理解することも大切です。本当の導きは微妙で、全員のことを考慮しており、つねに、個人的な責任とスピリチュアルな成長、そして誠実さからなる正しい道へと導いてくれます。もし、そのどれかを無視するような「導き」を受け取ったなら、疑ってください。おそらく導きではなく、エゴがあなたをだまして、その衝動のとりこにしようとしているのです。

知人の結婚式の席でハンサムな男性に出会い、彼が好意を示してくれた直後に、離婚すべきかどうか自分のガイドに尋ねたクライアントがいました。彼女はアルコール依存症の男性と不幸な結婚生活をおくっていましたが、彼女自身も共依存症と買い物依存症で、その状況から簡単に抜け出す方法を求めていました。彼女のガイドは静かでしたが、不満だらけの大脳はただちに、『そうです、夫のところを去るべきです。新しい男性はあなたを愛していますから』と言いました。彼女は「理想の男性」に出会い、「間違った男性」のもとを去る神の許可を得たと確信し、離婚届けを提出して、新しい男性のもとへ行く準備をしました。

彼女の夫はショックを受けて、手続きをしないようにと頼み、一緒に結婚カウンセリングを受けようとさえ提案しました。しかし、彼女はすでに、結婚式の招待客リストに心を悩ませており、まったく興味を示しませんでした。彼女は、これが正しいことだと確信していました。なぜなら、彼女の「ガイド」がそう言ったからです。離婚はすぐに成立し、彼女は新しい男性のあとを追いかけました。しかし、彼は彼女に真剣な興味などまったくないと即座に告げ、「出ていってくれ」と言ったのです。彼女はうちひしがれ、困惑しました。

「私のガイドが離婚するように言ったんです！　私は彼を信じたんです。どうして間違った方向へ導くことなんてできるんでしょうか？」と、彼女は私のオフィスで泣き叫びました。

「ガイドはそんなことはしませんし、することもできません」私は断言しました。「それはあなた自身の計画ではなくて、本当にガイドのものだと確信できますか？」

「ガイドからだと思います」彼女はおとなしく答えました。「それが夫のもとを去るようにと言ったとき、自分のガイドのように感じました」

しかし、私が彼女に四つの質問をすると、すべてにイエスと答えることができませんでした。

「それなら、あなたのガイドではなかったということですね」私は静かに思いをめぐらしながら言いました。「なぜなら、ガイドはあなたのかわりに決断したりしないし、ご主人にそんな思いやりのないことをするはずがありませんから。きっとガイドではなかったんです。あなたが自分で楽に逃れる方法を求めたんでしょう」

「おそらく……」彼女は、自分がよく考えもせずに即座に行動し、その結果引き起こしたどうしようもない状態を考えながらつぶやきました。「そうかもしれません」

信頼できる導きを得たか、それとも自分のエゴか波動の低い存在から情報を受け取ったかを判断するための手がかりがあります。それは、たとえあなたが聞きたいと望んでいたものではなかったとしても、本当の導きは、つねに、満足感や平和な感じをもたらしてくれるということです。それは「ピーン」という音を出すか、エネルギー的に体の深いところで鳴り響きます。そして、どんなメッセージであろうと、心の中で落ち着き、正しい感じがするでしょう。

それが信頼できない導きならば、体の中で決して安定しません。かわりに、本来の場所からはずれたボールのように、頭の中でガラガラという音が鳴るのを感じるはずです。ですから、導きが来たら、自分の体に耳を傾けてください。それについて考えるよりも、感じるのです。すぐにその違いを見分けることができるでしょう。

ゆきづまるたびに助けを求められるように、低い波動の存在やエゴに邪魔をさせないでください。ガイドの目的と意図は、私たちが、自分自身のいちばん高次の美徳へと強くつながることができるように助けることです。彼らは喜んでその助けをしています。ガイドと一緒にたくさん働くほど、あなたの内にある羅針盤と直感は強くなっていくでしょう。それは、ガイドがあなたとうまく働いている明白なしるしの一つなのです。

高次のガイド

- あなたの人生を助けてくれますが、指揮することはできません。
- インスピレーションを与えてくれますが、

あなたのかわりに決断をすることはできません。
- 誰も傷つけることのない、やんわりとした提案をします。
- 決してでしゃばることはありません。
- あなたの直感を強める助けをします。
- 安らかで支えられている感じを与えてくれます。

練習

ガイドとコミュケーションする際の混乱を防ぎ、ガイドとエゴの区別をするためには、「私は〇〇〇すべきですか？」という質問を避けることです。そのかわりに、「私に最善の選択肢を示してください」と頼みましょう。そしてがまん強く、耳を傾けます。

このように質問を明確に述べることで、ガイドとのチャンネルは強くなり、開かれた状態になるでしょう。そしてエゴと他の望ましくないエネルギーは黙ってしまいます。

「私は〇〇〇すべきですか？」と尋ねるたびに、あなたは外にある力にすべてをまかせるように頼んでいるのです。高次のガイドはそれを拒否するでしょう。それは失礼なことだからです。でも、エゴは飛びこんできて、あなたが許せばすべてをとり仕切ろうとします。

ガイドと正確に、正しい意図でコミュニケーションするためには、多少の忍耐力と注意が必要です。そのためのよい方法があります。毎朝、ガイドに、「うっかり、『〇〇〇すべきですか？』

と言ってしまったら、本当は、『最良の選択肢を示してくださ
い』という意味だとわかってくださ
い」と言いましょう。これは、あなたが責任を放棄したのではないとガイドに知らせることになります。今は学んでいる途中なので、間違いをおかすかもしれません。しかし、これを一週間か二週間続けるなら、正しい方法で助けを求めることができるようになるはずです。

オラクルでガイドと話しましょう

私は十二歳のとき、はじめてオラクルを使って自分のガイドとつながりました。そのときは普通のトランプを使いました。ほとんどの人にとって、トランプは単なる遊び道具に見えますが、実際には、古代アトランティス文明の数秘学に基づいたオラクルから伝わってきたものなのです。一枚一枚のカードには特別の意味があり、それを私は、我が家の食卓でリーディングの練習をしているときに、母から学びました。

カードを使いはじめたころ、私はその意味をおぼえることしかできませんでした。でも、しばらくすると何かが変わり、基本的な意味を超えたものへとすすみ、カードが話しかけてくるのを感じるようになりました。数年後、師匠のチャーリー・グッドマン先生のもとで修行をはじめたとき、彼は、私のガイドが実際にカードを通して話しかけていると教えてくれました。それはなるほどと思えることでした。というのも、自分が学んだ基本的な意味以上のものを受け取っていたからです。

私は、親友のビッキーにリーディングしたことをおぼえています（当時、彼女はは少し疑っていましたが）。そのとき、何枚かのカードをじっと見ながら、彼女が新しい車を手に入れるのをはっきり感じました。二日後、彼女の父親は一九六九年製ロードランナーをプレゼントし、彼女を驚かせました。私はその驚きを台無しにしてしまいましたが、ビッキーの期待を裏切らなかったことに大喜びしました。彼女も同様で、私たち二人は、その年の夏中、猛スピードでデンバーの街中をドライブしたのです。

カードでリーディングを重ねるうちに、私は自分と働いているガイドがやって来ているのをより頻繁に感じるようになりました。そしてとうとう、彼がジョセフだということがわかりました。私が一組のカードをシャッフルしはじめた瞬間、彼がそばにいるのを感じるようになったのです。

トランプ・カードは、ガイドとコミュニケーションをとる唯一の方法ではありません。たくさんのオラクルが存在します。タロットカード、ペンジュラム（振り子）、ルーンストーン（ルーン文字の刻まれた石）、易経、あるいはこのような古代の占い道具の現代版のどれであっても、すべてのオラクルが、あなたの意識をハイヤーセルフやスピリット、そして宇宙のあらゆる神聖なる力へと直接つなげてくれるでしょう。

オラクルは、人間が存在するのと同じくらい長く存在しています。フランス中部にある有史以前の洞窟壁画は、古代レムリアの人々によって作成され、天と対話するためのオラクルであったと言い伝えられています。

自分のガイドとコミュニケーションするためにオラクルを使う必要はありませんが、それはコミュニケーションをずっと簡単にしてくれます。たとえば自転車に乗る練習を簡単にするために補助輪を使うのに、とてもよく似ています。補助輪がなくても自転車に乗る練習は可能なように、オラクルなしでガイドとのコミュニケーションを学ぶのも可能です。しかし、それを使えば、少なくとも最初のうちはずっと理解しやすくなるでしょう。

オラクルには、たくさんの種類があり、どれに心ひかれるかは、個人の好みの問題です。私は、すべてのオラクルがすばらしいと思っています。それは、ガイドと対話する特別の手段を提供してくれるからです。オラクルを通して、ガイドは方向性を示し、私たちが見逃したものを見せてくれ、内部での脱線と外部からの脅威を警告し、何が重要かを思い出させてくれるのです。そのすべてがあなたのスピリチュアルな旅をずっと容易にしてくれるでしょう。

オラクルは、ガイドにあなたが理解できる言葉を与えてくれます。適切に用いれば、それはあなたをスピリット・ガイドやハイヤーセルフにつなげるために効果的に働くでしょう。

オラクルは、導きをはっきり音声化する助けとなるすばらしい道具です。そうでないと、導きは心の奥でただ低い声でささやき、押し殺され、無視されてしまいがちです。オラクルを使うときは、その意味を声に出して考えるほど、高次の領域からの導きを引き出すことができるでしょう。

母には、とても親しいメアリーという霊能力者の友人がいました。彼女はオラクルとして、トランプを使っていました。何年も愛用していたので、ぼろぼろになっており、私は彼女が手にするたびに手の中でばらばらになるのではないかと思っていました。彼女はリーディングのとき、ガイドの存在を感じるまでシャッフルし、それからはじめていました。メアリーは年とったスペイン系の女性で、カトリック信者であり、自分のガイドは聖フランシスと聖アルフォンサスだと言っていました。彼女は、自分の「聖者たちがやって来る」とすぐに、一度に一枚ずつカードを並べながら、リーディングをはじめました。彼女のリーディングはとても正確でした。彼女にとって、カードはその基本的な意味よりはるかに多くのことを明らかにしていたのです。

メアリーは、母以外で、私にカードを使ったリーディングをしてくれた最初の人でした。彼女はある日、私は世界中で有名になると彼女のガイドが言ったと伝えました。私はそのとき十三歳で、それはとても信じられないことのように聞こえました。彼女が見ていた同じカードをじっと見つめ、どのカードがそう言っているのかと尋ねました。彼女は首を横に振り、それはカードではなく、カードを通して、聖フランシスが言ったのだと答えました。自分が有名になったかどうかはわかりませんが、聖フランシスが予言したように、私の著書は世界中で読まれるようになりました。今日まで、自分の著書が外国で出版されるたびに、私は聖フランシスに感謝し、メアリーのことを思い出しています。

オラクルを使うとき、最初の答えが気に入らなかったからと言って、質問を繰り返さないことが大切です。もし、オラクルに対して自由にその知恵を示すことを許さず、答えを操作しようとすれば、ガイドはしりぞき、オラクルはそのエネルギーを失ってしまいます。それは役に立たないものになるでしょう。

これは、オラクルでうまくいく基本として、誠実さや常識を働かせることが必要なことを意味しています。自分が得た答えについて喜んで学び、敬意を表してください。チャーリー先生はこう言っていました。

「あなたがスピリチュアル的に成熟したとき、オラクルは驚くような働きをしてくれ、夜通し照らして導いてくれるだろう。もし未成熟なら、それは失望させ、ばかにするような低いレベルのエネルギーにとりつかれるだろう」

多くの直感的な人々は、自分のガイドとつながる手段として、トランプ以外のオラクルにひきつけられています。故ハナ・クレーガーという女性は、コロラド州ボールダーに住み、自分のオラクルであった鎖つきのペンジュラムを使って正確に体の不調を診断し、治療する能力で世界的に有名でした。人の体の上で、ぐらつかないようにペンジュラムをもち、身体的、感情的なレベルで病気が何であるかを見つけ、適切な治療を薦めていました。

私の親しい友人でメンターでもあり、三十年以上の付き合いがあるルーアンは、ガイドとつながるためによくカードを使っています。しかし、もっと役に立ち、愛用しているのは、古代中国の易経です。彼女はそれで毎朝、リーディングし、その日一日を導いてもらうために助言を求めています。そして、易経によるリーディングのすべてを日記に書いており、それは自分のガイドとの毎朝の対話になっています。

ルーアンの親友であり、私のもう一人のメンターであるジョーン・スミスは、オラクルとして占星術を使うのが好きです。彼女は基本的な導きをチャートだけに頼っていますが、長年の間に、チャートだけでは決められない特定の状況、出来事や日付についての助けをガイドから受け取りはじめました。このように、あなたが探求したり、使ってみようと選んだオラクルが何であれ、それに助言を求めるときに誠実ならば、すばらしい導きを受け取るでしょう。

さまざまなオラクルはいろいろなタイプのガイドをひきつけますが、その理由はよくわかりません。易経、ルーンストーン、タロット、そしてオラクルカードはかなりの量の指示と指導を提供してくれる高次レベルのガイドをひきつけます。

一方、ペンジュラムは、運を天にまかせるところがあります。高次のレベルのガイドがやって来ることもありますが、低いレベルのガイドがやって来ることもあるのです。その理由は、ペンジュラムが容易に使用者の気分に操られ、そのために混乱してしまうからだと思います。といっても、ペンジュラムがガイドとつながるのを助けるすばらしいオラクルではないと言っているのではありません。ただ、ペンジュラムは気まぐれなので、使うときには、自分が望むようなガイドをひきつけるために真剣に焦点をあわせ、集中する必要があるとおぼえていてください。

私は占星術と数秘学の大ファンです。これらは高次の論理と直感的なチャンネルを一つに融合させたものです。もしあなたがそのような情報に心を開いているなら、すばらしいガイドを招くことができます。しかし、高次の導きをとらえるのに十分な直感のチャンネルを開かずに、これら二つのオラクルを利用することも可能です。ですから、これらのオラクルは、あなたのスピリット・ガイドへの直接的なルートになることもあれば、必ずしもそうならない場合もあるのです。

最も一般的なオラクルは、タロット、易経、占星術、数秘学、ペンジュラム、クリスタル、ルーンストーン、ウィージャ（心霊術でプランシェットとともに用いる文字や数字記号を書いた占い板）、オラクルカードです。

練習

どのオラクルを選んだとしても、次のことをおぼえていてください。オラクルは、あなたの心とハイヤーセルフやガイドとのチャンネルを強くするための道具なのです。そして、電話のように中立的な存在です。あなたが問い合わせの電話をかけると、宇宙が電話を返してくれるでしょう。その法則は簡単なものです。

- 自分のオラクルに親しみ、楽に操れるようになってください。
- 可能ならば、絹の袋か巾着袋に入れて保護してください。
- 他の人には使わせないでください。
- 正直になりましょう。
- 耳を傾け、学び、識別してください。
- 同じ質問を二度は尋ねないでください。
- 最後の分析はハイヤーセルフにゆだねましょう。
- 楽しんでください。

これらの基本的な法則に従えば、どのオラクルもガイドと対話するときの強力な手段になるでしょう。オラクルは、三十七年間、私にとってとても役立ってきました。そして今でも、それについて学び続けています。

もしオラクルがあなたをひきつけたなら、試してみましょう。適切な態度と意図でおこなえば、あなたのためにも役立つはずです。もっとオラクルについて知りたいなら、それに関する本がたくさんあります。私の処女作『魂に覚醒める旅』にも情報が書かれています。すでにお話したように、必ずしもオラクルを使う必要はありませんが、これは楽しいものです。特にオラクルカードは私のお気に入りです。

オラクルカードの活用法

タロットのようなオラクルカードは、ガイドとコミュニケーションするすばらしい手段です。それは、たいてい四十四枚から七十二枚のカードからできており、一枚一枚が質問者に個別のメッセージを伝える具体的な意味をもっています。伝統的なタロットのようなオラクルカードは、洗練されており、複雑で、人間のたましいの成長というテーマが焦点になっています。一方、ジプシーのトランプ占いのようなカードはずっと基本的で、「隣人は友達かしら？」というような単純で日常的なものを中心に占います。

オラクルカードを使うためにしなければならないことは、具体的な疑問、問題点、人物などに焦点を当ててシャッフルし、それから無作為にカードを引いて、それらをあらかじめ決められたパターンに並べることです。

オラクルカードは、普通のトランプにはじまり、何百というさまざまな種類があります。ほとんどのカードは、基本的に四つの要素が中心になっています。それは空気、水、火、大地です。そして、それぞれが肉体的、精神的、感情的、スピリチュアル的な側面に対応しています。

オラクルカードは昔から存在し、長い歴史があります。それは中世までさかのぼります。実際、いくつかのカードは、それ以上長く存在しており、アトランティス文明から来たと言われています。過去の哲学者が普遍的に理解されるシンボルを作り出し、現在までいろいろな形態で存続しているカードにその意味を写しかえ、マスターによるスピリチュアルな教えを保持しようとしたのです。

オラクルカードのいちばん伝統的なものは、タロットと呼ばれます。それはたいてい二つのグループ、つまりアルカナに分かれています。二十二枚の大アルカナと五十六枚の小アルカナがあり、それぞれがハイヤーセルフやガイドからの伝言をあらわしています。大アルカナのカードは、私たち全員が学ばなければならないスピリチュアルの法則を示しており、小アルカナのカードは、その法則を学ぶための無限の方法を示しています。

タロットには、たくさんの導きや情報が含まれていますが、それを使いこなすにはかなりの勉強が必要です。一枚一枚のカードが具体的な象徴的意味と目的をもっているのです。私は三十年以上タロットを学んでいますが、やっとカードのもつ深い意味について理解しはじめた感じがしています。しかし、カードを使うには、意味に精通し、暗記する必要はありません。たくさんの本が出版されており、その中に手引きが書かれています。宇宙からの光の一団は、私たちにできるだけ早くスピリチュアルな導きを利用してほしいと願っているので、たくさんの直感者や芸術家（私を含めて）が、古代のタロットを現代的で理解しやすいものにするように指示されているのです。ですから、今はとてもわかりやすいオラクルカードがたくさんあります。その中には、私がこの本のために作成したカード（Ask Your Guide Oracle Cards）も含まれています。それは、伝統的なタロットの小アルカナに基づいており、とても簡単に使えるはずです。

どのカードを選んだとしても、質問を尋ね、答えを得るためにカードを引くことでガイドとつながることができます。オラクルカードがあなたに話しかける方法はたくさんあります。最初は、一つの質問に一枚のカードで反応します。単に一つの質問を投げかけ、あるいは一つの問題点に的をしぼって、気づきを得るために一枚のカードを引きます。より深く理解するために、何枚か引いて、あるパターンに並べることもできるでしょう。

私はオラクルカードですばらしい経験をしており、それがすばらしいパイプ役を果たしているとわかりました。さらに、それは特に感情的な問題に関する導きを得るのに役立ちます。つまり、出会ったばかりで、好きだけれども必ずしも信用できない男性とデートを続けるかどうか、あるいは、とても気に入ったけれど金銭的に購入が難しい家を買うかどうかというような、あなたが中立的で公平ではいられないようなものについてです。それは、自分が聞きたがっていることを聞かせようとする大脳の主観的部分を迂回して、もっと客観的な見解を与えてくれます。ですから、感情的に張りつめているとき、オラクルに尋ねたり、ガイドにつながろうとするのは賢いことではありません。神経が高ぶっている状態のときには、シグナルを間違って受け取ったり、受け取ったものを無視してしまいがちだからです。しかし、客観的な高次の影響に心を開いていれば、カードはうまく働くでしょう。

もう一度言いますが、何を意図するかが問題なのです。あなたは、答えを求めているのですか？　それとも自分が望んでいることを聞きたいだけですか？　もし本当の導きを求めているなら、カードは役に立つでしょう。単に安直な解決法や同情を求めているなら、残念ながら役には立ちません。

タロットの長所は、言葉のかわりにイメージを使って、直接私たちの潜在意識に話しかけ、それを高次の意識へとつなげてくれることです。タロットカードは宇宙との対話を可能にし、偉大な創造性へと近づく手段を与えてくれます。偉大な心理学者カール・ユングは、かつてこう言いました。

「もしも牢獄に閉じこめられ、たった一つのものしかもつことを許されないのなら、タロットを選ぶだろう。なぜなら、その中には宇宙の知恵が存在しているのだから」

オラクルカードを使ってみたければ、自分のスピリットに呼びかけるものを選ぶことからはじめてください。スピリットとの対話は芸術であり、完璧な科学ではないので、一つ、あるいはいくつか選んでもよいでしょう。私はカードが大好きなので、あらゆるコレクションをもっており、場合によってそれぞれ使い分けています。

あるカードは、一つの具体的な問題に対して対話を導き、他のものは他の問題をとり扱うようなものです。たとえば、ライダーウェイトのような古典的なタロットは、スピリチュアルの問題を深く考えるときには適切ですが、旅行をするかどうかなどの指示や導きを求めると混乱してしまうかもしれません。エンジェルカードは、感情的な問題をとり扱うとき、たましいの方向性についておびただしい量の情報を提供してくれますが、仕事について尋ねるとそれほど満足感は得られないでしょう。

こういう違いがあるので、私自身も自分でいくつかのオラクルカードを作成しました。「Trust Your Vibes Oracle Cards」は、あなたが決断をし、直観力を鍛える助けとなるように作られており、「Ask Your Guides Oracle Cards」は、ガイドとの対話を強化するように作られています。さらに、たましいの目的と、たましいのレッスンについて助けてくれるカードももうすぐ出版予定です。その後も、他のカードを作成するでしょう。

ベッツィというクライアントが、とても興奮して電話をかけてきました。彼女は児童書の執筆を助けてもらうために、「Trust Your Vibes Otacle Cards」を使っていました。ゆきづまったり不安になるたびにカードを一枚ずつ引いていたところ、励まされていつのまにか本を書き終えていました。その後、彼女は本の出版を助けてもらうために、「Ask Your Guides Oracle Cards」を使いはじめました。可能性のある出版社やエージェントにコンタクトする前に、それが自分の本にふさわしいチャンスを与えてくれる相手かどうか尋ねようと、カードを一枚ずつ引きました。とても驚き、喜んだことには、カードに相談しただけで三番目の依頼でエージェントが決まり、二ヶ月以内にその本を売ることができたのです。彼女は、カードが導いてくれなかったら、やりとげる前に、絶対やる気を失ってやめていただろうと断言しました。カードのおかげで、彼女は本の出版を実現したのです。

マーカスというクライアントは、毎朝、伝統的なタロットカードをシャッフルして、一枚引き、自分のガイドに話しかけ、その日のスピリチュアル的な「天気予報」を教えてくれるようにお願いしています。

ある日、彼はタワーのカードを引きました。それは大アルカナのカードで、混乱と崩壊を意味していました。その日の遅く、彼はボスから、会社が他の会社に買収されて、彼の仕事は月末までになくなると言われました。普通こんな話を聞いたら、ひどくショックを受けるはずですが、その日の朝早くもらった警告が心の準備をさせてくれていました。

マーカスが次に引いたカードは、スターでした。それは、新しい驚きが宇宙からあらわれることを示していました。その後、マーカスは義弟から連絡をもらい、アイオア州で一緒にメキシコ料理のファストフードのレストランをするつもりはないかと誘われたのです。スターのカードが示していたように、それは突然、またとないタイミングでやって来たのでした。最後に私が話したときには、それをやってみるつもりで、まだ毎日カードを引きながらガイドに相談中だと言っていました。

導きを得るためにオラクルカードを使うコツは、いくつかの違うオラクルカードを使ってみて、どれが自分に合っているか試してみることです。一つのオラクルカードを選んだら、それに慣れるため、しばらく使ってみましょう。新しいコンピュータのように新しいカードを使ってみてください。コンピュータは、直ちに世界中の人たちとコミュニケーションすることを可能にします。同様に、オラクルカードは宇宙の存在とのコミュニケーションを可能にしてくれるのです。

オラクルカードに相談する前に、その意味をすべておぼえなければならないのかと尋ねる人たちがいます。カードの専門家の多くはイエスと答えていますが、私はノーと言っています。私は、ガイドブックを読む前に、自分でオラクルカードを解釈する努力をするべきだと思っています。そのカードを見たとき、あなたのスピリットは何と言ったでしょうか？　内なる声は何と言っていますか？　ガイドブックを利用することもできますが、自分の内なる声を信頼してほしいのです。自分のガイドの声に耳を澄ましてください。もしその意味がわからなかったり、完全に理解できないなら、カードの解釈の仕方をガイドに尋ねることもできるでしょう。オラクルカードを読む過程には、あらゆる要素が含まれます。自分に合うものを見つけるまで、いろいろな方法を試してみてください。

ただし、不真面目な態度でオラクルカードを使わないでください。決してからかったり笑ったりしないでください。もしそうすれば、すでにお話したように、高次のレベルのスピリットではなく、低いレベルの存在をひきつけてしまうでしょう。それはあなたを混乱させ、心をかき乱すメッセージを与えます。そのようなガラクタは一般的に害はありませんが、役に立たないスピリチュアルな邪魔者なので、軽率な相談をして招き入れるべきではありません。

とはいえ、オラクルカードを楽しんで使ってはいけないと言っているのではありません。実際、楽しむべきなのです。それは安らぎと人生の指針を与えてくれる大きな情報源です。ただ誠実でいてください。それだけのことです。

ＭＫというクライアントは、私のカードを使って、人生の目的について尋ねていました。カードは、彼女が子どもと本の執筆に何らかの関係をもつだろうと示唆しました。当時、彼女はその示唆にほんの少しも興味をもたず、その意味もわかりませんでした。しかし一年後、突然、真夜中に、児童書の形で大人の本を書くというアイディアが浮かび、その計画に夢中になったのです。六ヶ月後、彼女は「Will you dance? A children story for adults」という本を書きあげました。今では、それを用いて、大人のために自尊心のワーク・ショップを全米でおこなっています。それはまさにオラクルカードが教えてくれたことでした。

もし望むなら、毎日オラクルカードに相談してもよいでしょう。ただし、一つの質問に対しての相談は一度だけで、状況が変わったときにのみ、もう一度だけ同じ問題を相談できます。

私は、昨年、娘をある学校に入学させるかどうかでカードに相談しました。そのとき、突然、ホーム・スクールという選択に導かれました。カードは、考えていた学校は娘にとって申し分ないと言いましたが、新しい選択肢を含めてもう一度考えるべきでした。二度目に相談したときには、ホーム・スクールを擁護し、それは最初のときよりもずっと強力でした。結局、娘はホーム・スクールにしたのですが、その結果、生まれてはじめて、勉強が好きだと言ったのです。

私は、いつでもオラクルカードを使っています。それが面白く効果的だからです。しかし、それが面白いからと言って、カードの知恵が深遠さをなくしたり、私の意図が真面目でなくなるということではありません。すぐにフィードバックを得られるのはわくわくし、楽しいことであり、あなたのスピリットが消耗するのを防いでくれます。ただし、どれくらい効果的であるかは、カードではなくあなたしだいなのです。あなたが受容的であるほど、ガイドのコミュニケーション手段としてうまく働くでしょう。

すべてのオラクルカードは実際に価値があり、
どのカードがあなたに話しかけるかは好みの問題です。

練習

カードを使う前に、よくシャッフルしてください。そうすることで、カードにあなた個人の波動を吹きこみ、ガイドをひきつけることができます。自分のカードの感じをつかんでください。シャッフルしながら、その存在を感じることができるか見てみましょう。他の人にはカードを使わせないでください。安全な場所に置き、できれば、澄んだ波動を保つために絹かサテンで包んでください。自分のカードに心地よさと尊敬の念をもち、友達のように扱いましょう。あなたが正しく使えば、大好きになる道具なのです。

カードに相談する準備が整ったら、シャッフルしながら、一度に一つずつ、自分の質問や心配事に集中してください。一つの質問を心に抱き、一枚カードを引いて、それからどのように解釈すればいいかガイドブックを読みましょう。

すべての導きにおいて、質問は、

「私は○○○すべきですか？」

ではなく、

「この問題について私の選択肢と、私が知る必要があるすべてのことを教えてください」

と言ってください。

それから、気づきと指針を求めてオラクルカードを使いましょう。

ガイドと直接つながるための踏み切り板として、オラクルカードを使ってください。それがやって来たら、意味が完全にわからなくても、その導きに心を開いてください。たいていの場合、その意味は時間とともに明らかになっていきます。オラクルカードは、あなたの意識的な心が気づいていない大切なことを教えてくれるのです。

次の章では、スピリットに導かれた生活について、その秘訣を学んでいきましょう。

第6章　スピリットに導かれた生活をしましょう

ハイヤーセルフと歩みましょう

あらゆるガイドのうち、いちばん重要なのはあなた自身のハイヤーセルフです。ハイヤーセルフは、神の声と波動をもち、十分悟った永遠の自己で、あなたを創造主である神へと直接つなげてくれます。それはあなたが望むすべてのものと、学び貢献しようとしているすべてのものへの、いちばん強力で、現実的な、愛にあふれたつながりなのです。

他のガイドや天使たちの主な仕事は、ハイヤーセルフとの意識的なつながりが強くなるように助けることです。そして、知性に欠け、恐れにもとづいたエゴにかわって、あなたの人生の指揮をとってもらうことです。ハイヤーセルフがあなたの目を通して見つめ、他の人たちと触れ合い、決断をし、進歩を評価しているとき、他のガイドたちは人生がうまくいっていると感じています。

ハイヤーセルフの声は、他のガイドとは異なり、本当の自分自身のものです。ハイヤーセルフとつながったときに、あなたの頭の中には他の声は存在しません。どうすればもっと創造的で、喜びにあふれた存在になれるかだけに集中しているはずです。これにより、心が大きくなっていく一方で、あなたのエゴは途中で挫折してしまうでしょう。

他のガイドたちは、人生における諸問題で助けてくれ、本当の自分に導いてくれるメッセンジャーやコーチとして考えることです。一方、ハイヤーセルフはメッセンジャーではなく、あなた自身の最も高次な表現です。ガイドは仲介者であり、ハイヤーセルフはあなたが本当はどんな人なのかを直接に示すものです。ガイドの仕事はあなたをハイヤーセルフにつなげることであり、ハイヤーセルフの仕事はあなたを神につなげることなのです。

ガイドと行動をともにするとき、自分自身を彼らに託して、かわりに人生を動かしてもらおうと期待してはいけません。しかし、ハイヤーセルフとつながっているときは、あなたのパワーを譲りわたすことが正しいだけでなく、そうすることが望ましいのです。なぜなら、ハイヤーセルフはあなたの外側にいるのではなく、本当の自分そのものだからです。

あるクライアントが、もしハイヤーセルフがそれほど強力なら、どうして私たちは他のガイドが必要なのかと尋ねました。じつは、必ずしも必要ではないのです。ガイドの役割は、助けとサポートと友好と喜びです。人生という旅において、ガイドは選択可能なヘルパーであり、必要不可欠なものではありません。一方、ハイヤーセルフは絶対必要な存在です。ハイヤーセルフがいないと、私たちは途方にくれてしまい、恐怖と不安で疲れ果ててしまうでしょう。このことは、ハイヤーセルフから切り離されていたり、なじみのない人たちが、間違いなく証明しています。エゴに乗っ取られ、不安と疑いにかりたてられるのです。しかし、人間の究極的な運命に対して、どんなにエゴが逆らったとしても、決して死を避けることはできません。たとえあなたがお金持ちで有名になり、力をもったとしても、死の必然から逃れることはできないのです。エゴが努力すればするほど、あなたはさらに疲れ果ててしまうでしょう。

エゴはコントロールを生きがいにしており、他の人やあなたについての話を作りあげたり、投影したり、非難したりしてあなたを孤立させようとします。あなたが傷つきやすさを感じたり、導きを頼みたいと思わないように、ありとあらゆることをするでしょう。その上、エゴの巧妙な策略は心身をひどく疲れさせ、人生のすばらしさを経験して楽しむためのエネルギーをほとんど残してくれません。きっと気力が衰え、疲れきり、健康がそこなわれ、あっという間に歳をとるでしょう。知性に乏しく、恐怖にかりたてられたエゴによって動かされるなら、疑う余地もなく、あなたの人生は確実に滅ぼされるのです。

この末期的なたましいの病に対する唯一の解毒剤は、自分のハイヤーセルフの声と波動につながり、それに導いてもらうことです。それは、死ぬ運命にある自己ではなく、永遠に生きている自己のことです。

では、自分のハイヤーセルフとどのようにしてつながることができるのでしょうか？

最初のステップは、エゴの声を静めることです。それは、わめきちらし、非難し、防御し、判断し、正当化し、愚痴を言い、許さず、決して忘れず、最悪の事態を期待して、誰も信用しない声のことです。この声が沈黙するまで、あなたにはハイヤーセルフの声が聞こえないでしょう。

ハイヤーセルフの声は、少なくともはじめてコンタクトしたころは、他のあらゆる導き以上にとても繊細です。しかし、一度つながると、その合図はだんだん強くなり、無視するのが難しくなります。それは、はじめて砂糖を味わうときのようなものです。とても甘くて、抵抗しがたいほど美味しいので、もっとほしくなるでしょう。

自分のハイヤーセルフの声に耳を傾け、エゴのおしゃべりを静める最善の方法は、瞑想です。一日に十分から十五分間、頭を休め、恐れを静めて、意識的に外側から内側へと焦点を移します。難しいことではありません。必要なのは、そのときだけ外側の世界と関係するのをやめて、自分の内側と呼吸に集中することだけです。四つ数えながら、ゆっくりと息を吸い、四つ数えながら、ゆっくりと息を吐き出します。それだけなのです。

もし思考があちこちさまよっても、気にせずに、ただリズミカルに呼吸を続けてください。これは簡単な練習ですが、自制と練習が必要です。思考はコントロールされたくないので、闘おうとするでしょう。それに備えて、毎日、できれば同じ時間におこなうと決めてください。スケジュールどおりに練習を続ければ、簡単になるはずです。あなたの潜在意識はその日課に慣れて、自動的にあなたの意図を実行するでしょう。着実におこなえば、数週間でうまくいくようになります。

第二に、私が瞑想的な活動と呼ぶものをはじめてください。これは、心を静める意図で物事をおこない、注意を思考のおしゃべりからそらして、自分に休みを与えることを意味します。たとえば、散歩に行ったり、洗濯物をたたんだり、編み物をしたり、庭仕事をしたり、絵を描いたりしてください。

この二つの練習は、いつもあなたをハイヤーセルフにつなげてくれます。それは、人生を導いてくれるハイヤーセルフの存在を認め、信頼し、人生に対して完全に責任をもち、自分のパワーを手放して、人生の指揮を他の人にまかせるのをやめる手助けをしてくれるでしょう。

ハイヤーセルフとつながっていると、正しい道からはずれたとき、すぐにそれがわかります。体を通してハイヤーセルフが合図を送ってくるからです。あなたが気づくまで、心をノックしたり、頭の後ろをトントン叩いたり、お腹の中でゴロゴロ音を立てたりするでしょう。ハイヤーセルフはこのような方法で、あなたが回り道をしていると、心地よく感じないようにしてくれます。あなたが本来の、愛に満ちた、不滅の自己であるとは言えない状態のとき、靴の中の小石や指のとげのように、ハイヤーセルフはいらだちと不快感を伝えるのです。

残念ですが、多くの人はこの不快感とともに暮らすことを嫌がらず、それを無視したり、おおい隠そうと一生懸命骨を折っています。そして、外側にあるものに夢中になったり、中毒になることで気をそらせようとしています。

これらの合図をいやいやながらも無視しないと決めた日、そして正しい道に戻るためには何でもしようと決心した日、それがあなたとハイヤーセルフのつながりが本格化する日なのです。あなたがハイヤーセルフに自分のエゴを降伏させたその日から、人生はうまくいきはじめることでしょう。

ハイヤーセルフとつながるもう一つの方法は、大きな声で「潜在意識よ、これからいつも私をハイヤーセルフへと連れていってください」と言うことで、エゴを無視し、ハイヤーセルフにコントロールを譲るように、潜在意識を訓練することです。心配したり、落胆したり、不安定だったり、怒ったり、傷ついたり、困惑したり、復讐心に燃えたり、つまらない人間に感じたりしたときには、この文章を繰り返してください。

さらに、つながりをいっそう強めるためには、毎朝、目を開く前に、「潜在意識よ、ハイヤーセルフだけにこの一日を導いてもらってください」と言いましょう。

友人のネルソンは、とげとげしい結婚生活を終えようとしていたとき、この方法を使いました。彼と妻は、別々の道へとすすむことに合意したものの、二人のエゴはまだメラメラと燃え続けていました。最も大変な決定は、家を売ってお金を均等に分けることでした。彼らが家を売りに出した日に、希望の全額を現金で支払うという申し出がありました。ただし、二つの条件がありそれは二日以内に申し出を受けいれることと、三十日以内に家を明けわたすということでした。ネルソンは有頂天になり、引っ越しの準備をはじめました。妻も同意すると確信していたのですが、彼女はノーと答え、とにかく協力したくないと言ってきたのです。

彼はひどく怒りました。最初に離婚を求めたのは妻なのです。彼のエゴは、商談がこわれるのを恐れて、全力で彼女のあとを追い回したい気分でした。彼は私に電話してきて、どうすればよいかと尋ねました。

私はその問題を彼のハイヤーセルフにゆだねるようにと言いました。

「でも、時間がありません。明日までに買い手に返事をしなければならないんです。ハイヤーセルフにゆだねるのはすばらしい考えですが、私のハイヤーセルフは妻に商談にサインさせることはできません」と彼は言いました。

「自分のハイヤーセルフにゆだねてください」私は繰り返しました。彼はまるまる五分間黙ったままでいました。

「ハイヤーセルフはどんな提案をしましたか?」私は尋ねました。

「何もしないように言いました」彼は言いました。

「それに従えますか？　その方が理にかなっているように思います。あなたには何もできないんです。あなたの奥さんは、自分でこのことに折り合いをつける必要があるんですから」

「たしかにそうです」彼は認めました。「これまで彼女に対して何一つ強制できなかったのに、今さらできるはずがありませんから」

　そして、彼はアドバイスどおり、何もしませんでした。契約期限の十分前に、彼女が電話してきました。そして「その取引を受けいれるわ」とだけ言って電話を切りました。翌日書類はサインされ、さらなる怒りの言葉は一つもなしに、家は売却されました。彼のハイヤーセルフは正しかったのです。

　クライアントのメアリー・エレンは、勤めている投資会社から自分の上司と同僚二人が横領しているのを偶然発見してしまい、ひどく苦しんでいました。彼女は仕事を愛していましたが、いちばん新米で、唯一の女性であり、多くの同僚男性から明らかにあまり好ましく思われていませんでした。彼女が何か言ったりすれば、それによって非難されるかもしれないと恐れていました。しかし、黙っていれば、自分もその罪の一部に関与することになるかもしれないのです。

　彼女は心配のあまりとり乱し、怒り、おびえ、恐れながら私に電話をしてきて、どうしたらよいか相談しました。

「あなたのハイヤーセルフは何と言っていますか？」

「わかりません。私のハイヤーセルフには話していません。上司と対決すれば、私は職を失います。告発者となってしまい、誰も私を雇わないでしょう」

　私はもう一度言いました。

「こわがる気持ちを静めて、あなたのハイヤーセルフのアドバイスを私に教えてください」

長い沈黙のあと、彼女は、「私のハイヤーセルフはこう言いました。辞表を出し、当事者の名前は伏せて、自分の上司と彼の上司にその理由を話しなさい。そして、他の仕事が見つかると信じなさいと」

一ヶ月が過ぎ、その問題はまだ彼女を悩ませ続けていました。とうとう、彼女は耐えられなくなり、ハイヤーセルフのアドバイスに従って、辞表を出しました。結局、退職金も推薦状ももらわずに会社を去りました。どちらも頼む勇気はありませんでした。

三ヶ月後、彼女の昔の会社が連絡してきました。彼女の上司と二人の同僚をクビにし、昇給を条件に彼女を再雇用したいと言ってきたのです。誰一人、辞職や告発のことは口にしませんでした。

ハイヤーセルフを信頼し、エゴを無視することは、はじめは、目隠しをして崖から飛び降りることのように感じるでしょう。エゴは、そうすればあなたへの支配を続けられるので、そう感じてほしいのです。でも、もし喜んで崖から飛び降りる決心をすれば、あなたが発見するのは、スピリットとして、自分は飛ぶことができるということなのです。エゴの恐怖から自由になって、自分のスピリットが望んでいるように生きはじめるでしょう。

ハイヤーセルフ

ハイヤーセルフの導きに従うことを選択するなら、あなたは想像以上の自由を与えられます。それは、本来の、愛に満ちた、恐れのない人生を生きることを可能にしてくれるでしょう。それ以上の力をあなたに与えてくれるものは何もありません。ハイヤーセルフに自分の人生を指揮してもらうと決心し、きっぱりそう言ってください。それはあなたがすべての夢を実現するいちばんの近道なのです。

練習

ハイヤーセルフと接触する最善の方法は、瞑想することです。瞑想の技能は練習で身につきます。ゆっくり呼吸をすることからはじめましょう。そして、もっと息を吸いこむことで、どのように意識が拡大するかに気づいてください。もう一度やってみましょう。今度は、四つ数えながら息を吸い、一瞬息を止めて、それから四つ数えながら吐き出しましょう。急がず、時間をかけて、心地よいペースがわかるまで続けてください。音楽を聴きたければ、そうしてください。特にバロックがいいでしょう。バロックは深い瞑想と同じリズムで、心がリラックスするのを助けてくれます。

ゆっくりしたリズムになるまで、次のように呼吸を続けてください。呼吸している間、吸いながら「私は」と言い、吐きながら「平和です」と言うのを繰り返しましょう。

心がさまよいはじめても、心配しないでください。それは普通のことです。ただもう一度、自分の呼吸に焦点を合わせ、「私は」（吸いながら）と「平和です」（吐きながら）の繰り返しに戻りましょう。それだけです。あなたは瞑想しているのです。

この練習を毎日、十五分間してみてください。一週間程度で、瞑想するのが楽しみになるはずです。なぜなら、心が静まるからです。そして、あなたの心が静かなとき、自分のスピリットと接触しはじめるでしょう。

勇気をもってガイドの声に従いましょう

ガイドと働くとき、あなたが直面する最大の問題は、彼らが言ったことを受けいれ、信用することです。特に、世界中の誰もが、あなたが受け取ったものを認めないように思えるときでも、それを信用するのは大変なことでしょう。このように、直感的、第六感的に導かれた人生は、勇気を必要とします。ガイドは、人生の目的を達成し、日々の生活を容易にする最善の道を示してくれるでしょう。しかし、そのアドバイスに従うかどうかはあなたしだいなのです。

ポールというクライアントは、すばらしい霊能力者で、ニュージャージー州のパン屋で働いていました。幸せな結婚をしており、二人の子どもがいました。しかし、仕事に関してはとても不幸でした。彼のガイドは、姉が住んでいるオハイオ州コロンバスに移り、プロの霊能力者として仕事をはじめるようにアドバイスしました。そのアドバイスは彼をわくわくさせると同時に、死ぬほどこわがらせました。

「夢が実現するぞ！　人に尽くす仕事ができるなんてすばらしい！　でもどうやって保険の支払いをするんだ？　どうやって家を買えるんだろう？」と彼は考えはじめたのです。

他の人たちは、彼がどうかしていると思い、そんなことはしないように説得しました。しかし、彼の妻は「やってみましょう」と言ったのです。

結局、何の保証もなしに、自分は霊能力者で従うべき別の道があると上司に告げて仕事を辞めました。すると、彼の上司は辞表を快く受けいれただけでなく、ポールの最初のクライアントになってくれました。

新しい生活をはじめて数ヶ月もしないうちに、彼はラジオ出演のチャンスに恵まれました。それはとてもうまくいき、その後何度も頼まれるようになりました。まもなくして、リーディングの依頼がきはじめ、彼のキャリアは花開きました。その年の終わりには、霊能力者としてすっかり忙しくなっていたのです。

自分のガイドに耳を傾けるのは難しいことでした。なぜなら、とてもリスクがあるように思えたからです。しかし、彼がガイドと一緒に働き、彼らのアドバイスを信じると決心したとき、今までの人生で最高の決断をすることができたのです。

クライアントのジョセリンは未亡人で、いつも話しかけてくれるすばらしいガイドたちがいました。ガイドは、たとえ生活費がぎりぎりになったとしても、クリスマスに女友達たちとクルーズに行くようにアドバイスしました。彼女の息子たちは母親が浮わついていると思い、クルーズに行くことをひどく批判し、無責任すぎると責めました。ジョセリンは息子たちが正しいだろうと悩み、予約をキャンセルしようとしましたが、ガイドたちは『だめだ！』と叫びました。

結局、土壇場になって、彼女は計画を実行することにしました。息子たちが彼女のいい気分に水をささないように、空港まで送るという申し出も断りました。

クルーズの最中、彼女はたった三マイルしか離れていないところに住んでいるすばらしい男性に出会いました。彼は独身で、最近退職したばかりのカイロプラクターでした。二人はすぐに意気投合し、彼らの関係はクルーズのあとも続いたのです。

二年後、彼らは結婚しました。何より最高の出来事は、息子たちも彼を好きになったことです。彼は完全に天の恵みのような存在でした。ジョセリンは、家にいるように言った息子たちのアドバイスを、今でもときどきからかっています。

自分のガイドと働くことは一つの生き方です。高次の導きの源から助けを受け入れ、利用するという選択をすることは、恐れやコントロールの欠如という古い人生を置き去ることを意味しています。そんな人は、少なくとも私の経験から、ずっと多くの恵みを与えられ、シンクロニシティーを経験し、豊かで喜びに満ちた人生を送ることができるでしょう。

練習

周りのすべての人がそうしないようにと言っているとき、それでも自分のガイドに従うことは難しく、こわいことでもあるでしょう。私に提案できるのは、自分が感じたことを信じ、心に耳を傾け、他の人に意見を尋ねないことです。スピリット・ガイドは、最も高次のレベルであり、それゆえ、比較する必要などありません。もし疑うなら、他の意見はあなたをいっそう混乱させるだけなのです。導きを信頼しさえすれば、すばらしいことが明らかになるでしょう。おそらく、あなたが考えているほど早くないかもしれませんが、それは必ず花開きます。

導きは必ずしも甘い香りはしないのです

ガイドと一緒に働いているとき、受け取ったものに心を開き、自分の考えに合うように編集しないことがとても重要です。言うまでもないことですが、私たちは、ポジティブな結果と幸せな結末を得るためにスピリチュアルな導きを求めています。しかし、そこにたどり着く道は、あなたが考えている道とは非常に異なっているかもしれません。

導きを求めるときに肝心なのは、物事を求める新しい方法に心を開き、状況の理解に役立つ新しい情報を受けいれることです。そうすれば、よりよい決断ができるでしょう。ガイドやハイヤーセルフに対して、自分の考えに同意し、自分の確立した考え方を支持するように求めるなら、決してうまくはいきません。

導きを求めるとき最も困難なのは、聞くことも受けいれることも難しいようなときでさえ、その導きを受け取るということです。

あるクライアントは、オラクルカードを使って、自分の結婚生活についてガイドに相談しました。そして、喪失、偽り、裏切りという不吉な警告を受け取りました。その情報に気が動転し、彼女はカードを捨ててしまったのです。彼女の夫は投資銀行に勤めるトレーダーでした。彼女によると、彼は「品位そのもの」で、がっかりさせたことは一度もないというのです。そのうえ、浮気をするひまもありませんでした。毎晩家に帰ってきており、彼が誠実だということを彼女は知っていました。数ヶ月後、夫がインサイダー取引と業務上の資金横領で逮捕され、五年間の刑務所行きを宣告されたとき、彼女がどれだけショックを受けたか想像がつくはずです。

経済的破綻については言うまでもありませんが、夫が彼自身にも家族に対しても不名誉なことをしたので、彼女は、信じられないほどの屈辱を感じ、傷つき、私にこう言いました。

「あの忌々しいオラクルカードは私に警告したんです。あれを使うべきじゃありませんでした」

まるで夫の堕落がカードの責任であるかのようでした。

「それは面白い考え方ですね。でも私には、あなたのガイドがカードを通して警告しようとしていたんだと思えます。その警告にどうして腹を立てているんですか？　ガイドは、あなたが気づいて、可能なら、そのような背信行為や詐欺についてご主人と話し合うようにアドバイスしていたんです。なのに、あなたはそのアドバイスを無視してしまいました。このような事件について少しでも疑ったことはなかったんですか？」

「ええ、まあ……。じつは……あったんです」彼女はばつが悪そうに認めました。「夫はいつもと違ってストレスをためこみ、かっとなることも多くなって、まるで人の話を受け付けないようでした。ふだんの彼ではありませんでした。ですから、私はオラクルカードに相談したんです。何かが変だと感じたので、理由を見つけ出したいと思って……」

「あなたの反応から考えると、カードを捨て、ガイドを無視して、悪い知らせをもってきた人を責めるという典型的な間違いをおかしたようですね」と私は言いました。

「あなたならどうしたというんですか？」彼女は少し身がまえて尋ねました。

「私なら、ご主人と向かい合って、悪い波動を感じるんだけれど、何かしていないかと尋ねたでしょう」

「私もそうしようかと思ったんですが、こわかったんです。本当のことを言うと、知りたくありませんでした。私たちは、収入以上の生活をしていました。とても心地よくて、質問することができませんでした。今では彼に聞きさえすればよかったと思っています」

「ご主人は刑務所に入るのですから、彼もあなたがそうしてくれればよかったのにと思っていますよ」

　オラクルカードだけに当てはまることではありませんが、導きを尋ねるときの基本ルールは、答えを知りたくないなら、質問をしないということです。そして、アドバイスがあなたの好みに合わなくても、その送り手を責めないことです。

　ガイドは真実を伝えるだけでなく、少なくとも高次レベルの存在なのです。その情報をどのように使うか選択をするのは、あなたです。もし否定的な情報を受け取ったら、それに反応する前に、自分に正直になってください。あなたはそのような否定的なものを招く何かをしていませんか？それともあなたの周りの人が何かしていないでしょうか？　事実を信じたくなかったり、誤った判断をしたり、あるいは、自分を悩ますかもしれないものを無視していませんか？　あなたのスピリットを混乱させたり、苦しめたりする人と親しくしていませんか？　もしそうなら、注意してください。少なくとも、ガイドはそうするように提案しています。

三十七年間リーディングをしてきましたが、クライアントのガイドから面倒な知らせや悪い知らせを受け取って、それを話したとき、彼らが心底驚いたことはないと断言できます。私たちの気づきは、自分で認めるよりもはるかに鋭いのです。そして、不愉快な現実はぬぐい去ってしまう傾向があります。しかし、ガイドはそれができず、そうしようともしません。ですから、あなたが尋ねるとガイドは答えてくれますが、それは偏見のないもので、必ずしもあなたが聞きたいものではないかもしれないでしょう。

別のケースですが、「何を受け取ったとしても、悪いニュースは言わないでほしいんです。耐えられませんから」と言ったクライアントがいました。

それに従って、私は、彼女の仕事が終わりになる（そう私に見えたのです）ということを話しませんでした。そのかわりに、自分の第六感に従うように彼女を励まし、さらに、ちょうどいいタイミングなので、できるだけ早く自分にとって理想の仕事を探しはじめた方がいいと提案しました。十日後、彼女は解雇されました。すると彼女は電話をかけてきて、私が警告すべきだったと叫んだのです。

「あなたが制限を加えたので、そうしただけです。でも仕事について十分話をして、ガイドが新しい仕事を探すようにアドバイスしていると言ったはずです。ようやくその理由がわかったでしょう」彼女は怒って電話を切ってしまいました。

三週間後、私は彼女から絵葉書をもらいました。そこには、すばらしい職についたと報告されており、自分の過剰な反応について謝罪の言葉が書かれてありました。

自分をおだててくれなかったり、自分の見解を補足してくれないような導きは、つい捨ててしまいたくなるものです。オラクルカードを使っているときは特にそうです。オラクルカードをシャッフルして、導きを得るためにカードを引き、それが自分の気に入らないと無視してしまうクライアントがいました。ジーナという女性は、レストランを開くことについて質問をし、タロットから三枚のカードを引きました。ガイドは、あまりにも早急すぎること、そして間違った人との不安定な共同経営について警告しました。彼女はそのアドバイスを聞きたくありませんでした。オラクルカードに尋ねる前に、すでにビジネスと共同経営者については心を決めていたので、ガイドがその計画を変えるように提案したとき、明らかにむっとしたのです。

彼女はいっそうスピードを速めて計画をすすめました。いちばん最初に見つけた物件の契約書にサインをし、人物的にあまりよく知らない男性を共同契約者に選びました。

数ヶ月後、レストランは完全に失敗し、彼女は今、借金を残して消えてしまったパートナーを告訴しています。再び私に会いにきたときは、自分の失敗に意気消沈し、起こったことすべてが信じられないという状況でした。

「警告を受けたはずです。あなたはただ、それを聞こうとしなかったんです」私は彼女に思い出させました。

「わかっています」彼女は後悔して嘆きました。「聞きたくなかったんです。自分はすばらしく、必ず成功するとあなたに言ってもらいたかっただけでした」

チャーリー先生は、もし答えを受け取ることに本当に心を開いていないなら、決して導きをお願いしてはいけないといつも言っていました。導きをお願いして、いつも無視すれば、ガイドはあなたを不誠実と思い、離れてしまうでしょう……。「狼少年」のお話のように。

ガイドとコミュニケーションしたいと考えているなら、おそらく克服しなければならない最大の障害は、導きを受けいれないことです。もしすでに自分で何かを決心しているなら、提案を受け入れるのは難しいのです。

練習

ガイドとよい関係を築き、コミュニケーションを円滑にする最善の方法は、次に述べる四つのステップを踏むことです。

ステップ①導きに心を開いてください。これは、導きを受けいれるために、受容的な心と思考で一日をはじめることを意味します。

ステップ②導きを期待してください。人生においてあなたが期待する他のすべてのもののように、期待すればするほど、導きはもっとあなたをひきつけられるでしょう。

ステップ③受け取った導きを信頼してください。機会あるごとに、大きな声でガイドに話しかけ、そのときどう感じるか耳を傾けてください。警告されたり、難しい知らせを受け取ったとしても、一度大きな声でそれを表現すれば、それが正確であるかどうか感じることができるはずです。それがわかればほっとするでしょう。導きが信頼できるものなら、声に出して言った瞬間に感じるものです。

ステップ④導きを受け取ったらすぐに活用してください。まるで崖から飛び降りるように言われていると感じるかもしれませんが、そうではありません。導きを活用せずに、自分のガイドを無視して間違った方向へ動くことは、それよりもはるかに恐ろしいことだと私は思っています。ただし、これには練習が必要です。ですからゆっくりすすんでください。ガイドを信頼することが心地よくなり、ポジティブな結果が得られるようになるまで、時間をとって楽しみましょう。そして、しだいに深刻な質問へと移っていきましょう。すぐに、ガイドといつも信頼関係にあり、人生が容易で流れにのったような状態になるはずです。私を信用してください。必ず、効果はあります。

信じる目を見つけてください

ガイドを信頼することを学んでいるとき、導きについて気軽に話せる友人が一人か二人いると、とても役に立ちます。ここで必要なのはサポートで、あなたが受け取った導きを批判したり、質問したりする人ではありません。偏見をもたず、「信じる目」になってくれる人であるべきです。つまり、あなたを理解していて、自分の導きに耳を傾けるように励ましてくれる人という意味です。そして、もし受けいれをはばむような問題をもっていたら、すぐに見分けられるだけあなたをよく知っている必要があるでしょう。

私の場合、幸運にも、母やたくさんの兄弟たちに囲まれて育ち、検閲されたり笑われることを恐れずに、ガイドについて自由に話すことができました。ストレスを感じたり、不安だったり、あるいはガイドがくれた情報や自分のエゴの恐怖について明確ではなかったとき、母か兄弟の一人が私の話に耳を傾けてくれて、混乱を収拾するように助けてくれました。

私はチャーリー先生にも助けられました。彼は、どんなに微妙であいまいなものであっても、受け取ったものを信用することと、発展しつつあった私のたくさんのチャンネルを通してやって来たものすべてを受けいれるように励ましてくれました。しかし、それほどには私の得た導きが真実かどうかたしかめることはしませんでした。

さらに、私には女友達もいました。私のメンターであるルーアンとジョアン、そしていちばん親しい友人のジュリア・キャメロン、シャーマンの友人デブラ・グレースです。そしてもちろん、夫のパトリックと娘のソニアとサブリナがいます。私たち四人は、まるで天気について話すように、気楽にガイドについて話をしています。ガイドとの関係を話すことは、日々彼らとの関係を強くし、つながり続けるための大切な要因なのです。

あなたにも、ガイドとの経験を隠しだてしないで話せる人がすでに存在するかもしれません。

もしそうなら、それがどんなに重要なことかわかっているはずです。

しかし、もしわくわくするようなすばらしいガイドの世界に入ったばかりで、話せる人が誰もいないなら、自分のスピリット・ヘルパーに、望みにぴったりの人を連れてきてくれるように頼んでください。誰が正しくて、誰がそうでないか見つける手っ取り早い方法は、「Ask Your Guides Oracle Cards」のようなカードを手に入れ、人目もはばからずそれを見せることです。あなたの家族や友人たちに、これが自分の新しい興味だと知らせてください。励ましとサポートを与えることができる人は、すぐにそうしてくれるでしょう。あざ笑う人は、あなたと興味を分かち合えません。ですから、その人の考えを変えようとしないでください。なぜなら、変えられないからです。むしろ、納得させる必要がない人たちを探す方に自分のエネルギーを使ってください。

ガイドとつながることは、とても個人的な経験です。反対意見の持ち主と合意することはめったにありません。ですから、自分の経験を他の人たちに話す前に、常識を使って注意深く観察してください。ネガティブな見解で誰かに攻撃を受け、あなたがガイドと一緒に作り出している繊細なエネルギーのつながりを妨害されないようにしましょう。

ガイドについて公然と話をし、何を感じて、何を受け取ったかを分かち合うことで、サポートをひきつけることができます。成功の鍵は、自分の経験をどのように話すかということです。もし実証的に、ポジティブで、感謝しながら、新しい友人について話をするなら、正しい人たちから興味と信頼を得るでしょう。興味を示さない人たちと議論して時間を無駄にしないでください。

練習

ガイドとのかかわりを話せる人たちをもつことは、あなたの成功にとって根本にかかわることです。そのため、私は世界中の人たちがガイドの経験を分かち合えるチャットのグループをオンライン・コースではじめました。人々が第六感を用いた生活をするうえで、それが大きな助けとなっていることはすでに証明済みです。

さらに、www.hayhouseradio.com（TM）あるいはwww.trustyourvibes.comを通して、ガイドとのつながりを話してもらうラジオ番組を週一回もっています。

私のホームページには、人々が第六感にまつわる話を公表して、みんなに読んでもらいサポートをしてもらう欄があります。あなたにも、このようなすべての交流に参加してほしいと思います。

これらは、あなたに「信じる目」を紹介し、三次元と四次元の間にあるエネルギー的なとばりを開いてくれるいくつかの方法にすぎませんが、あなたがガイドと容易に、そして自然にコミュニケーションがとれるように助けてくれるでしょう。あからさまにサポートを求めることは危険があるように思えますが、同じ考え方をする人たちから得られる報酬は、それにはるかに勝るものなのです。

おわりに　ありがとう、ガイドたち

ガイドと一緒に働いているとき、彼らの援助に対して率直に感謝を示し、彼らがしてくれたすべてのことに対して「ありがとう」と言うことが大切です。

そうすることで彼らはとても喜びます。なぜなら、あなたを支え、あなたの道を容易にしようとする彼らの努力が認められるからです。もっと重要なのは、彼らからの助けを認め、感謝する時間をとることで、あなたが自分の心とその容量を大きく広げ、彼らの愛と神のサポートを受け取ることができるようになることです。そうすればするほど、彼らはあなたを導くためにもっと働いてくれるでしょう。

ガイドに感謝する方法はたくさんあります。もちろん、いちばん簡単な方法は（そしていちばん忘れやすい方法は）、ガイドから助けてもらうたびに、ただ「ガイドのみなさん、ありがとう」と大きな声で言うことです。もっといいのは、前もって彼らに感謝することです。単純な「ありがとう」は、スピリットの世界で大いに役に立ちます。なぜなら、それはあなたの人生におけるガイドの存在と貢献を認めて、あらゆる方法であなたのたましいを成長させようと助けを与える神の計画を肯定するものだからです。

しかし、「ありがとう」がもう少し儀式のような形を取ると、ガイドは特に喜んで、気持ちよく受けいれてくれることに私は気がつきました。

たとえば、私のガイドが特に喜ばしい出来事を運んでくれたり、意味のある方法で助けくれたりするたびに、たとえ、それが心配しすぎることから救ってくれたり、新しいアイディアでインスピレーションを与えてくれただけだとしても、私は、彼らに敬意を示し、お気に入りのお香をたいて感謝の気持ちをあらわすことにしています。そのときには、「このお香をあなたに捧げます。あなたが私のためにしてくれたすべてのことにとても感謝しています」と言っています。

ガイドにお返しをするもう一つの方法は、新鮮な生花を捧げることです。このアイディアは、二十年前にはじめてインドを訪れたときにもらいました。寺院を訪れるたびに、外で、女性たちが神々に贈るためのマリーゴールドの花を売っていました。これらの見事な花輪は、神々を敬うための贈り物でした。それは神の喜びのためだけのもので、もし贈り手が花の香りを嗅いでしまったら、その捧げ物は受けいれられませんでした。花の贈り物は私にとって、目新しいことではありません。私は、カトリック教徒として育ち、毎年五月一日には、聖母マリアに美しいお花を捧げ、彼女の愛とサポートに敬意を示し、感謝していましたから。

このことを心にとめながら、私は花束を自分のガイドに捧げています。特に、リーディングを助けてくれるガイドに捧げるため、毎日オフィスに新しい花を飾っています。それはガイドの喜びのためで、私のためではないという考えを守り、部屋中を満たす香りを楽しんではいますが、決して直接花の香りを嗅ぐことはありません。

さらに、香りのよいろうそくを灯して、ガイドに「ありがとう」と言っています。それはカトリックの幼少時の経験から引き継がれた、もう一つの愛すべき習慣です。毎週、教会へ行ったとき、私はおこづかいの一部を貯めておいて、お賽銭箱に二十五セントを入れ、自分にとって特別なガイドのローズだと感じていた聖女テレジアのためにろうそくを灯しました。今日でも、私は自分のガイドたちに感謝を示すため、七日間あるいは十四日間燃え続けるろうそくに火を灯しているのです。

ガイドに感謝を示す、さらにもう一つの方法は、美しい歌を歌ったり、すばらしい曲を弾いてあげたりすることです。歌や器楽演奏は、高次レベルの調和した波動を作り出し、愛を導き入れるでしょう。

ガイドを認める別の方法は、彼らのために祭壇を作り、その上にあなたが愛するものの彫像や写真、イコンなどを置くことです。私は十二歳のときに、最初の祭壇を自分のベッドの足元に作りました。そこには、はじめての正餐式でもらったロザリオとクリスマスに写した家族写真、三年生のときのすべてAをとった成績表、ガイドのローズを描いた絵、我が家の前庭から取ってきたライラックの乾燥した花弁、ガラスの入れ物に入った白いろうそく、そしてベルを置きました。そして、自分のガイドに来てもらいたいと思うときにはいつもベルを鳴らしました。

私は今でも、自分のオフィスに祭壇をもっています。それはほとんど壁全体を占領しており、そこには、私が過去三十五年間、世界中から手に入れた聖なる品々が置いてあります。それはもはや祭壇ではありません。神聖で、幸せな彫像、美術品、恵みを思い出させてくれるあらゆる品々でいっぱいの聖堂です。その前に立つことは、ガイドを引き寄せるだけでなく、イエス・キリスト、聖母マリア、神との親密な関係をより強めてくれるのです。

自分の祭壇を作るためには、テーブルか台を選び、邪魔されない所で、頻繁に訪れる部屋のどこかにそれを置いてください。そして、シンボルや写真、幸せや平和、愛の感覚を呼び起こすものでいっぱいにしましょう。いろいろな品物で実験してみて、どれがあなたの波動を高め、心を開かせ、深い感謝の気持ちを呼び起こすか見てみてください。写真、ベル、花、ろうそくを試してみましょう。そして光と自分を映し出す小さな鏡も試してみるとよいでしょう。

感謝をあらわすさらなる方法は、家を清潔で整頓された状態に保つことです。もしそれが過大な要求なら、少なくとも、あなたの祭壇の周りはそのように保ってください。これは、平和で澄んだくつろげる場所を提供することによって、ガイドに尊敬を示すことになります。さらに、それは彼らとのコミュニケーションを助ける環境を与えるでしょう。祭壇は、あなたとガイドとの集合地点です。その場所が落ち着いて清潔であるほど、ガイドとつながるためのチャンネルは明瞭になるでしょう。

もしガイドが特に協力的なら、彼らに敬意を示し、祝宴を開いてお返しをしてください。そのために、ろうそく、新鮮な花、お香、幸せな写真、ベル、そして聖なる肖像画を集めて、感謝を表した祈りと一緒に、祭壇の目立つところに置いてください。これはガイドたちに楽しんでもらうための祝宴だと知らせてください。あなたの家で、信じられないほど高く、強烈に熱のこもった波動が作り出され、その贈り物は与え続けられるでしょう。そして、あなたの贈り物を受け取るために、神のエネルギーがものすごい力で入りこみ、愛と恵みを残していってくれるのを、きっと感じるはずです。

かつて、私の先生のタリー博士は、あなたが他の人や自分自身、そして世界中のためにできる最善のことは、幸せになることだと言っていました。それはあなたへの恵みとガイドのサポートに対して感謝を示すいちばんの方法なのです。

練習

ガイドとすべての神のヘルパーたちを敬い、感謝するための最も高次の方法は、幸福な心をもって前向きな態度で生活し、恐れる気持ちを彼らの手にゆだねることです。そうすることで、あなたは神の恵みを受け取るだけでなく、他の人たちのガイドと恵みになることができるでしょう。

神様があなたに恵みを与えてくれますように。天使たちがあなたを守ってくれますように。ランナーたちがあなたにつながり、ヘルパーたちがあなたを助けてくれ、あなたのヒーラーたちがサポートし、あなたのティーチャーたちが教えてくれ、ジョイ・ガイドたちが喜びを与え、自然のスピリットがあなたのバランスをとり、アニマル・ガイドがあなたのたましいを思い出させて、あなたのハイヤーセルフが、地球での旅において、あなたが愛と笑いで満たされた、平和と優美さ、創造性と貢献の人生を生きられるように導いてくれますように。

愛とサポートをこめて

ソニア

訳者あとがき

本書は、全米で有名なスピリチュアルヒーラーであるソニア・ショケットの最新作です。

私たちはみんな一人で生きているのではなく、常に見守ってくれ、助けや教えを与えてくれる目に見えないたくさんのスピリチュアルなガイドとともに生きています。著者は、子どものころから、生活のありとあらゆる場面で、ガイドに助けられ、悩みや問題を解決してきました。そのおかげで、必要のない不安や恐れを抱かず、より豊かで幸せな人生を送ることができたのだと述べています。

では、ソニアの日常生活がどんなものかちょっとのぞいてみましょう。やわらかな照明の中で、和気あいあいと夕食のテーブルを囲む家族四人……でもじつは違います！　そこには四人だけでなく、たくさんのスピリットたちがいて会話に参加しているのです。どこでバーゲン品を見つけられるか、休暇にはどこへ旅行にすればいいか、誕生日には何の料理を作るべきかなど、ありとあらゆることについて、わいわいがやがやとソニアたちの相談にのり、アドバイスしているのです。想像してみただけでも、楽しそうな光景だと思いませんか？　ソニアが外出するときの様子には、もっと驚いてしまいます。だって、守護天使ブライトに手を握ってもらい、大天使ミカエルを右側に、大天使ガブリエルを左側に、大天使ウリエルを前方に、大天使ラファエルを背後に、そして大天使ラギュエルを頭上において出発するのです。こんな心強いボディガードたちに守られているなら、どんなところでも安心して出かけられるに違いありません。友人と出かけたときには、ランナーたちに便利な駐車場所を見つけてもらい、さらに予約なしに有名レストランにテーブルを用意してもらいます。余計なお世話でしょうが、「こんなにたくさん頼んでいいのかしら?」とつい心配になってしまいました。こんなスピリット・ガイドたちにいつも守られているなら、どんな困難や悩みにぶつかったとしても絶望することなく乗り越えられるでしょう。それに、きっと落ちこんでいる暇などないはずです。たくさんのガイドたちが、あなたを助けるためにいっせいに押し寄せてくるのですから。

私たちがそれぞれ異なった波動を持っているように、スピリチュアルなガイドたちも異なる波動を持っています。つまり、異なるレベルのいろいろなガイドが存在しています。たとえば、かつて物質世界に存在したことのあるガイド、過去生を共有したガイド、あなたのたましいの使命を見守るためにスピリチュアル・ティーチャーとしてやってきたガイド、肉体的ケア、感情的ケアをしてくれるヒーラー、日々の生活を手助けしてくれるヘルパー、大地とつなげてくれる自然のスピリット、人生が困難なとき励ましてくれるジョイ・ガイドなどがいます。さらに、天使、聖人、神、マスターも存在しています。彼らはみな、私たちに愛と導きを与えようとして、身近に存在してくれているのです。

本書では、まるでスピリットの世界の探検ツアーをしているように、目の前で次々と新しい世界が展開していきます。ソニアにツアー・ガイドをしてもらい、勇敢な大天使ミカエル、かわいいリスのアニマル・ガイド、悪ふざけの好きなジョイ・ガイド、赤ちゃん天使たちなどに出会いながら、まるで赤や黄色やオレンジなど色とりどりの世界に入り込むような楽しさと面白さを感じることでしょう。私自身、天使やスピリチュアルなガイドを見たことがなく、特に信じているというわけではありません。しかし、本書を読み進めるにつれ、しだいに目に見えないたくさんの存在に守られていることを素直に受け入れていました。あなたも一ページ読むごとに、まったく気づかなかったところで、スピリチュアルなガイドたちが支えてくれていることがわかり、楽しく、うれしい気分になることでしょう。

この本のすばらしさは、ガイドたちと接触した人々のたくさんの感動的実話を紹介していることと、練習課題をこなしていくうちに自然にガイドとつながり、助けを得られるようになることです。この本を読み終えたときには、きっとあなたもたくさんのガイドたちに守られて、人生をワクワク、ウキウキと楽しんでいるに違いありません。

最後になりましたが、この本の翻訳を熱心にすすめてくださり、すばらしい本作りをしてくださったダイヤモンド社の酒巻良江さんに、心から感謝いたします。

奥野　節子

［著者紹介］

ソニア・ショケット（Sonia Choquette）

デンバー大学を卒業後、パリのソルボンヌ大学で学び、ホリスティック神学研究所において博士号を取得。スピリチュアルヒーラー、第六感の師として世界中で活躍している。著書には8冊のベストセラーがあり、23カ国を超える国々で出版されている。著書に『魂に覚醒める旅』（講談社）、『「直観力」の豊かな子供は幸せだ』（PHP研究所）、『いいことあります』（デジキューブ）、『第六感　ひらめきと直感のチャンネルを開く方法』（ダイヤモンド社）がある。現在、シカゴ在住。

［訳者紹介］

奥野節子（おくのせつこ）

北海道生まれ。高校の英語教師を経て、ジョージ・ワシントン大学大学院修了後、ニューヨークの米企業に勤務。訳書に、『イギリス式　暮らしのシンプル整理術』『願望を実現するスピリチュアル・サークル』『すべてが奇跡に変わるとき』『第六感　ひらめきと直感のチャンネルを開く方法』（以上、ダイヤモンド社）などがある。

あなたのガイドに願いましょう――聖なるサポートシステムにつながる方法

2007年3月8日　第1刷発行

著　者――ソニア・ショケット
訳　者――奥野節子
発行所――ダイヤモンド社
〒150-8409　東京都渋谷区神宮前 6-12-17
http://www.diamond.co.jp/
電話／03·5778·7236（編集）03·5778·7240（販売）
装幀――――雫純子（aflo design）
編集協力――磯野純子（デジほん）
DTP製作　―伏田光宏（F's factory）
製作進行――ダイヤモンド・グラフィック社
印刷――――八光印刷（本文）・加藤文明社（カバー）
製本――――川島製本所
編集担当――酒巻良江

ISBN 978-4-478-00060-1